Soziologie - eine systematische Einführung

Hanno Scholtz

Soziologie - eine systematische Einführung

Hanno Scholtz
Soziologisches Institut
Universität Zürich
Zürich, Schweiz

ISBN 978-3-658-31402-6   ISBN 978-3-658-31403-3 (eBook)
https://doi.org/10.1007/978-3-658-31403-3

Die Deutsche Nationalbibliothek verzeichnet diese Publikation in der Deutschen Nationalbibliografie; detaillierte bibliografische Daten sind im Internet über http://dnb.d-nb.de abrufbar.

© Springer Fachmedien Wiesbaden GmbH, ein Teil von Springer Nature 2020
Das Werk einschließlich aller seiner Teile ist urheberrechtlich geschützt. Jede Verwertung, die nicht ausdrücklich vom Urheberrechtsgesetz zugelassen ist, bedarf der vorherigen Zustimmung des Verlags. Das gilt insbesondere für Vervielfältigungen, Bearbeitungen, Übersetzungen, Mikroverfilmungen und die Einspeicherung und Verarbeitung in elektronischen Systemen.
Die Wiedergabe von allgemein beschreibenden Bezeichnungen, Marken, Unternehmensnamen etc. in diesem Werk bedeutet nicht, dass diese frei durch jedermann benutzt werden dürfen. Die Berechtigung zur Benutzung unterliegt, auch ohne gesonderten Hinweis hierzu, den Regeln des Markenrechts. Die Rechte des jeweiligen Zeicheninhabers sind zu beachten.
Der Verlag, die Autoren und die Herausgeber gehen davon aus, dass die Angaben und Informationen in diesem Werk zum Zeitpunkt der Veröffentlichung vollständig und korrekt sind. Weder der Verlag, noch die Autoren oder die Herausgeber übernehmen, ausdrücklich oder implizit, Gewähr für den Inhalt des Werkes, etwaige Fehler oder Äußerungen. Der Verlag bleibt im Hinblick auf geografische Zuordnungen und Gebietsbezeichnungen in veröffentlichten Karten und Institutionsadressen neutral.

Planung/Lektorat: Cori Antonia Mackrodt
Springer VS ist ein Imprint der eingetragenen Gesellschaft Springer Fachmedien Wiesbaden GmbH und ist ein Teil von Springer Nature.
Die Anschrift der Gesellschaft ist: Abraham-Lincoln-Str. 46, 65189 Wiesbaden, Germany

Inhaltsverzeichnis

1 **Einführung** 1
  1.1 Das Feld aktueller soziologischer Debatten 1
  1.2 Soziologie als empirische Sozialwissenschaft 6
  1.3 Die Definition der Soziologie 9
  1.4 Die Struktur dieses Buches 12

2 **Wie entsteht Struktur?** 19
  2.1 Die Handlung-Struktur-Differenz 19
  2.2 Konventionen 21
  2.3 Soziale Situationen als Spiele 24
  2.4 Spiele in der sozialen Realität 28

3 **Soziale Strukturen** 35
  3.1 Soziologische Erklärung 35
  3.2 Netzwerkstrukturen sozialer Beziehungen 40
  3.3 Institutionen und Organisationen 43

4 **Erwartungen** 55
  4.1 Information 56
  4.2 Framing 58
  4.3 Kommunikation und kommunikatives Handeln 64

5 **Ressourcen** 73
  5.1 Ressourcen und Kapital 73
  5.2 Soziale Ungleichheit 79
  5.3 Sozialkapital 81

6	**Motivationen**	93
6.1	Motivation	94
6.2	Was wollen wir? Inhaltliche Motivationstheorie	95
6.3	Werte und Wertewandel	102
7	**Sozialer Wandel**	113
7.1	Individualisierung	114
7.2	Die Debatte über die Zweite Moderne	116
7.3	Modernisierung	122
7.4	Die Zweistufigkeit der europäischen Moderne	126
8	**Methoden**	135
8.1	Phasen methodologischer Orientierung	136
8.2	Der Nachweis empirischer Zusammenhänge	139
8.3	Qualitative Methoden	144
9	**Theorien**	151
9.1	Kritische Theorie	151
9.2	Differenzierungs- und Systemtheorien	158
9.3	Akteur-Netzwerk-Theorie	163
10	**Diskurse**	171
10.1	Das Konzept der Moral Panic	172
10.2	Michel Foucault	175
10.3	Der Begriff des Diskurses	176
10.4	Diskursanalyse als Methode	180
10.5	Relativismus vs. Universalismus im Diskursbegriff	183
11	**Sozialstruktur**	189
11.1	Klassen und Schichten	191
11.2	Sozialer Raum und Lebensstile	198
11.3	Gender	204
11.4	Statuserwerb, Soziale Mobilität und Bildung	206
12	**Politik**	221
12.1	Was ist Politik?	221
12.2	Öffentlichkeit	224
12.3	Bürgerrechte und Wohlfahrtsstaatstypen	228
12.4	Kollektives Handeln und soziale Bewegungen	231

13	**Abschluss**	241
13.1	Lösungen zu Kapitel 1 Einführung	242
13.2	Lösungen zu Kapitel 2 Handlung und Struktur	243
13.3	Lösungen zu Kapitel 3 Soziale Strukturen	245
13.4	Lösungen zu Kapitel 4 Erwartungen	247
13.5	Lösungen zu Kapitel 5 Ressourcen	248
13.6	Lösungen zu Kapitel 6 Motivationen	249
13.7	Lösungen zu Kapitel 7 Sozialer Wandel	250
13.8	Lösungen zu Kapitel 8 Methoden	251
13.9	Lösungen zu Kapitel 9 Theorien	252
13.10	Lösungen zu Kapitel 10 Diskurse	254
13.11	Lösungen zu Kapitel 11 Sozialstruktur	254
13.12	Lösungen zu Kapitel 12 Politik	256

Abbildungsverzeichnis

Abb. 1.1	Aktuelle Debatten der Soziologie, seit 2008, deutschsprachige und internationale Beiträge. (Eigene Anordnung auf Basis einer MDS)	5
Abb. 1.2	Das Schema der Makro-Mikro-Makro-Beziehungen von James Coleman	11
Abb. 1.3	Struktur des Buches. (Eigene Darstellung)	15
Abb. 3.1	Eulers Graphik zum Brückenproblem (1736)	41
Abb. 3.2	Die 'Runaway Chain' in Moreno 1934	43
Abb. 4.1	Die erwartete Temperaturveretilung an einem Märztag vor und nach Lektüre des Wetterberichts. (Eigene Darstellung, geschätzte Daten)	57
Abb. 5.1	Erster Kuznets-Prozess steigender und fallender Ungleichheit (Lindert und Williamson 1985)	80
Abb. 5.2	Entwicklung sozialer Ungleichheiten in 16 Industriegesellschaften, 1968–2005. (*Daten der Luxembourg Income Study*, Eigene Darstellung)	81
Abb. 5.3	Illustration zu Burts Begriff des strukturellen Loches. (Eigene Darstellung)	87
Abb. 6.1	Maslows Bedürfnispyramide. (Eigene Darstellung nach Maslow 1943)	100
Abb. 6.2	Die 'Cultural map' der Werte mit sechs kulturellen Traditionen. (aus Inglehart und Baker 2000)	107
Abb. 6.3	Veränderungen auf der ‚Cultural map' (Inglehart und Baker 2000, fig. 6)	108
Abb. 7.1	Individualisierung als Verschiebung sozialer Kreise bei Georg Simmel. (Eigene Darstellung nach Simmel 1890)	114

Abb. 7.2	Entwicklung des globalen Pro-Kopf-Einkommens, 1–2008 (Maddison 2006)	124
Abb. 8.1	Attraktivität und Mediennutzung (Allbus 2012)	141
Abb. 11.1	Bourdieus empirische Füll ung des sozialen Feldes in Distinction (1979)	201
Abb. 11.2	Bourdieus Konzept des sozialen Feldes. (Eigene Darstellung nach Erikson et al. 1979)	202
Abb. 11.3	Mobilitätstabelle für die Schweiz 2004. (Eigene Darstellung)	215
Abb. 12.1	Ergebnistabelle aus Snow et.al. 2007	237

Tabellenverzeichnis

Tab. 1.1	Die Struktur sozialwissenschaftlichen Arbeitens	8
Tab. 2.1	Spielematrix für das Battle of the Sexes	26
Tab. 2.2	Spielematrix für das Gefangenendilemma	27
Tab.2.3	Aspekte der Handlungssituation in Spieltheorie und allgemeiner Handlungstheorie	31
Tab. 3.1	Termini zum Schema der soziologischen Erklärung	38
Tab. 3.2	Spielematrix für das Gefangenendilemma mit Mafia	44
Tab. 3.3	Aspekte von Organisationen verschiedener Bereiche	50
Tab. 4.1	Framing: Das Urnenbeispiel von Tversky und Kahneman 1986	59
Tab. 4.2	Der Ablauf von Kommunikation	65
Tab. 4.3	Kommunikatives Handeln (Habermas 1981)	68
Tab. 5.1	Vier Arten von Ressurcen	75
Tab. 5.2	Die Enführung verschiedener Kapitalbegriffe	78
Tab. 5.3	Kapitalbegriffe der Handlungstheorie und bei Pierre Bourdieu im Vergleich	79
Tab. 5.4	Die vier Arten von Sozialkapital (Nach Colemann 1988)	85
Tab. 6.1	Abgrenzung Präferenzen, Ziele, Motivation	94
Tab. 6.2	Vier Motivationshormone	97
Tab. 6.3	Zwei Dimensionen des Wertwandels bei Inglehart und Baker 2000	104
Tab. 7.1	Gegenüberstellung von Postmoderne und Radikalisierter Moderne bei Anthony Giddens (1990)	119
Tab. 7.2	Gegenüberstellung von Heavy modernity und Liquid modernity bei Bauman (2000)	122

Tab. 7.3	Wellen institutioneller Innovation seit dem 19. Jahrhundert	130
Tab. 7.4	Vier zentrale Autoren der Zweite-Moderne-Debatte, nach wesentlichem geographischem und temporalem Analysehorizont	131
Tab. 8.1	Entwicklung moderner Wissenschaftskonzeptionen	138
Tab. 8.2	Attraktivität und Medienkonsum, Regressionstabelle	143
Tab. 8.3	Sicherstellung von Offenheit und Reflexivität in vier qualitativen Methoden	148
Tab. 9.1	Gegenüberstellung der kulturellen Produktion in Liberalismus und Spätkapitalismus bei Horkheimer/Adorno	156
Tab. 9.2	Die Kritische Theorie innerhalb der Soziologie (Burawoy 2005)	158
Tab. 9.3	Parsons Entwicklung der vier Systemfunktionen in Structure of Social Action und The Social System	160
Tab. 9.4	Differenzierungsformen nach Niklas Luhmann	162
Tab. 9.5	Systemspezifische Codes und generalisierte Kommunikationsmedien bei Niklas Luhmann	162
Tab. 9.6	Einige Begriffe der Akteur-Netzwerk-Theorie	165
Tab. 10.1	Fragestellungen der Diskursanalyse	182
Tab. 10.2	Jürgen Habermas' normative Anforderungen: Die Diskursethik in Faktizität und Geltung im Vergleich mit der Theorie des kommunikativen Handelns	185
Tab. 11.1	Innovationsschübe der Sozialstrukturanalyse	191
Tab. 11.2	Erikson-Goldthorpe-Portocarero-Klassenschema	198
Tab. 11.3	Die beiden Hauptdimensionen im EGP-Klassenschema (teils mit Beispielen)	199
Tab. 11.4	Vier Milieus und ihr soziales Feld bei Schulze (1992)	203
Tab. 12.1	Beispielhafte Politikdefinitionen und ihre systematische Einordnung	224
Tab. 12.2	Esping-Andersens Wohlfahrtstaatstypen	230
Tab. 12.3	Definitionsaspekte sozialer Bewegungen bei McAdam/Snow	232
Tab. 12.4	Entwicklungsstadien sozialer Bewegungen (Tilly 1978)	233

Einführung 1

> **Überblick**
>
> Wie führt man in die Soziologie ein? Das Kapitel motiviert Vorgehensweise und Aufbau des Buches in vier Schritten.
>
> - Es diskutiert konkrete Debatten, die in der gegenwärtigen Soziologie geführt werden, wobei es sowohl die internationale als auch die deutschsprachige Soziologie beachtet.
> - Es diskutiert die Vorgehensweise der Soziologie als Sozialwissenschaft und motiviert damit die Spannung zwischen Theorie und Empirie, die eine Dimension des Feldes bildet, in dem die betrachteten Debatten sich anordnen.
> - Es diskutiert von Definitionen des Faches Soziologie her die Spannung zwischen der Makroebene der Strukturen und der Mikroebene der Handlungen, die die zweite Dimension des Debattenfeldes bildet.
> - Es motiviert aus der Gegenüberstellung von forschender und Akteursperspektive und von Perspektiven auf die Mikro- und die Makroebene den systematischen Aufbau des Buches.

1.1 Das Feld aktueller soziologischer Debatten

Willkommen zu dieser Einführung in die Soziologie!

Soziologie ist in der Gegenwart eines der spannendsten Wissenschaftsfelder überhaupt, weil unsere Gesellschaft einem tief greifenden Wandel unterworfen ist – auch wenn man sagen muss, dass dieses Begeisternde nicht alle Soziologen in ihrer täglichen Arbeit begleitet, und die Soziologie in diesem Wandel weniger sichtbar ist, als sie sein könnte und sollte. Was wiederum daran liegt, dass mit der Gesellschaft auch die Soziologie selbst sich wandelt, und ebenso, wie viele andere Institutionen der Gesellschaft und die Individuen, die sie tragen, in gewisser Hinsicht noch in Denkschemata des Alten verhaftet sind, gilt das auch für die Soziologie selbst.

Das zeigt sich in den Debatten, die aktuell in der Soziologie geführt werden. Ein paar Gegenstände dieser Debatten mögen als Einstieg und Anschauungsmaterial dienen:

Ein aktuelles Thema der Soziologie ist aus naheliegenden Gründen die internationale *Migration*: Was passiert mit Menschen, die aus fremden Ländern und Kulturen irgendwo ankommen? Wie kommen sie an? Wie leben sie? Wie verändern sie sich? Wie reagieren die schon länger da Wohnenden? Wie gehen die beiden miteinander um? Wie werden Identitäten konstruiert, und wie verändert sich das über die Zeit?

Um das herauszubekommen, muss man die Kategorien verstehen, in denen Menschen denken, und deshalb ist ein großes Thema die Erfassung solcher Kategorien in den sogenannten *Qualitativen Methoden* und derjenigen Debatten, die diese Methoden anwenden und weiterentwickeln. Mit ihnen versucht man herauszubekommen, wie Menschen denken, wie sie ihre Realität verstehen: Mit dem hauptsächlich verwendeten Fachbegriff, in welchen Strukturen Menschen ihrer Realität und ihrem Handeln in dieser Realität Sinn geben.

Wenn man sieht, wie Menschen ihrem Leben Sinn geben, sieht man aber auch, wie sie ihrem Leben Ausdruck verleihen. Das zu erfassen und zu verstehen ist Gegenstand einer weiteren Debatte, für die heutzutage der Begriff *Lebensstil* steht, und die sich aus einer älteren unter dem Begriff *Sozialstruktur* heraus entwickelt hat und in der es ganz grundsätzlich darum geht, wie unterschiedlich Menschen sind und wie man sie in ihrer Unterschiedlichkeit erfassen und in eigene Kategorien bringen kann, die einem einen angemessenen Umgang mit dieser Unterschiedlichkeit ermöglichen.

Von der Frage der Unterschiedlichkeit kann man in mindestens drei ganz unterschiedliche Richtungen weitergehen. Erstens hat Unterschiedlichkeit den vertikalen Aspekt der sozialen Ungleichheit, und dann stellt sich die Frage, wie die Gesellschaft mit dieser Ungleichheit umgeht und wie sie ihre Mitglieder dabei unterstützt, Positionen in ihr einzunehmen. Insbesondere wird in diesem Zusammenhang darüber debattiert, welche in welcher Beziehung *Bildung und soziale Mobilität* hierin stehen, wie sehr also die soziale Position, die man einmal einnimmt, von Faktoren festgelegt ist, für die man nichts kann, und wie gesellschaftliche Institutionen wie vor allem das Bildungssystem einem dazu verhelfen,

1.1 Das Feld aktueller soziologischer Debatten

diese Faktoren in ihrem negativen Einfluss überwinden zu können – oder auch nicht.

Ganz verwandt dazu ist die Frage, wie Menschen soziale Beziehungen nutzen können, um bestimmte soziale Positionen erreichen zu können. Damit verbindet sich aber auch die Frage, welche Formen sozialer Beziehungen sich für die Gesellschaft als ganze als positiv auswirken. *Netzwerke und Sozialkapital* haben also eine Wirkung sowohl auf der individuellen wie auch auf der gesamtgesellschaftlichen Ebene, und beide Aspekte werden in einer zusammenhängenden Debatte diskutiert.

Eine zweite Richtung, in die man vom Nachdenken über Unterschiedlichkeit aus weitergehen kann, betrifft die Frage der Verhältnisse zwischen den Geschlechtern. Lange Zeit haben auch Soziologen, nicht zuletzt gerade weil sie als Männer in einem fast ausschließlich männlichen Fach arbeiteten, die Unterscheidung zwischen Frauen und Männern als selbstverständlich und nicht einer eigenen soziologischen Analyse für wert erachtet. Erst der Feminismus hat (zusammen mit anderen theoretischen Positionen, die wir noch kennenlernen werden) diese Frage in die Soziologie hineingezogen, die gegenwärtig unter dem Begriff *Gender,* der das sozial konstruierte und überformte im Gegensatz zum biologischen Geschlecht bezeichnet, eine eigene soziologische Debatte bildet.

Dass das möglich war, liegt neben der analytischen Leistung der Feministinnen auch an realen Veränderungen, die sich in der *Familie* vollzogen haben und noch weiter vollziehen und mit denen sich eine eigene soziologische Debatte beschäftigt.

Aber die Familie ist nicht die einzige soziale Organisation, die einem Wandel unterworfen ist, und diese Veränderungen von *Organisationen* und speziell die Rolle, die soziale Beziehungen und Konstruktionen jenseits dessen, was die Ökonomie an Preisrelationen untersucht, in der Wirtschaft spielen, bilden noch eine weitere Debatte.

Als dritte Möglichkeit, von der Unterschiedlichkeit aus weiterzugehen, kann man auch danach fragen, woher sie in der Form gesellschaftlicher Unterschiedlichkeit überhaupt kommt. Bei den Geschlechtern haben sich früher als naturgegeben angesehene Unterschiede eingeebnet, bei den sozialen Positionen sind Unterschiede in einer Weise entstanden, die man sich vor dreihundert Jahren kaum hätte vorstellen können. Diese Frage nach der sozialen Differenzierung ist nur eine, aber eine der größten Fragen der *soziologischen Theorie,* die nicht nur eine, sondern sogar zwei Debatten ausprägt, die zwar ineinander übergehen, sich aber doch auch gut voneinander trennen lassen. Einerseits die allgemeine soziologische Theorie, in der debattiert wird, wie überhaupt die Gesellschaft begrifflich zu fassen und zu verstehen ist, und in der diverse soziologische Fachbegriffe verhandelt werden wie zum Beispiel Modernisierung, Kontingenz, Kommunikation, Relationalität, Ordnung, Kontingenz, Kapitalismus, Anomie, Norm, Herdenverhalten, Individualismus, und immer wieder Differenzierung.

Andererseits gibt es aber auch eine sehr viel spezifischere und dann trotzdem immer noch recht weite Debatte darüber, wie die aktuellen Entwicklungen der Gegenwartsgesellschaften zu fassen seien, denn im Vergleich zu den Verhältnissen der 1950er bis 1980er Jahre nimmt sich die Gegenwart recht turbulent, unübersichtlich und risikoreich aus. Sie wird deshalb, mit Bezug auf die ‚Erste Moderne' der rasanten gesellschaftlichen Modernisierung zwischen dem 19. Jahrhundert und 1949, als *Zweite Moderne* bezeichnet. Und sie bringt mit ihrer Unübersichtlichkeit und Turbulenz auch soziale Probleme.

Die letzte der Debatten, die ich hier als Beispiel anfügen möchte, geht von solchen sozialen Problemen in gewisser Hinsicht aus: Denn wenn gesellschaftliche Probleme als solche angesehen werden, dann bilden sich *Soziale Bewegungen,* die sich bemühen, sie anzugehen und zu lösen.

Diese Beispiele sind nicht zufällig gewählt. Sie beruhen auf einer quantitativen Analyse soziologischer Artikel, gewissermaßen einem empirischen Blick darauf, was die Soziologie diskutiert. Und sie liefern uns Material für ein Verständnis dessen, was die Soziologie macht und was sie ist.

Die beschriebenen Debatten sind tatsächlich im letzten Jahrzehnt in der Soziologie geführt worden. Sie wurden empirisch extrahiert aus einem Datensatz mit 3'434 soziologischen Artikel der Jahre 2008–2018.[1] Mittels des statistischen Verfahrens der Faktoranalyse[2] kann gesucht habe, welche Autoren und Texte gemeinsam zitiert werden.[3] Ein gemeinsamer Faktor, der auf das Zitieren mehrerer zitierter Autoren und Texte zusammen hinweist, kann dann jeweils als Engagement in der entsprechenden Debatte interpretiert werden.

---

[1]Da der Datensatz sich an deutsche Studierende richtet, besteht er aus zwei Teilen, einem mit deutschsprachigen Artikeln und einem mit internationalen, aus dem dann die deutschsprachigen Artikel weggelassen sind.

Der internationale Teil enthält die 2'500 meistzitierten Texte (von 93'266) aus den Jahren 2008 bis 2018 (Datum des Downloads 9. Juli 2018), das sind alle Artikel, die 40 Mal und mehr zitiert werden, und solche, die 39 Mal zitiert und im Juni 2011 oder später veröffentlicht wurden.

Der deutsche Teil enthält alle 934 deutschsprachigen Artikel im Web of Knowledge, die seit 2015 veröffentlicht wurden oder die seit 2008 veröffentlicht und mindestens einmal zitiert wurden. Der daraus resultierende Anteil deutscher Texte beträgt 27,2 %. Nur zwei deutsche Texte (Auspurg und Hinz 2011a und Diehl und Koenig 2009) würden, mit 62 und 41 Zitierungen, in den allgemeinen Datensatz aufgenommen.

[2]vgl. z. B. Babones (2015); Backhaus et al. (2016).

[3]sogenannte Co-Zitationsanalyse, vgl. z. B. Gmür (2003).

1.1 Das Feld aktueller soziologischer Debatten

Abb. 1.1 zeigt Werte für 12 Gruppen von Artikeln an, die durch ähnliche Verweise verbunden sind. Mittels eines weiteren statistischen Verfahrens sind die Debatten so angeordnet, dass verwandte Debatten, bei denen also Debatten übergreifend gemeinsame Autoren oder Texte zitiert werden, nahe beieinander, und solche, bei denen das nie der Fall ist, weit voneinander entfernt abgebildet werden. Wir schauen das gleich noch genauer an. Erst einmal interessieren uns nur die Debatten an sich.

Diese Debatten, in die die einzelnen Texte eingeordnet sind, sind nicht vollkommen stabil – wenn mehr Debatten ausgewiesen werden oder der Datensatz ein wenig verändert wird, verändern sie sich immer ein wenig. Die Liste ist insofern nicht abschließend. Aber in ihrer grundsätzlichen Zusammenstellung bleibt sie sich über die Zeit und über verschiedene Veränderungen in der Analyse gleich. Kann man das, woran Soziologien arbeiten, generalisieren?

Wenn man sich die Debatten in der Grafik anschaut, ist ein erster Befund, dass wir es hier mit einer großen Zahl an inhaltlichen Anwendungsfeldern

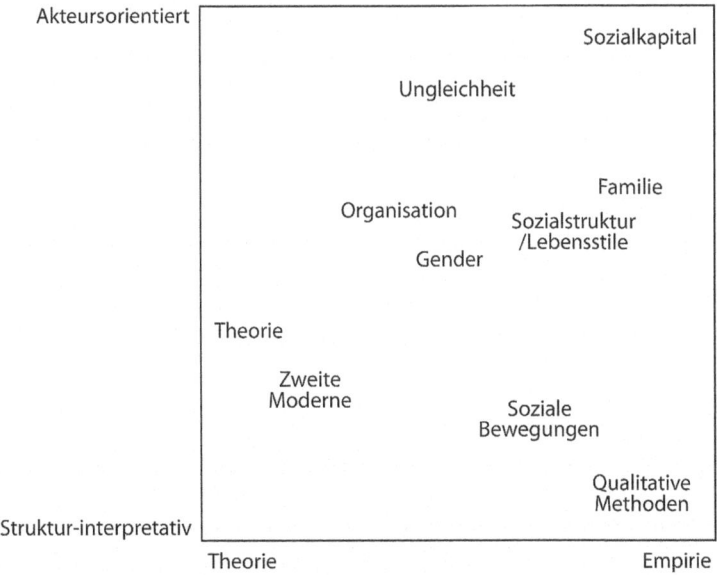

Abb. 1.1 Aktuelle Debatten der Soziologie, seit 2008, deutschsprachige und internationale Beiträge. (Eigene Anordnung auf Basis einer MDS)

zu tun haben, sogenannten Bindestrich-Soziologien: Familiensoziologie, Organisationssoziologie, Ungleichheitssoziologie, empirische Sozialforschung und so weiter.

Nur zwei Debatten fallen hier klar heraus: Die Theoriedebatte und die Debatte über qualitative Methoden haben ihren Kern, das Gemeinsame, was dazu führt, dass bestimmte Texte zusammen verwendet und zitiert werden, nicht in bestimmten Inhalten, sondern übergreifend einerseits im Theorievergleich und in der Entwicklung, Anwendung und Diskussion bestimmter Methoden. Alle anderen Debatten verbinden immer Theorie und Empirie. Bei den meisten liegt das verbindende im Gegenstandsbereich. Eine Ausnahme liegt nur in der Debatte zur zweiten Moderne vor, in der ein gemeinsames Repertoire an theoretischen Argumenten in verschiedenen Anwendungsfeldern angewandt, überprüft und weiterentwickelt wird. Aber insofern entnehmen wir bereits dieser kurzen und wie auch immer unvollständigen Liste der Gegenstände der Soziologie eine wichtige Information über das Fach: Die Soziologie ist eine theorieorientierte empirische Sozialwissenschaft.

1.2 Soziologie als empirische Sozialwissenschaft

Diese Eigenschaft, eine theorieorientierte empirische Sozialwissenschaft zu sein, gibt der Soziologie eine bestimmte Arbeitsstruktur, die sich sehr schön an einem berühmten Beispiel zeigen lässt.

1774 erschien Johann Wolfgang Goethes Briefroman *Die Leiden des jungen Werthers*, der mit dem Selbstmord der Hauptperson endet. Direkt nach Erscheinen des Romans wird die Öffentlichkeit durch eine Reihe von Suiziden junger Menschen aufgeschreckt. Genaue Zahlen sind im Rückblick schwer zu finden. Aber das Thema Selbstmord ist damit auf der Agenda des westlichen gesellschaftlichen Nachdenkens.

Es beschäftigt auch Emile Durkheim, der sich Ende des 19. Jahrhunderts, 120 Jahre nach dem Erscheinen des *Werther*, Gedanken über Selbstmorde macht. Durkheim stammt aus einer kleinen jüdischen Gemeinde im Elsass, da gab es Suizide nicht. Aber als Durkheim in Paris studiert und später seine erste Stelle in Bordeaux bekommt, begegnet ihm das Thema. Er geht es systematisch an und macht daraus eine Studie, die das Vorgehen soziologischer Forschung bis heute vorgibt. Wir können den Prozess der Studie in neun Schritte fassen:

1. Durkheim wollte wissen: Ist Selbstmord nur individuell begründet oder spielen auch soziale Faktoren eine Rolle, und wenn ja, welche?

1.2 Soziologie als empirische Sozialwissenschaft

2. In der Literatur seiner Zeit war Selbstmord zuvor nur individuell und psychologisch oder aber generell noch philosophisch, als Zeichen einer zerfallenden Zeit, interpretiert worden. Durkheim sah die Modernisierungsprozesse seiner Zeit als etwas positives (wie sein Buch über die Arbeitsteilung zeigt, Durkheim 1967) und wollte das generelle philosophische Argument nicht gelten lassen.
3. Durkheim nahm an, dass „funktionale Integration" eine wichtige Rolle spielte. In seinem Heimatort waren alle Menschen in ein dichtes Netz sozialer Beziehungen eingebunden; Paris und Bordeaux hingegen erlebte er als sehr individualisiert und anonym. Aus verschiedenen Gründen kam es nicht infrage, die interreligiöse Differenz zu untersuchen. Aber Durkheim machte die Zusatzannahme, dass es eine vergleichbare Annahme auch intrareligiös zwischen Katholiken und Protestanten geben könne, und stellte die Hypothese auf, dass die Wahrscheinlichkeit eines Selbstmordes bei angenommenermaßen funktional stärker integrierten Katholiken geringer sein sollte als bei den stärker vereinzelten und anonymisierten Protestanten.
4. Er verglich Selbstmordraten auf der Basis amtlicher Statistik.
5. Und Durkheim fand tatsächlich, dass Selbstmord unter Katholiken seltener war als unter Protestanten.
6. Er interpretierte dies als Ergebnis höherer funktionaler Integration unter Katholiken.
7. Er schrieb darüber ein Buch. (Durkheim 1897)
8. Er publizierte dieses Buch.
9. Es wurde ein Klassiker der Soziologie.

Diese Struktur lässt sich noch ein bisschen besser merken, wenn man sie durch die Brille eines weiteren Klassikers des 19. Jahrhunderts anschaut, nämlich durch die von Georg Wilhelm Friedrich Hegel. Hegel hat in seiner Phänomenologie des Geistes (Hegel 1996; nicht als einziger oder erster, aber am wirkmächtigsten) das sogenannte Prinzip der Dialektik beschrieben:

- These (T): Ein erster Input.
- Antithese (A): die These provoziert einen zweiten Input, der dem ersten auch widersprechen kann bzw. sogar meistens im Widerspruch zu ihm steht.
- Synthese (S): Aus beiden ergibt sich ein neues Ergebnis.

Der soziologische Forschungsprozess kann nun sehr gut gesehen werden als doppelte Anwendung dieses Dreischritts der Dialektik, indem die neun Schritte sich in eine Tabelle einordnen lassen, in der der Dreischritt einmal auf einer oberen

Ebene und dann noch einmal in jedem der drei Schritte dieser oberen Ebene angewandt wird (Tab. 1.1):
Noch ein paar Anmerkungen hierzu:

- Auf den neunten Schritt hat man selbst als Forscher denkbar wenig Einfluss, aber er ist innerhalb des Schemas wichtig, weil er ja das Ziel darstellt.
- Zu den anderen acht Schritten innerhalb dieser Struktur finden Sie in Einführungen zum wissenschaftlichen Arbeiten noch eine Menge Material und sollten sich das für eigene Arbeiten definitiv einmal genauer anschauen.
- Die mittlere Säule heißt nur aus Prägnanzgründen kurz „Empirie" und könnte stattdessen auch „Materialbearbeitung" heißen: Denn das Schema ist durchaus auch für rein theoretische oder reine Literaturarbeiten geeignet, bei denen man unter 5. dann die jeweils gewählte Methode anwendet oder die recherchierte Literatur auswertet.
- Wenn Sie einmal irgendwo ein sogenanntes Forschungsdesign oder einen Antrag auf Projektunterstützung einreichen müssen, dann sollten Sie i.A. die ersten drei Schritte schon gemacht haben und für die nächsten beiden Schritte einen Plan haben, wie Sie vorgehen wollen, und den abstrakt beschreiben können.
- Für jede Arbeit stellen die ersten sechs Schritte plus einer Zusammenfassung, die wirklich nur die Ergebnisse gerafft zusammenfasst, den ersten Ansatz der Gliederung dar. Die Hypothesen bekommen meist keinen eigenen Gliederungspunkt, sondern stehen am Ende des Literaturkapitels, das meist „Theoriekapitel" heißt. Also: 1. Einleitung (=Herleitung der Fragestellung), 2. Theorie (=Stand des Wissens), 3. Material, 4. Analyse, 5. Interpretation, 6. Zusammenfassung.

Diese Antwort auf die Frage „Was ist Soziologie" ist von eminent praktischer Bedeutung für ihr eigenes Arbeiten, weil sie für 99 % der Projekte, die Sie in und mit der Soziologie verfolgen werden, die Struktur vorgibt.

Tab. 1.1 Die Struktur sozialwissenschaftlichen Arbeitens

	T: Theorie	A: Empirie	S: Kommunikation
T	1. Fragestellung	4. Material	7. Produktion
A	2. Stand des Wissens	5. Analyse	8. Präsentation
S	3. Hypothesen	6. Interpretation	9. Rezeption

Aber sie sind auf alle empirischen Sozialwissenschaften anwendbar und unterscheiden prinzipiell nicht zwischen der Soziologie und allen ihren Nachbarwissenschaften. Deshalb noch einmal spezifischer: Was ist die Soziologie? Schauen wir dazu nochmals die Abb. 1.1 mit den Debatten der Soziologie an. Wie schon gesagt, ist die Liste, die wir gefunden haben nicht in Stein gemeißelt, auch wenn für alle Debatten immer gilt, dass sie entweder einen theoretischen oder einen empirischen Bezugspunkt haben und in den allermeisten Fällen beides miteinander verbinden.

Ebenfalls ziemlich stabil ist aber darüber hinaus die Struktur, in der sie hier zweidimensional angeordnet sind. Wenn man die Punktewolke in geeigneter Weise dreht, bringt man sie immer in eine Form, in der sich die beiden Dimensionen sehr gut inhaltlich interpretieren lassen. Die beiden Dimensionen gehen einerseits von der Mikro- zur Makroebene und andererseits von einer Akteurs- zu einer interpretativen Orientierung. Und das gibt einen guten und spezifischeren Einstieg in die Frage, was die Soziologie eigentlich ist.

1.3 Die Definition der Soziologie

Lassen Sie uns hierauf gleich zwei Definitionen anschauen. Das eine ist die bekannteste Definition der Soziologie überhaupt, nämlich diejenige, die Max Weber am Anfang seines Hauptwerkes „Wirtschaft und Gesellschaft" gibt:

„Soziologie ... soll heißen: eine Wissenschaft, welche soziales Handeln deutend verstehen und dadurch in seinem Ablauf und seinen Wirkungen ursächlich erklären will." (Weber 1985, S. 1).

Es hat viele Soziologen gegeben, die sich an anderen Definitionen versucht haben, und eine von diesen Definitionen, die im deutschen Sprachraum im Augenblick auch noch einigermaßen verbreitet ist, stammt von Heinz Abels:

„Soziologie befasst sich mit gesellschaftlichen Verhältnissen und dem Handeln zwischen Individuen in [ihnen]." (Abels 2001, S. 7).

Auf den allerersten Blick scheinen diese beiden Definitionen den schönen, Raymond Aron zugeschriebenen Spruch zu bestätigen, Soziologen würden [nur] „in einem Punkt übereinstimmen: in der Schwierigkeit, die Soziologie zu definieren." (Raymond Aron, zit. nach Boudon 1980, S. 13).

Tatsächlich findet man aber doch schnell eine erste Gemeinsamkeit: Das Handeln von Individuen, auf das in beiden Definitionen begrifflich verwiesen wird. Dieses soziale Handeln wird auch als „Mikroebene" der Gesellschaft bezeichnet. Und wenn man es einmal festgehalten hat, mag einem auffallen, dass dieser Mikroebene in beiden Definitionen eine „Makroebene" der Gesamtgesellschaft gegenübergestellt wird. Bei Abels sind das die „gesellschaftlichen Verhältnisse", die bei Weber ein wenig nebulös nur als „Wirkungen" des soziales Handeln vorkommen, aber eben doch auch benannt sind.

Auf der Grundlage dieser Gemeinsamkeit kann man die Differenzen zwischen den beiden Definitionen genauer benennen. Die beiden Definitionen sind nicht einfach nur anders oder womöglich unvergleichbar. Sie unterscheiden sich vielmehr in der Reihenfolge der Ebenen: Bei Abels stehen die gesellschaftlichen Verhältnisse an erster Stelle, bei Weber das individuelle Handeln. Das sagt schon viel über den analytischen Fokus der beiden aus! Sie unterscheiden sich auch in der Klarheit der Beziehung zwischen den beiden Ebenen. Hier haben wir bei Weber gleich drei Teile. Wie die gesellschaftliche Ebene auf das individuelle Handeln wirkt, fasst Weber in dem Begriff „deutend verstehen"; wie eine individuelle Handlungssituation zu einer tatsächlichen individuellen Handlung führt, im Begriff des „Ablaufes", und was daraus dann wiederum auf der gesellschaftlichen Ebene resultiert, im Begriff der „Wirkungen". Im Vergleich dazu widmet sich Abels zwar der gesellschaftlichen Ebene ein wenig expliziter, aber der Rest des Verhältnisses bleibt ziemlich unspezifisch. Trotz der merkwürdigen Zurückhaltung bezüglich der Makro-Ebene ist es also vielleicht kein Zufall, dass Webers Definition nach fast 100 Jahren immer noch die meistverwendete überhaupt ist.[4]

Diese Struktur der Begriffe und Ebenen hat 66 Jahre nach Webers Tod der amerikanische Soziologe James Coleman in eine Grafik gebracht, in der sich die drei Begriffe von Weber einfach eintragen lassen (Coleman 1986). Wegen ihrer Form bezeichnet man dieses Schema auch als Coleman-boat (praktisch nur auf Englisch) oder etwas despektierlich als Coleman'sche Badewanne (Abb. 1.2):

Die beiden Definitionen sind in den unterschiedlichen Sichtweisen, die sie anwenden, ganz beispielhaft für die Soziologie. Sie bearbeitet ein analytisches Feld zwischen Individuen und Strukturen. Auf dieses Feld kann man aus zwei Richtungen blicken, entweder von den Individuen her, oder eben von den Strukturen her. Diese zwei Richtungen machen eine Spannung aus, die die heutige Soziologie entscheidend prägt.

---

[4] Zumindest hat dies eine vergleichende Google-Suche so ergeben, die ich 2014 durchgeführt habe, und ich sehe wenig Anlass anzunehmen, dass es nicht immer noch so wäre.

1.3 Die Definition der Soziologie

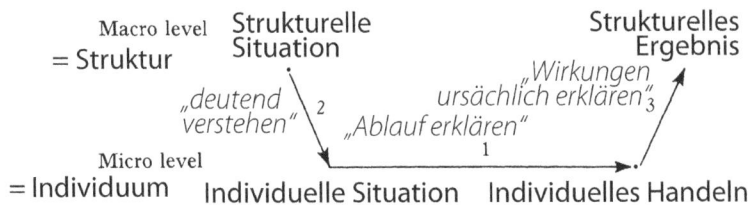

Abb. 1.2 Das Schema der Makro-Mikro-Makro-Beziehungen von James Coleman

Die Spannung wird dadurch akzentuiert, dass sie über die Soziologie hinausgeht und eigentlich das gesamte Feld der Wissenschaft prägt. Die Blickweise von den Individuen her weist auf die Psychologie, die Ökonomie und weiter zu den Naturwissenschaften. Die Blickweise von den Strukturen her weist auf die Kultur- und Geisteswissenschaften. Und die Soziologie bekommt dadurch eine privilegierte und extrem herausforderungsreiche Position an der Nahtstelle zwischen diesen „zwei Kulturen" (Snow 1959), die sie teils fast zerreißt, aber teils auch ganz besonders interessant macht.

Innerhalb dieses Spannungsfeldes macht dieser Text eine Annahme, die in vielen Bereichen der Soziologie gar nicht geteilt wird: Er setzt, so wie Max Weber, beim sozialen Handeln an, kommt also von der Seite der „sciences" und nicht von derjenigen der „humanities".

Man kann das auch anders halten. Viele Soziologen betrachten Soziologie eher als eine Geisteswissenschaft, die zwar empirieorientiert ist, aber in der eine große Zahl von Theorien gleichberechtigt nebeneinanderstehen, deren zum Teil widerstreitenden Geltungsansprüche nur jeweils am konkreten empirischen Beispiel oder unter Rückgriff auf normative Überlegungen geklärt werden. Diese Sichtweise hat auch durchaus ihre Berechtigung. Sie übt einen darin, verschiedene Begriffswelten nebeneinander im Kopf zu haben und im Erfolgsfalle nebeneinander an Gegenständen anwenden zu können und so unterschiedliche Perspektiven auf sie zu gewinnen.

Aus bestimmten historischen Gründen gehe ich aber in diesem Text anders vor. Die Weltgesellschaft befindet sich im Verlauf der zweiten Moderne in einer gegenwärtig durchaus problematischen Situation, in der etwa für den Erhalt freiheitsorientierter Institutionen, die Eindämmung von sozialer Ungleichheit und gewalttätigen Konflikten, und den Erhalt natürlicher Lebensgrundlagen Soziologie als Handlungswissenschaft gefragt ist. Das Marx'sche Diktum, dass die Philosophen die Welt nur beschrieben hätten, ist seit seiner Zeit vielfach widerlegt worden, aber die Fähigkeit, sie zum Guten zu verändern, ist weiterhin notwendig.

Ich sehe deshalb den Sinn eines solchen Textes nicht in erster Linie darin, sie eingangs möglichst zu verwirren und damit darauf vorzubereiten, dass es immer ganz verschiedene Sichtweisen auf ein Thema geben kann. Das werden sie schnell genug sowieso merken. Ich sehe den Sinn dieses Textes eher darin, die Einheit der sozialen Welt zu betonen, die letztlich die Verständigung von Individuen über gemeinsame Problemlösungen ermöglicht.

Und der geeignete Ausgangspunkt für eine solcherart einheitliche Einführung in die Soziologie ist für mich wie für Max Weber das soziale Handeln. Das Vorgehen einer solchen vom sozialen Handeln ausgehenden Beschreibung der Soziologie hat einiges für sich:

- Strukturen sind aus Handlungen, jedenfalls aus einem adäquaten Verständnis von Handlungen, wesentlich leichter herzuleiten als umgekehrt.
- Handlungstheorien sind systematischer.
- Innerhalb der Handlungstheorie bauen Beiträge verschiedener Autoren, wie schon bei Coleman und Weber gesehen, aufeinander auf.
- Auch Nicht-Akteurstheorien können eingeordnet und mit ihren spezifischen Leistungsfähigkeiten gesehen werden. Der zugegeben größere Reichtum der Ergebnisse strukturorientierter Arbeit lässt sich so in diese Systematik hinein übersetzen.
- Und dazu sind handlungstheoretische Texte m. E. schlichtweg weniger voraussetzungsreich und damit einfacher und leichter lesbar.

1.4 Die Struktur dieses Buches

Aus diesen Vorüberlegungen ergibt sich die Struktur dieses Buches. Es besteht aus zwei Hälften, jede der beiden aufgeteilt in zwei Teile mit je drei Sitzungen.

Damit gehen wir zweimal, nämlich erst mit einer Mikro- und dann einer Makroorientierung durch *zwei Perspektiven* hindurch.

- Die eine Perspektive ist diejenige der *Forschenden,* das heißt die Ihrige: Sie sehen sich Material gegenüber und wollen dies strukturieren. Das bedingt wieder eine eigene Form von Dialektik, nämlich jeweils einen *Einstieg,* dann eine *systematische Untersuchung* des Materials, und die Frage nach der *Generalisierbarkeit* der Ergebnisse.
- Die andere Perspektive ist diejenige der *Akteure:* der Menschen, deren gesellschaftliche Situation Sie untersuchen. Wie wir in Kap. 3 noch näher anschauen werden, wird ihre Handlungssituation jeweils durch das bestimmt, was sie

1.4 Die Struktur dieses Buches

wissen, können und wollen, im Nominalstil der Soziologie gesprochen durch *Erwartungen, Ressourcen* und *Motivationen*.

Das erste Viertel des Textes enthält einige Bausteine, die wir nachher in verschiedener Form variieren werden: Dieses Kapitel bietet Ihnen ein Grundverständnis dessen, was Soziologie ist und macht, und einen Überblick. Im nächsten Kapitel schauen wir uns die Spannung zwischen Strukturen und Handlungen an, die das Fach Soziologie durchzieht, und werden wir uns kleine Modelle von Interaktionssituationen anschauen, die nachvollziehbar machen, wie die beiden dennoch zusammengehören.

Im zweiten Viertel schauen wir uns die Handlungssituation des Individuums an. Unter Erwartungen (Kap. 4) geht es zunächst um rationale Informationen und darauf aufbauend einerseits um ihre Vermittlung, nämlich die Kommunikation, und andererseits um die Grenzen der Rationalität in der Informationsverarbeitung, die wir über den Begriff des Framings erschließen. Ressourcen (Kap. 5) sind zunächst einmal in ihrer Systematik anzuschauen, bevor wir uns dem neuesten der in der Soziologie verwendeten Kapitalbegriffe zuwenden, demjenigen des Sozialkapitals, und einen Blick auf die Entwicklung der sozialen Ungleichheit werfen, die zwar immer auch andere Aspekte umfasst, aber doch in ihren zentralen Aspekten eine der Handlungsoptionen und damit Ressourcen ist. Zum letzten Aspekt der Handlungssituation, den Motivationen (Kap. 6), betrachten wir verschiedene Analysekategorien und systematisieren verschiedene inhaltliche Motivationstheorien und schauen abschließend auf die Entwicklung der Verteilung von Werten und ihre Veränderungen über die Zeit.

Der zweite Teil des Buches verwendet dann dieses Handwerkszeug, komplexere strukturelle Aspekte der Soziologie zu untersuchen. Den Einstieg bietet hierbei die neuere zeitdiagnostische Debatte zum sozialen Wandel. Sie lässt sich in dem von Ulrich Beck (Beck 1986) verwendeten Begriff der Zweiten Moderne bündeln, deren zentrale Theoretiker wir in Kap. 7 diskutieren und in eine aus dem gewonnenen handlungstheoretischen Handwerkszeug abgeleitete Rekonstruktion einbauen. Die Perspektive des Untersuchens weist auf die in der Soziologie verwendeten Methoden (Kap. 8), die Perspektive des Generalisierens auf Theorien, die wie die Kritische Theorie, die Struktur- und Differenzierungstheorien und die Akteur-Netzwerk-Theorie begriffliche Instrumentarien bereitstellen, die sich mittels unseres Handwerkszeuges aus der Handlungstheorie erschließen lassen, obwohl sie zum großen Teil völlig unabhängig oder sogar oftmals in klarer Abgrenzung von ihr entwickelt worden sind.

Im letzten Viertel geht es um konkrete sachbezogene Untersuchungsfelder: Erwartungen führen zu Diskursen, Konventionen in der Wahrnehmung von Realitätsaspekten, die sehr unterschiedlich ausfallen können, wie man etwa am Beispiel des Umgangs mit Migration sehen kann. Ressourcen führen zur sozialen Strukturierung der Lebenswelt, die von der Sozialstruktur- und Lebensstilforschung untersucht wird. Motivationen schließlich bilden sie die Grundlage für mehr oder minder bewusst zielgerichtetes soziales Handeln auf der Makroebene, wie es in der institutionalisierten Politik und in sozialen Bewegungen passiert.

Insgesamt ergibt sich damit die in Abb. 1.3 zusammengefasste Struktur. In der Abbildung sind klein mit einem vorgestellten „D" zentrale Debatten dort positioniert, wo sie angesprochen werden (in Klammern noch einige, die es in der vorgestellten Analyse nicht unter die ersten zehn geschafft haben, aber die zu kennen sich auch lohnt).

Dies ist ein Grundlagentext, gedacht für das erste Jahr von Bachelor-Studiengängen. Es ist also ein Buch, das in erster Linie Wissen vermittelt. Dieses Wissen soll zu Verständnis führen und weiter zu eigener kompetenter praktischer Anwendung.

Die Zwänge und Ressourcenausstattung eines Bologna-Studienganges bringen es mit sich, dass mit diesem Buch arbeitende Veranstaltungen am Ende mit einer schriftlichen Prüfung abgeschlossen werden. In solchen Klausuren werden Sie Fragen zur Lektüre beantworten, zu einem kleineren Teil Multiple-Choice-Fragen, zum größeren Teil Fragen, auf die Sie in Stichworten oder mit kurzen Texten antworten.

Eine solche Klausur werden Sie wahrscheinlich nicht bestehen, wenn sie einfach nur diesen Text lesen. Ich empfehle Ihnen, das Buch in Ihre Lehrveranstaltung mitzubringen und sich während der Vorlesung ausführliche Notizen zu machen. Genießen Sie das Privileg, die Dinge persönlich erzählt zu bekommen, und arbeiten Sie den Text sowohl im Vorlesungs- als auch im anschließenden Übungsteil intensiv durch. Damit Sie Ihr Wissen und Verständnis testen und sich auf eine allfällige Klausur und ihr Frageformat vorbereiten können, empfehle ich Ihnen sehr, die Übungsfragen eigenständig zu bearbeiten und am besten in einer Übungsgruppe zu diskutieren, bevor Sie am Ende des Buches die Musterlösungen konsultieren.

Ansonsten: Es gibt viele Lehrbücher der Soziologie. Das sind gute Bücher, und die Beschäftigung mit ihnen lohnt sich sehr. Keines von ihnen folgt ganz der hier verwendeten Logik, sonst hätte ich dieses nicht geschrieben. Aber es lohnt schon, in einige mal hineinzuschauen:

1.4 Die Struktur dieses Buches

Soziologie

Strukturieren | **Handeln**

Mikro / Makro

Analytische Grundlagen

Einsteigen	Untersuchen	Generalisieren
01 Einführung	02 Wie entsteht Struktur?	03 Strukturen
• Debatten der Soziologie	• Konventionen	• Soziologische Erklärung (**D Analytische Soziologie**)
• Soziologie als Sozialwissenschaft	• Spieltheorie	• Netzwerke (**D Soziale Netzwerke**)
• ...als Struktur- und Handlungswissenschaft	• Normen	• Institutionen und Organisationen **D Organisation**

Strukturelemente

	08 Methoden	09 Theorien
07 Sozialer Wandel	• Überblick	**D Theorie**
• Theoretiker der zweiten Moderne **D Zweite Moderne**	• Quantative Nachweise	• Kritische Theorie
• Mechanismen	• Qualitative Methoden **D Qualitative Methoden**	• Differenzierungs- u. Systemtheorien
• Institutionelle Innovationen **D Familie**		• Akteur-Netzwerk-Theorie

Die Handlungssituation

Wissen	Können	Wollen
04 Erwartungen	05 Ressourcen	06 Motivationen
• Information	• Ressourcen und Kapital (**D Bourdieu**)	• Analysekategorien
• Framing (**D Framing**)	• Sozialkapital **D Sozialkapital**	• Motive (**D Kriminalität**)
• Kommunikation	• Ungleichheit **D Ungleichheit**	• Werte und Wertewandel **D Wertewandel**

Konkrete Untersuchungsfelder

10 Diskurse	11 Sozialstruktur	12 Politik
(**D Diskurse**)	**D Sozialstruktur /Lebensstile**	• Öffentlichkeit (**D Öffentlichkeit**)
• Moral Panic	• Stratifikation	• Bürgerrechte und Wohlfahrtsstaaten (**D Wohlfahrtsstaat**)
• Diskurse	• Gender **D Gender**	• Kollektives Handeln und soziale Bewegungen **D Soziale Bewegungen**
• Diskursanalyse	• Statuserwerb, Mobilität, Bildung **D Mobilität/Bildung**	

Abb. 1.3 Struktur des Buches. (Eigene Darstellung)

- Dimbath (2016) und Meulemann (2013) sind schon recht nah dran an dem hier verfolgten Plan einer systematischen Aufbereitung des Gesamtfaches.
- Coleman (1990) und Esser (1993) sind zwei Klassiker der handlungstheoretischen Herangehensweise, aber weniger mit dem Anspruch des Überblicks.
- Giddens (2009) und Joas (2007) sind zwei pluralistische Texte, die einen guten Überblick, aber wenig Systematik bieten.
- Rosa, Strecker und Kottmann (2007a) und Joas und Knöbl (2013) sind gute Überblicke über soziologische Theorien, der erste eher vereinfachend, der zweite eher vollständiger.

Zusammenfassung

Wie führt man in die Soziologie ein? Dieses Kapitel motivierte Vorgehensweise und Aufbau des Buches in vier Schritten.

- Sie kennen jetzt einige konkrete Debatten zu Themen wie Migration, Gender und sozialen Bewegungen, die in der gegenwärtigen Soziologie geführt werden.
- Sie haben die Vorgehensweise der Soziologie im 3×3-Schema des sozialwissenschaftlichen Arbeitens kennengelernt und damit die Spannung zwischen Theorie und Empirie, die eine Dimension des Feldes der betrachteten Debatten bildet, und können eine eigene soziologische Arbeit anhand des Standardaufbaus strukturieren.
- Sie kennen und verstehen bekannte Definitionen der Soziologie und über sie die Spannung zwischen der Makroebene der Strukturen und der Mikroebene der Handlungen, die die gesamte Soziologie durchzieht und eine zweite Dimension des Debattenfeldes bildet.
- Sie verstehen, wie sich in der Gegenüberstellung von forschender und Akteursperspektive und von Perspektiven auf die Mikro- und die Makroebene die vier Teile des Buches aufbauen.

Übungsaufgaben zu Sitzung 1

1. Zeichnen Sie die Matrix der Struktur des empirieorientierten wissenschaftlichen Arbeitens, und beschriften Sie die drei Säulen und neun Felder!
2. Machen Sie dasselbe für eine Literaturarbeit. Welche Felder bleiben gleich, welche ändern sich, und wie beschriften Sie die geänderten Felder?

3. Welche drei Untersuchungsrichtungen benennt Webers Definition der Soziologie, und wie beziehen diese sich auf die Mikro- und Makro-Ebene der Gesellschaft?

Literatur

Zentrale Referenzen

Beck, Ulrich. 1986. *Risikogesellschaft*. Frankfurt/Main: Suhrkamp.
Boudon, Raymond. 1980. *Die Logik des gesellschaftlichen Handelns: eine Einführung in die soziologische Denk- und Arbeitsweise*. Neuwied: Luchterhand.
Coleman, James S. 1986. "Social Theory, Social Research, and a Theory of Action." *American Journal of Sociology* 91:1309–1335.
Coleman, James S. 1990. *Foundations of Social Theory*. Cambridge, Mass.: Belknap.
Durkheim, Émile. 1897. *Le suicide : étude de sociologie*. Paris: Félix Alcan.
Durkheim, Émile. [1893] 1967. *De la division du travail social*. Paris: Presses Universitaires de France.
Hegel, Georg Wilhelm Friedrich. [1807] 1996. *Phänomenologie des Geistes*. Frankfurt am Main: Suhrkamp.
Snow, Charles Percy. 1959. *The two cultures and the scientific revolution*. Cambridge: Cambridge University Press.
Weber, Max. [1922] 1985. *Wirtschaft und Gesellschaft*. Tübingen: Mohr (Siebeck).

Beispiele soziologischer Studien

Diehl, C., und M. Koenig. 2009. "Religiosität türkischer Migranten im Generationenverlauf: Ein Befund und einige Erklärungsversuche." *Zeitschrift für Soziologie* 38:300–319.

Lehrbücher

Abels, Heinz. 2001. *Einführung in die Soziologie : Band 1: Der Blick auf die Gesellschaft*. Wiesbaden: VS Verlag für Sozialwissenschaften.
Dimbath, Oliver. 2016. *Einführung in die Soziologie*. Paderborn: Wilhelm Fink.
Esser, Hartmut. 1993. *Soziologie: allgemeine Grundlagen*. Frankfurt: Campus.
Giddens, Anthony. 2009. *Sociology*. Cambridge: Polity.
Joas, Hans. 2007. *Lehrbuch der Soziologie*. Frankfurt am Main: Campus.
Joas, Hans, und Wolfgang Knöbl. 2013. *Sozialtheorie : zwanzig einführende Vorlesungen*. Frankfurt a.M: Suhrkamp.

Meulemann, Heiner. 2013. *Soziologie von Anfang an : eine Einführung in Themen, Ergebnisse und Literatur*. Wiesbaden: VS Verlag für Sozialwissenschaften.
Rosa, Hartmut, David Strecker, und Andrea Kottmann. 2007a. *Soziologische Theorien*. Konstanz: UVK.

Weitere Referenzen

Babones, Salvatore J. 2015. *Latent variables and factor analysis*. Los Angeles: Los Angeles : SAGE.
Backhaus, Klaus, Bernd Erichson, et al. 2016. "Kap. 7: Faktorenanalyse." S. 385–452 in *Multivariate Analysemethoden : eine anwendungsorientierte Einführung*, hg. Berlin: Berlin : Springer Gabler.
Gmür, Markus. 2003. "Co-citation analysis and the search for invisible colleges: A methodological evaluation." *Scientometrics* 57:27–57.

Uncategorized References

Auspurg, Kathrin, und Thomas Hinz. 2011a. "Gruppenvergleiche bei Regressionen mit binären abhängigen Variablen – Probleme und Fehleinschätzungen am Beispiel von Bildungschancen im Kohortenverlauf." *Zeitschrift für Soziologie* 40:62–73.

Wie entsteht Struktur? 2

Überblick

Dieses Kapitel verfolgt vier Lernziele:

- Für den Blick aus die Soziologie als ganze soll es deutlich machen, in welchem spannungsreichen, aber unauflösbaren Verhältnis Handlungen und Strukturen in der Soziologie stehen. Abschn. 2.1 führt diese Spannung aus, und Abschn. 2.2 löst sie auf.
- Für den Blick auf Akteure und in Bezug auf die an ihnen orientierten Teiles des Buches zeigt es, warum sie in das Tripel aus Motivationen, Ressourcen und Erwartungen gegliedert ist.
- Für den Blick auf gesellschaftliche Strukturen zeigt es, wie sie aus wechselseitig aufeinander bezogenen Erwartungen entstehen.
- Als viertes eigenständiges Lernziel und als Grundlage für die beiden vorgenannten Punkte lernen sie in Abschn. 2.3 die Spieltheorie als theoretische Methode kennen, und in Abschn. 2.4 werden die Bezüge zu Beispielen der Strukturentstehung und zu den Handlungsaspekten hergestellt.

2.1 Die Handlung-Struktur-Differenz

Im ersten Abschnitt sind wir unter anderem darauf gestoßen, dass in der Soziologie zwei unterschiedliche Perspektiven existieren, die sogenannte Handlung-Struktur-Differenz. Hierbei ist der eine Pol mit dem Begriff der Handlung (oder des Akteurs, aber der verweist ja auf die Handlung) hinreichend präzise beschrieben, während es für den anderen Pol mindestens noch die Begriffe Kommunikation oder interpretatives Paradigma gibt.

Die Abbildung des Feldes der soziologischen Debatten ist ein schönes, aber nur sehr zurückhaltendes Bild für die große Spannung, unter die diese Differenz die Soziologie setzt, und die wie bereits gesagt weit über die Soziologie hinausweist. Schauen wir uns einige Differenzen zwischen den beiden Perspektiven an:

- Handlungstheorien (im folgenden „hier") und Strukturtheorien („dort") gehen von unterschiedlichen sogenannten *Basiseinheiten der Analyse* aus: hier sind es Handlungen, dort Kommunikationen.
- Jede Richtung schließt an eine eigene *Philosophie* an: hier an den Individualismus, und zwar insbesondere dessen methodologische Position, nach der sich soziale Strukturen als Ergebnisse von Individualmerkmalen einordnen lassen, dort an die holistische Position, die der Aristoteles stammende Satz ausdrückt „Das Ganze ist mehr als die Summe seiner Teile." (Aristoteles [ca. 330v] 1984)
- Beide haben unterschiedliche *Methodologien,* sowohl theoretisch als auch empirisch. Hier sind dies quantitativ-statistische Methoden wie Spieltheorie, Rational-Choice-Theorie oder Netzwerkanalyse, dort qualitativ-hermeneutische Methoden wie Grounded Theory, Systemtheorie, Kultursoziologie.
- Beide haben unterschiedliche zentrale *Autoren,* hier James S. Coleman, Ronald Burt, Mark Granovetter, Gary Becker, Hartmut Esser, Robert Merton, Raymond Boudon und Max Weber, dort Erving Goffman, Michel Foucault, Ulrich Beck, George Herbert Mead, Harold Garfinkel, Zygmunt Bauman, Niklas Luhmann, Peter Berger, Bruno Latour und Émile Durkheim. Durkheim und Weber, die wir bereits kennen, werden aber auch von der jeweils anderen Seite für sich beansprucht.
- Sie haben zwei unterschiedliche wissenschaftliche *Orientierungen.* Hier ist es die des Erklärens, die Gesellschaft als gesetzmäßiges Handlungsgefüge sieht und nach Strukturmerkmalen, Messbarkeiten und Gesetzmäßigkeiten. Dort geht es um Verstehen, Gesellschaft wird als etwas historisch prozessual Gewordenes gesehen, das einmalig und unwiederholbar ist.
- Sie haben unterschiedliche *Sichtweisen auf Differenz,* auch wenn hier vielleicht noch mehr als bei den vorgenannten Unterschieden eine gewisse Unübersichtlichkeit eingetreten ist. Handlungstheorien setzen eher Konsens voraus, wie er über Austausch und Verträge hergestellt wird, selbst wenn diese zwischen Ungleichen stattfinden. Strukturtheorien schauen tendenziell eher auf Konflikte und betonen Machtdifferenzen und Auseinandersetzungen

- Schließlich haben sie unterschiedliche methodologische *Vorgehensweisen:* Handlungstheorien sind eher deduktiv angelegt und schließen von allgemeinen Annahmen Überlegungen auf den Einzelfall, während strukturorientierte Positionen eher induktiv von Einzelbeobachtungen auf das Allgemeine schließen.

Jede einzelne dieser Zuordnungen ist eine unscharfe, und man findet immer wieder Autoren, Texte und ganze Forschungsprogramme oder Debatten, die in einzelnen dieser Punkte nicht in diese Dichotomie hineinpassen. Im Ganzen kann man aber schon sagen, dass sie eine große Prägekraft für die Soziologie besitzt, so sehr, dass man manchmal den Eindruck haben kann, Soziologen von den unterschiedlichen Polen dieser Differenz würden von ganz unterschiedlichen Welten reden – wie das eben Raymond Aron in den oben zitierten Ausspruch gefasst hat.

Aber ist das wirklich so? Heißt es, dass diese beiden Positionen überhaupt nichts miteinander zu tun haben? Stehen die beiden Positionen der Handlung-Struktur-Differenz einander unversöhnlich gegenüber oder lassen sie sich verbinden?

Überlegen Sie einmal still für sich: Wo würden Sie sich einordnen?

2.2 Konventionen

Machen wir einmal ein Gedankenexperiment. In den sechs folgenden Fragen, die ich Ihnen stelle, würde ich Sie bitten, jeweils nach dem Fragezeichen und dem folgend zur Erinnerung eingefügten Buchstaben Φ jeweils innezuhalten und sich erst einmal eine Antwort auf die Frage zu überlegen, bevor Sie weiterlesen:

Wo gehen Sie hin in einer überfüllten Mensa mit einem vollen und schweren Mensatablett plus Tasche, wenn Sie alleine angekommen sind (oder unterwegs Ihre Begleiter verloren haben) und nicht alleine essen wollen? Φ.

Ich weiß natürlich auch nicht, wo Sie genau hingehen. Aber ich weiß: wenn es einen Ort gibt, wo Sie sich normalerweise mit Ihren Freunden treffen, dann werden Sie dort wieder hingehen, weil die Wahrscheinlichkeit groß ist, dass Ihre Freunde Sie dort auch erwarten und deshalb dorthin kommen werden.

Ein anderes sogenanntes „Konventionalspiel"[1]: Jemand macht Ihnen und einem Freund von Ihnen ein Angebot: Sie müssen unabhängig voneinander „Kopf" oder „Zahl" sagen, so als ob Sie eine Münze werfen würden. Wenn Sie

---

[1] Die folgenden Beispiele sind, teils in etwas abgewandelter Form, Schelling (1960) entnommen.

beide unterschiedliche Dinge sagen, bekommen Sie nichts. Wenn Sie aber dasselbe sagen, bekommen Sie irgendetwas nettes, zum Beispiel jeder 100 Franken. Natürlich dürfen Sie sich nicht absprechen. Was sagen Sie? Φ.

Die allermeisten Menschen im deutschen Sprachraum sagen in diesem Spiel „Kopf" und gewinnen damit die 100 Franken, weil die entsprechende sprachliche Wendung halt „Kopf oder Zahl" ist. Im Englischen wäre es mit „head or tail" analog. Wenn Sie die Frage jetzt im Kopf ins Französische übersetzt hätten, dann hätten Sie vielleicht Zahl gesagt, weil es da ja „pile ou face" heißt.

Noch ein Konventionalspiel: Ein ähnliches Angebot an die drei entfernten Bekannten Anne, Beate und Christiane: Sie müssen unabhängig voneinander die Buchstaben A, B und C auf einen Zettel schreiben. Wenn Sie alle drei dieselbe Reihenfolge aufschreiben, bekommt diejenige, deren Anfangsbuchstabe an erste Stelle steht, 60 Franken, diejenige, deren Buchstabe an zweiter Stelle steht, 40 Franken, und diejenige, deren Buchstabe an letzter Stelle steht, 20 Franken. Wenn nicht alle übereinstimmen, bekommen alle gar nichts. Und natürlich dürfen die drei sich wieder nicht absprechen. Was wird Christiane auf ihren Zettel schreiben? Φ.

Natürlich wird auch Christiane die Reihenfolge „A, B, C" auf ihren Zettel schreiben, auch wenn sie dadurch am wenigsten Geld bekommt. Aber die Reihenfolge, in der die Buchstaben im Alphabet vorkommen, ist nun einmal diejenige, die einem zuerst in den Sinn kommt.

Für Xavier, Yasemin und Zelda und die Buchstaben X, Y und Z wird dasselbe herauskommen. Aber was, wenn sie alle drei Griechen sind? Φ.

In Griechenland steht das Z an sechster, dass Y an 22. und das X an 24. Stelle. Ganz abgesehen davon, dass das X auch für einen anderen Laut steht (weiches Ch), käme also unter Griechen eine andere Reihenfolge heraus, und in einem gemischten Team wäre die Gefahr groß, dass die Teilnehmer keine übereinstimmende Position finden würden.

Noch ein Konventionalspiel: Sie wollen einen Raum betreten, zum selben Zeitpunkt kommt Ihnen (durch eine normale Tür, die immer nur für eine Person zu einem Zeitpunkt breit genug ist) eine Person des anderen Geschlechts entgegen, die heraus will. Sie können vorangehen oder sich zurückhalten, wenn Sie beide vorangehen, stoßen Sie zusammen, wenn Sie aber beide sich zurückhalten, kommen Sie zunächst einmal gar nicht durch die Tür und müssen dann auf irgendeine Weise kommunizieren, wer zuerst durchgeht, und verlieren dadurch Zeit. Was tun Sie? Φ.

Wahrscheinlich hätten Sie erst einmal gewartet und lieber den kleinen Zeitverlust durch die Kommunikation in Kauf genommen, weil unsere Gesellschaft für diese Situation keine verbindlichen Konventionen mehr kennt.

Aber alternativ: Wie hätten Sie sich verhalten, wenn Sie im bürgerlichen London des späten 19. Jahrhunderts in diese Situation gekommen wären? Und

2.2 Konventionen

andererseits: Wie hätten Sie sich verhalten, wenn Sie in Kabul kurz nach dem Sturz der Taliban in diese Situation gekommen wären? Φ.

Hier haben wir nun zwei Situationen, in denen dieses Koordinationsproblem auf unterschiedliche Weise geregelt ist: Im London des 19. Jahrhunderts hätten Sie zunächst auf die Kleidung und den daraus ablesbaren Status des Gegenübers geschaut und wären vorgegangen, wenn Sie sich als statushöheres Wesen eingeschätzt hätten, beziehungsweise gewartet, wenn Sie den anderen als statushöher eingeschätzt hätten. Bei in etwa gleichem Status hätte ein Mann gewartet und einer Frau den Vortritt gelassen, und die Frau hätte kurz geschaut, ob der Mann bereit ist, ihr den Vortritt zu lassen, das aber auch mit großer Selbstverständlichkeit erwartet. In Afghanistan, in einer noch stark von patriarchalen Normen geprägten Gesellschaft, wäre es umgekehrt so gewesen, dass, sogar relativ unabhängig von sozialem Status, Männer den Vortritt gehabt hätten.

In all diesen Fällen haben wir es mit Konventionen zu tun, also mit Situationen, in denen es übereinstimmende Erwartungen daran gibt, was wer in Situationen zu tun hat, die abgestimmtes Verhalten verlangen.

Der britische Philosoph David Hume (1711–1776) hat als erster gesehen, welch große Rolle Konventionen im gesellschaftlichen Leben spielen:

> „Two men who pull the oars of a boat, do it by an agreement or convention, although they have never given promises to each other. Nor is the rule concerning the stability of possessions the less derived from human conventions, that it arises gradually, and acquires force by a slow progression… In like manner are languages gradually established by human conventions without any promise. In like manner do gold and silver become the common measures of exchange, and are esteemed sufficient payment for what is of a hundred times their value." (Hume 1817).

Konventionen entstehen in Situationen, in denen es vor allem wichtig ist, dass man sich auf etwas einigt. Die Frage, worauf man sich einigt, ist vielleicht auch wichtig, aber im Vergleich zu der Bedeutung einer Einigung sekundär.

Der amerikanische Ökonom und Sozialwissenschaftler Thomas Schelling (1921–2016, Nobelpreis 2005) hat solche Situationen untersucht und festgestellt, dass sich in ihnen etwas herausbildet, was er als sogenannte „Fokuspunkte" bezeichnet hat: Eines der möglichen Gleichgewichte wird als das eingeschätzt, das die anderen mit der höchsten Wahrscheinlichkeit wählen.

Ein Beispiel, das er untersucht hat, war die Frage „Nehmen Sie an, Sie haben sich mit jemandem an einem bestimmten Tag in New York verabredet, haben aber weder eine Uhrzeit noch einen Ort ausgemacht. Wann und wo werden Sie die andere Person erwarten?"

Tatsächlich entschied sich eine Mehrheit der von Schelling befragten Personen für Grand Central Station und so gut wie alle für 12 Uhr mittags als Treffzeitpunkt. Schelling nutzte das als Beispiel, um größere Zusammenhänge zu erklären. Sein Buch „Strategy of Conflict" behandelte das Verhältnis zwischen den Großmächten im Kalten Krieg, und er stellte fest, dass die Politiker und Diplomaten ganz klar zwischen konventionellem und nuklearem Konflikt unterschieden, während die Militärs ihm sagten, dass aufgrund der Entwicklung der Waffentechnologie diese beiden Kategorien eigentlich nicht mehr klar voneinander getrennt waren. Die klare Trennung zwischen „konventionell" und „nuklear" war also ein Fokuspunkt, den die Politiker beider Seiten ohne Absprache peinlich genau einhielten, um damit bei einer Konvention zu bleiben, die ihnen erlaubte, die Gefahr eines Atomkrieges geringer zu halten als sie sonst gewesen wäre – und trotzdem noch militärische Mittel zu nutzen, um sich auf verschiedenen Schauplätzen der Welt miteinander zu messen.

Konventionen zeigen uns damit die Antwort auf die vorhin gestellte Frage nach dem Verhältnis von individualistischer und holistischer Position. Sie haben beide recht und können also tatsächlich miteinander verbunden werden:

- Konventionen bestehen darin, dass sich wechselseitige Erwartungen darüber herausbilden, wie man sich verhält. Die Erwartungen, die dazu führen, dass bestimmte Lösungen gewählt werden oder eben auch nicht, sind „unhintergehbare Aspekte der Systemebene" im obigen Sinn. Damit hat also der Holismus recht.
- Diese Erwartungen spielen aber eine Rolle nicht als objektive Systemeigenschaften, sondern nur insofern, als sie von den Individuen übernommen werden und sich auf ihr Verhalten auswirken. Insofern hat also der Individualismus auch recht.

2.3 Soziale Situationen als Spiele

Um zu verstehen, was bei Konventionen genau passiert, schauen wir sie uns mit Hilfe der Spieltheorie an, einer mathematisch-formalen Theorie der Sozialwissenschaften. Die Spieltheorie fasst soziale Situationen in einer abstrahierten Form. Durchaus vergleichbar mit Gesellschaftsspielen, in denen ja Interaktion nach bestimmten Regeln abläuft, wird in ihr Interaktion nach bestimmten Regeln analysiert. (Luce und Raiffa 1957; Binmore 2007; Diekmann 2009).

Das Spiel, in dem die Entstehung von Konventionen behandelt wird, heißt „The battle of the sexes" – oder auch einfach Konventionalspiel. Es behandelt

2.3 Soziale Situationen als Spiele

die Entscheidungssituation eines Paares aus Frau (F) und Mann (M), die vor der Erfindung des Mobiltelefons versuchen, sich am Abend zu treffen. Es gibt keine Absprache, und sie haben keine Kommunikationsmöglichkeit. Dafür beschränkt sich die Auswahl auf nur zwei mögliche Orte: Das Fußballstadion oder die Oper. Die beiden haben unterschiedliche Vorlieben: Die Frau ist Fußballfan, der Mann ist Opernliebhaber, aber das wichtigste ist für beide, mit dem jeweils anderen zusammen zu sein. Als formales Modell fasst das spieltheoretische Modell diese Vorlieben in Punkte: Am jeweils bevorzugten Ort zu sein, bringt einen Punkt, aber den anderen zu treffen, bringt für jeden zwei Punkte. Was sollen die beiden tun?

Solche Situationen wurden zum ersten Mail von John von Neumann und Oskar Morgenstern untersucht, die damit als erste die Interaktion von Individuen zum Gegenstand mathematischer Theorie machten. (von Neumann und Morgenstern 1964) Zentral ist dabei die Einsicht, dass in Entscheidungssituationen der Erfolg eigener Aktionen im Allgemeinen auch von den Aktionen anderer abhängt. A kann keine optimale Entscheidung treffen, ohne B's Verhalten zu kennen, und umgekehrt. Die Frage von von Neumann und Morgenstern war nun: Kann man die gegenseitige Abhängigkeit mathematisch auflösen? Ein relativ selbstverständlicher Ausgangspunkt ist dabei die sogenannte Rationalitätsannahme, d. h. die Annahme, das bekannte, stabile Ziele verfolgt werden, wie sie in diesem Fall durch die Punkte notiert sind. Bevor wir die spezifische Spielsituation auflösen, schauen wir uns diese Formalisierung genauer an.

Ein Spiel („in Normalform", es gibt noch andere Formen, die wir nicht betrachten) ist definiert durch.

- die Menge der Spieler,
- die Menge der möglichen Aktionen (=„Strategien"),
- sowie die Auszahlungen, die jeweils aus Kombinationen von Aktionen der Spieler folgen.

Als simultanes Spiel mit nur zwei Spielern lässt sich das „Battle of the Sexes" in Form einer Matrix notieren. In diesem Fall beschreiben die Zeilen die Optionen der Frau und die Spalten die Optionen des Mannes, beides also jeweils „Stadion" und „Oper". In den Zellen, den Kreuzungspunkten von Zeilen und Spalten, werden die Auszahlungen eingetragen, die sich aus der jeweiligen Kombination ergeben. Man notiert dabei konventionell zuerst die Auszahlung für den Zeilenspieler (hier F), dann für den Spaltenspieler (hier M). (Tab. 2.1).

In unserem Beispiel ist die Frau am besten dran, wenn beide ins Fußballstadion gehen, denn dann bekommt sie sowohl die 2 Punkte für Gemeinsamkeit als auch den einen Punkt für ihren Lieblingsort. Der Mann würde in diesem Fall nur die 2

Tab. 2.1 Spielematrix für das Battle of the Sexes

		Mann	
		Stadion	Oper
Frau	Stadion	(3,2)	(1,1)
	Oper	(0,0)	(2,3)

Punkte für die Gemeinsamkeit erhalten und sich 90 min lang langweilen. Wenn sie sich beide in er Oper träfen, wäre es genau umgekehrt.

Die Formalisierung dieser Interaktionssituation als Spiel ermöglicht die Frage: Kann man die gegenseitige Abhängigkeit mathematisch auflösen? Von Neumann und Morgenstern vermuteten das erst nur.

Die Antwort fand später der (später durch seinen Nobelpreis und das Buch *A beautiful mind*, Nasar 1998, bekannt gewordene) John F. Nash (Nash 1950). Seine Antwort ist ein schönes Beispiel für „thinking outside the box", die Lösung eines Problems dadurch, dass man es erweitert: Nash untersuchte nämlich nicht nur das ursprüngliche Problem, in dem die Spieler genau die genannten Optionen haben. Er weitete die Untersuchung aus auf Spiele, in denen den Spielern zusätzlich auch alle möglichen Wahrscheinlichkeitskombinationen aus den gegebenen Optionen zur Verfügung stehen. Sie können also zum Beispiel sagen: Ich spiele eine Mischung aus 66 % Stadion und 33 % Oper, dann werfen sie einen Würfel und gehen bei 1, 2, 3 und 4 ins Stadion (4 von 6 möglichen Würfen sind 66 %) und bei einer 5 oder 6 in die Oper. Wenn man solche sogenannten „gemischten Strategien" zulässt, dann hat jedes Spiel mindestens eine Lösung, in der sich keiner der Spieler mehr einseitig verbessern kann.

Eine solche Strategiekombinationen, bei denen für gegebene Aktionen der anderen Spieler keiner sich mehr durch einen Wechsel verbessern kann, nennt man nach seinem Erfinder ein „Nash-Gleichgewicht". Ein Beispiel für ein Spiel, in dem es genau ein Nash-Gleichgewicht in gemischten Strategien gibt, ist das Spiel Schere/Stein/Papier. Hier kann niemand sich besserstellen als in einer Situation, in der er und alle anderen jede der drei Möglichkeiten mit derselben Wahrscheinlichkeit von 33,3 % wählen.

Es existiert also für jedes Spiel immer mindestens ein Nash-Gleichgewicht in gemischten Strategien. Darüber hinaus existiert aber oft auch eines oder mitunter mehrere Nash-Gleichgewichte, die ganz ohne Wahrscheinlichkeitsmischung in Termini der angegebenen Optionen zu beschreiben sind. In der Sprache der Spieltheorie sind dies Gleichgewichte „in reinen Strategien".

2.3 Soziale Situationen als Spiele

Der Wert des Battle of the sexes besteht nun darin, dass es die gedrängteste mögliche Beschreibung einer Situation ist, in der es eben nicht nur ein Nash-Gleichgewicht gibt, sondern drei. Wenn sich beide immer im Stadion treffen, wird auch der fußballhassende Mann dabei bleiben, wenn sie sich beide immer in der Oper treffen, wird auch die operngelangweilte Frau dabei bleiben. (Darüber hinaus gibt es noch das Gleichgewicht in gemischten Strategien, das wir hier aber nicht weiter verfolgen.) Damit ist das Battle of the Sexes ein Beispiel für eines der oben gehabten Konventionalspiele, nur dass es hier leider keinen natürlichen Fokuspunkt gibt!

Das Spiel gibt also eine formal-präzise Beschreibung von Situationen, in denen die Herausbildung von Konventionen notwendig sind. Damit ist das Battle of the sexes eines von zwei Spielen, die in einer einfachen symmetrischen Zwei-Personen-Situation Interaktionssituationen mit unangenehmen Eigenschaften beschreiben.

Das zweite dieser paradigmatischen Spiele ist das sogenannte *Gefangenen-Dilemma*. Die stilisierte Situation ist das Verhör zweier Gefangener, die von der Polizei beide eines gemeinsam begangenen Verbrechens bezichtigt werden. Sie haben wiederum keine Möglichkeit der Absprache, und können nur zwischen zwei Strategien wählen: Sie können einerseits schweigen und andererseits gestehen. Die Auszahlungen sind wie folgt festgelegt:

- wer allein gesteht, kommt frei (3)
- wenn beide schweigen, erhalten sie eine geringe Strafe (2)
- wenn beide gestehen, erhalten sie eine höhere Strafe (1)
- wer alleine schweigt, während der andere aussagt, erhält die höchste Strafe (0)

Weil damit schweigen jeweils dem anderen hilft und aussagen ihm schadet, wird schweigen als Kooperation (co-operate, C) und aussagen als „abtrünnig werden" (defect, D) notiert. (Tab. 2.2).

In diesem Spiel gibt es genau ein Nashgleichgewicht: Beide gestehen. Das ist individuell vernünftig, denn egal was der andere macht, man stellt sich mit aussagen immer besser als mit schweigen:

Tab. 2.2 Spielematrix für das Gefangenendilemma

		G2	
		Cooperate	Defect
G1	Cooperate	(2,2)	(0,3)
	Defect	(3,0)	(1,1)

- Wenn der andere schweigt, kann man die geringe Strafe vermeiden und stattdessen freikommen, sich also von 2 auf 3 verbessern.
- Wenn der andere gesteht, kann man immerhin die höchste Strafe vermeiden und nur die nicht ganz so hohe „höhere" bekommen, sich also von 0 auf 1 verbessern.

Diese Situation ist jedoch kollektiv kein Optimum. Beide Spieler würden sich besser stellen, wenn sie in der Lage wären, die bindende Verpflichtung einzugehen, nicht auszusagen, sondern sicher zu schweigen.

2.4 Spiele in der sozialen Realität

Diese beiden Spiele sind extreme Vereinfachungen. Gerade damit spiegeln sie zentrale Aspekte menschlicher Interaktion generell und sind übertragbar auf Interaktionssituationen mit Gruppen von beliebig vielen Mitspielern, von Kleingruppen bis zu ganzen Gesellschaften auf nationaler oder sogar globaler Ebene.

Das gilt einmal für die speziellen beschriebenen Interaktionssituationen. Das Gefangenendilemma steht hierbei für alle Situationen, in denen man sich ohne eine institutionelle Regulierung der Situation gegenseitig schadet. Die Sozialwissenschaften verwenden hier einen eigenen Begriff:

- *Negative Externalitäten* sind negativ bewertete Konsequenzen, die bei anderen und damit außerhalb der eigenen Handlungssituation anfallen. Solange sich nichts an der Interaktionssituation ändert, stellt dieser wechselseitige Schaden stets einen Nachteil für die Gruppe und ihre Mitglieder dar und damit einen Anreiz, etwas an der Situation zu ändern.

Beispiele für negative Externalitäten sind Kriminalität oder der Umweltschutz. Natürliche Umwelt wird gesehen als Allgemeinbesitz (Allmende), die durch zu große Nutzung bedroht ist, dieser Grundgedanke der Umweltproblematik findet sich schon bei Aristoteles: „Dem Gut, das der größten Zahl gemeinsam ist, [wird] die geringste Fürsorge zuteil" (Politik II) Die Vorteile aus der Nutzung der gemeinsamen Güter sind individuell und kurzfristig, Nachteile treffen alle und sind langfristig. (Hardin 1968) Bei Kriminalität geht es um die Verfolgung eigener Ziele wie Bereicherung oder das Ausleben von Aggression, die Eingriffe in Rechte anderer wie Eigentum und körperliche Unversehrtheit oder bei indirekt Betroffenen die Entstehung von Unsicherheitsgefühl und Sicherungsaufwendungen darstellen.

2.4 Spiele in der sozialen Realität

Um mit negativen Externalitäten umzugehen, schaffen Gruppen Normen und Sanktionen.

- Eine *Norm* ist eine besser-schlechter-Relation zwischen möglichen Handlungsoptionen. Sie kann einfach behauptet werden. Sie kann durch Sanktionen bewehrt werden, das heißt durch negative Konsequenzen, die angedroht werden für den Fall, dass dennoch die schlechter bewertete Handlungsoption gewählt wird. Sie kann auch internalisiert werden, das heißt das Individuum erwartet von sich selbst normkonformes Verhalten.

Innerhalb der spieltheoretischen Sichtweise verändert sich damit die Auszahlungsmatrix: Neben den direkten Nutzen der Normübertretung treten Nachteile wie z. B. eine verringerte Selbstachtung.

Normen sind ein großes Thema der Soziologie. Sie analysiert eine Reihe von Institutionen, die die Gesellschaft zur Sicherstellung der Einhaltung von Normen geschaffen hatte. Zur Vermittlung von Normen, das heißt der Herstellung von Kenntnis und Internalisierung, dient die Sozialisierung durch Familie, Schule, Ausbildung. Der Aufrechterhaltung von Normen dienen Sanktionsmechanismen wie soziale Kontrolle und Normerzwingung durch Polizei und Justizwesen. Der gesellschaftliche Umgang mit Kriminalität ist dabei schon ein Thema seit den Anfängen der Soziologie; die Ausbildung von umweltbezogenen Normen eher eines der neueren Zeit etwa seit den 1980er Jahren. Auch hier bringen etwa die Missbilligung durch Eltern, gesellschaftliche Diskussionen oder auch Strafen, z. B. für das Wegwerfen von Abfall, eine Internalisierung und gewünschter Verhaltensänderungen.

Das Konventionalspiel steht demgegenüber für alle Situationen, in denen eine soziale Koordination nötig ist, um Unsicherheiten oder Ineffizienzen vermeiden zu können. Um mit solchen Situationen umzugehen, schaffen Gruppen Konventionen, also Erwartungen an das Verhalten des einzelnen immer im Wissen darum, dass ein anderes Gleichgewicht ebenso möglich wäre. Beispiele haben wir oben ausreichend behandelt.

Es bleibt aber noch darauf hinzuweisen, dass beide Konzepte, obwohl sie auf unterschiedlichen Interaktionsaspekten beruhen, auf einer Meta-Ebene doch zusammenhängen. Wenn eine Konvention einmal etabliert ist, ist der Umgang völlig analog zu dem bei negativen Externalitäten. Denn aus Sicht derjenigen, die die Konvention einhalten, ist ein Abweichen von der Konvention auch ein negativer Einfluss, wie man am Beispiel der Fahrtrichtung im Straßenverkehr gut sehen kann. Umgekehrt sind, wie der Sozialkonstruktivismus sich sehr zu zeigen bemüht hat, Normen in gewisser Hinsicht immer auch Konventionen. Es gibt ja immer mindestens noch das Gleichgewicht vor Einführung der Norm, und in sehr vielen Fällen gibt es auch noch andere Möglichkeiten, bestimmte Fälle negativer Externalitäten durch Normen zu lösen – denken Sie nur daran, wie unterschiedlich verschiedene Gesellschaften mit dem Problem des Aludosenverbleibs umgehen.

Die beiden Spiele erlauben uns aber auch, den allgemeinen Blick auf die Handlungssituation von Akteuren zu schärfen. Um die wissenschaftliche Kreativität leisten zu können, die in einer theoretisch und empirisch überzeugenden Formulierung von Handlungssituationen liegt, ist es nötig, eine allgemeine Heuristik zu haben, gewissermassen geistige Schubladen, die man je nach Einzelfall suchen, finden und abhaken kann. Die spieltheoretische Fassung von Interaktionssituationen erlaubt uns, die Heuristik zu verstehen, die die Soziologie tatsächlich bereitstellt.

In den beiden betrachteten Spielen (Battle of the sexes und Gefangenendilemma) haben wir jeweils die folgenden Aspekte der Handlungssituation:

- Erstens spielt eine Rolle, welche möglichen Handlungsoptionen einem Akteur überhaupt zur Verfügung stehen. Die Spieltheorie spricht hier von Strategien. Im Battle of the Sexes ist das die Entscheidung, ins Fussballstadion oder in die Oper zu gehen, im Gefangenendilemma die Entscheidung zwischen Schweigen und Aussagen, auf den anderen Gefangenen bezogen Kooperation mit ihm oder Verrat an ihm. Welche Optionen zur Verfügung stehen, ist aber nur in diesen beiden Beispielsituationen für alle Akteure gleich. Im Allgemeinen wird es hier große Unterschiede geben, und diese sind abhängig von den Ressourcen, die Akteure zur Verfügung haben.
- Der zweite Aspekt der Handlungssituation sind in der Spieltheorie die Auszahlungen, die sich aus bestimmten Strategiekombinationen ergeben, die wir im Battle of the Sexes mit den unterschiedlichen Punktezahlen für den Ort und die Gemeinsamkeit mit dem anderen und im Gefangenendilemma mit den abgestuften Strafen formalisiert haben. Allgemeiner sprechen wir hier handlungstheoretisch von Präferenzen oder Motivationen.
- Der dritte Aspekt der Handlungstheorie sind die Erwartungen an das Verhalten des anderen. Im Gefangenendilemma sind diese Erwartungen irrelevant, weil so, wie das Spiel formuliert ist, der Gefangene sich in jedem Fall durch Aussagen besserstellt. Aber im Battle of the Sexes spielt es die zentrale Rolle, was man annimmt, wo jeweils der andere hingeht. Sowohl Spieltheorie als auch allgemeine Handlungstheorie verwenden hierfür den Begriff der Erwartungen (Tab. 2.3).

2.4 Spiele in der sozialen Realität

Tab. 2.3 Aspekte der Handlungssituation in Spieltheorie und allgemeiner Handlungstheorie

Aspekte: Spieltheorie	Beispiel: Battle of the Sexes	Beispiel: Gefangenendilemma	Aspekte: Allgemeine Handlungstheorie
Mögliche Handlungsoptionen (Strategien)	Stadion Oder Oper	Kooperieren Oder defektieren	Ressourcen
Auszahlungen bzw. Präferenzen	1 für Ort, 2 für Gemeinsamkeit	Abgestufte Strafen	Motivationen
Erwartungen	Wo geht der andere hin?	(sind irrelevant, weil die Situation klar ist)	Erwartungen

Spiel- und Handlungstheoretiker wie James Coleman, die dieses Schema entwickelt und angewandt haben, nahmen zunächst einmal an, diese Beschreibung der individuellen Situation von Akteuren sei abschließend: Wenn beschrieben ist, wie die soziale Situation auf der Makro-Ebene die drei Aspekte der Ressourcen, Motivationen und Erwartungen prägt, dann sollten damit alle Informationen vorliegen, die man braucht, um soziales Handeln sowohl theoretisch herleiten als auch empirisch überprüfen zu können. Wir werden in Kap. 4 sehen, inwiefern das noch zu kurz gedacht war, wo also noch eine vierte Kategorie von Information beachtet werden muss. Aber dieses Schema hilft schon einmal sehr weiter und wird deshalb die Struktur der gegenstandsorientierten Teile prägen.

Zusammenfassung

Dieses Kapitel hätte fast auch den Titel „Konventionen" tragen können, denn dieses war das hauptsächliche es begleitende Beispiel. Das würde freilich verstellen, was wir mit seiner Hilfe inhaltlich gelernt haben:

- Das Kapitel begann mit der Diskussion der Handlung-Struktur-Differenz als Charakteristikum der Soziologie. Mit dem Beispiel der Konventionen lässt sich nämlich gut verstehen, wie diese beiden Seiten zusammenhängen.
- Wir haben das Beispiel mithilfe der Spieltheorie genauer analysiert, die mit den Konzepten des Spiels, von Spielern, Strategien, Auszahlungen, Erwartungen und dem Konzept des Nashgleichgewichts (einfach oder mehrfach, in reinen oder gemischten Strategien) ermöglicht, Interaktionssituation formal zu fassen und mathematisch aufzulösen.

- Die beiden zentralen Spielsituationen, die Dilemmata, die sie stellen, und die institutionellen Lösungen, neben der Konvention in Situationen mit multiplen Gleichgewichten nämlich auch noch die Norm in Situationen mit negativen Externalitäten, haben wir auch in der sozialen Realität wiedergefunden.
- Die spieltheoretische Fassung von Interaktion gibt uns schließlich eine Heuristik für die Analyse von Handlungssituationen an die Hand, in denen sich Strategien in Ressourcen und Auszahlungen in Motivationen umsetzen und Erwartungen bleiben, was sie waren.

Übungsfragen zu Sitzung 2

1. wahr oder falsch: Konventionen entstehen in Interaktionssituationen mit multiplen Gleichgewichten, Normen entstehen in Interaktionssituationen mit gemischten Gleichgewichten. (1 P)
2. Anna sagt: „Schere-Stein-Papier ist ein Beispiel für eine Spielsituation, in der es kein Gleichgewicht gibt." Beate sagt „Aber John Nash hat doch gezeigt, dass es in jedem Spiel ein Gleichgewicht gibt, also gilt das auch für Schere-Stein-Papier." Christiane sagt „In gewisser Hinsicht habt Ihr beide Recht." Erklären Sie, wer warum Recht hat. (3 P)
3. Welche Beziehung besteht zwischen dem Begriff der „sozialen Konstruktion der Realität" (Berger/Luckmann) und dem Konzept der Fokuspunkte (Schelling)? Beschreiben Sie die Beiden zugrunde liegende Interaktionssituation in einer Matrix! (3 P)
4. In den untenstehenden Matrizen sind wie immer in den Zellen zuerst die Payoffs des Zeilen- und dann die des Spaltenspielers angegeben. Geben Sie für jede Matrix an, ob kein, ein oder mehr als ein Nashgleichgewicht in reinen Strategien vorliegt, und wo diese ggf. liegen! (je 3 P)

2.4 Spiele in der sozialen Realität

Matrix 1		Spieler 2	
		A	B
Spieler 1	a	(5,1)	(8,2)
	b	(6,5)	(7,1)

Matrix 2		Spieler 2	
		A	B
Spieler 1	a	(12,1)	(3,11)
	b	(4,8)	(11,1)

Matrix 3		Spieler 2	
		A	B
Spieler 1	a	(1,-2)	(-2,-3)
	b	(0,0)	(-3,1)

Hinweis: Die angegebenen Punktezahlen („1 P" bzw. „3 P) ermöglichen Ihnen die Vergleichbarkeit. Für eine Aufgabe mit 3 Punkten hätten Sie in einer Klausur dreimal so viel Zeit wie für eine mit einem Punkt.

5. * Für die Soziologie und auch die Philosophie war die Beschreibung der „sozialen Konstruktion der Realität" durch Berger und Luckmann 1967 eine große Sache. Gerade unter dem Gesichtspunkt der Veränderbarkeit der Realität haben vor allem viele kritische linke Theoretiker sich das begeistert angeeignet, bis hin zu Wissenschaftstheoretikern, die generell behaupteten, es könne keine objektive Wahrheit geben. Können Sie sich vorstellen, was die U.S.-Präsidentschaftswahl 2016 für diese Position bedeutet hat? Wie würden Sie das selbst sehen?

Literatur

Zentrale Referenzen

Aristoteles. [ca. 330v] 1984. in *Metaphysik*, hg. Hermann Bonitz. Hamburg: Meiner.

Hardin, Garrett. 1968. "The Tragedy of the Commons." *Science* 162:1243–1248.
Hume, David. [1739] 1817. *A Treatise of Human Nature. Vol. 2: Passions - Morals*. London: Allman.
Luce, Robert Duncan, und Howard Raiffa. 1957. *Games and decisions : introduction and critical survey*. New York: Wiley.
Nash, John F. 1950. "Equilibrium Points in n-Person Games." *Proceedings of the National Academy of Sciences* 36:48–49.
Schelling, Thomas C. 1960. *The Strategy of Conflict*. Cambridge: Harvard University Press.
von Neumann, John, und Oskar Morgenstern. [1944] 1964. *The Theory of Games and Economic Behavior*. New York: John Wiley & Sons.

Lehrbücher

Binmore, Ken. 2007. *Game Theory: A Very Short Introduction*. Oxford: Oxford University Press.
Diekmann, Andreas. 2009. *Spieltheorie: Einführung, Beispiele, Experimente*. Hamburg: Rowohlt Taschenbuch Verlag.

Weitere Referenzen

Nasar, Sylvia. 1998. *A beautiful mind : a biography of John Forbes Nash, Jr., winner of the Nobel Prize in economics, 1994*. New York, NY: Simon & Schuster.

Soziale Strukturen 3

> **Überblick**
>
> Dieses Kapitel verfolgt drei Lernziele:
>
> - Erstens schauen wir uns das Schema der soziologischen Erklärung, das uns schon am Anfang des Buches zum Verständnis des Faches diente, noch ein wenig genauer an: daraufhin, vor welchem Hintergrund es entstanden ist, mit Blick auf die (im Alltagsdenken nicht unbedingt so zwingende) Zentralität des Handlungsbegriffs darin, und in Bezug auf die in seiner Verwendung verwandten Begrifflichkeiten.
> - Zweitens stellen wir die Frage, welche Akteure denn in sozialen Interaktionen wirklich eine Rolle spielen, und kommen von daher auf die Analyse von Beziehungen in sozialen Netzwerken.
> - Drittens schauen wir uns die Konventionen und Normen des letzten Kapitels noch einmal an und verallgemeinern sie zum Begriff der Institution, von dem wir weitergehen zum Begriff der Organisation für das zentrale Zwitterwesen zwischen Aktionsfähigkeit nach außen und dem Bereitstellen einer Umwelt für die Ausprägung interner Institutionen nach innen. In allen gesellschaftlichen Bereichen gibt es Organisationen, aus immer wieder denselben Vorteilen, die sie ermöglichen.

3.1 Soziologische Erklärung

Im Jahr 1997 wurde eine Umfrage unter Soziologen durchgeführt, in der diese jeweils die fünf für ihre Arbeit einflussreichsten soziologischen Texte ausführen sollten (ISA 1998). An erster Stelle steht Webers *Wirtschaft und Gesellschaft*, aber an zweiter Stelle kommt ein Buch, das in Europa wenig bekannt ist: Carter Wright Mills' *Sociological Imagination*, was man als ‚soziologische Vorstellungskraft' oder ‚soziologische Phantasie' übersetzen kann (Mills 1959). Der Grund dafür ist vielleicht, dass erst Mills' engagiertes Plädoyer Webers trockene Methodik in die allgemeine Verständlichkeit hinein übersetzte.

Um gesellschaftliche Strukturen zu verstehen, muss man sich in die soziale Situation der Individuen hineinversetzen. Das ist aber keineswegs selbstverständlich. Wir sehen zwar heute im Rückblick, dass bereits die Soziologie-Definition von Max Weber die drei Wirkrichtungen des colemanschen Schemas enthält. Aber dennoch analysierte die Soziologie bis in die 1980er Jahre hinein viele Dinge als reine Makrosoziologie, indem soziale Ursachen und soziale Wirkungen direkt auseinander hergeleitet wurden. Die Auseinandersetzung mit der Frage, welche Mechanismen denn nun tatsächlich dabei galten, konnte damit ganz aus- oder aber jedenfalls auf dem bequemen Niveau der Spekulation verbleiben. Mills war derjenige, der dies als erstes engagiert angesprochen hat.

In *Sociological imagination* beklagt Mills eine Bürokratisierung der soziologischen Sprache (Talcott Parsons, den Großtheoretiker, gegen den er sich damals richtete, werden wir noch kennenlernen), die die Wissenschaft von den tatsächlichen sozialen Problemen wegbringt:

„What I am suggesting is that by addressing ourselves to issues and to troubles, and formulating them as problems of social science, we stand the best chance, I believe the only chance, to make reason democratically relevant to human affairs in a free society, and so to realize the classic values that underlie the promise of our studies" (1959: 194).

Mills unterscheidet zwischen „den persönlichen Problemen des Milieus" und „den öffentlichen Fragen der sozialen Struktur" und liefert damit die erste Formulierung der Mikro-Makro-Unterscheidung die die beiden Ebenen verbindet.

„No social study that does not come back to the problems of biography, of history, and of their intersections within society, has completed its intellectual journey…It is the capacity to range from the most impersonal and remote transformations to the most intimate features of the human self – and to see the relations between the two" (S. 5 f.)

An diesen Hinweis schließt 27 Jahre später James S. Coleman mit seinem Schema der soziologischen Erklärung an, das wir bereits in Abschn. 1 behandelt haben. In diesem Modell sind soziale Phänomene auf der Makro-Ebene zu erklären durch

3.1 Soziologische Erklärung

Analyse der individueller Situation und des individuellen Handelns. (Coleman 1986).

Zur Analyse des sozialen Handelns gehört zunächst einmal, dass es immer eine Auswahl zwischen verschiedenen Handlungsoptionen darstellt. Wir haben es hier mit einem relativ weiten Verständnis von sozialem Handeln zu tun, das zum Beispiel auch Nichthandeln, das Unterlassen einer Handlung als Handlungsoption umfasst.

- Die Entscheidung der US-Regierung, im Jahr 1994 nicht in Ruanda zu intervenieren, als dort der Völkermord an den Tutsi begann, war ganz klar auch ein Handeln.
- Oder wenn Sie mit Freunden zusammensitzen, die einen Ausflug planen, und Sie sagen nichts gegen das Ausflugsziel, obwohl Sie wissen, dass sie sich dort tödlich langweilen werden, nur weil sie heute keine Lust haben, mit den anderen zu diskutieren, dann ist das auch Ihre Entscheidung und ein soziales Handeln Ihrerseits.
- Selbst bewusstes Wahrnehmen ist ein Handeln: Wenn Sie sich entscheiden, sich nicht umzudrehen und weiterzuschlafen, wenn Sie in der Nacht von einem ungewöhnlichen Geräusch aufgewacht sind, oder wenn Sie sich entscheiden, auf dem Handy einen Artikel zu lesen statt ihn weiterzuwischen, dann ist das alles soziales Handeln.

Soziales Handeln in diesem Sinne ist völlig unvermeidbar. Wir sind ständig in der Situation, irgendwelche Entscheidungen zu treffen und unser Handeln in die eine Richtung oder die andere zu lenken. Dabei stehen wir ständig vor der Wahl zwischen Alternativen. Wir haben Handlungsmöglichkeiten, könnten also durchaus auch anders handeln als wir das tatsächlich tun.

Diese Sichtweise mag trivial erscheinen, ist aber analytisch durchaus keine Selbstverständlichkeit! Wir werden später sehen, dass es gute Gründe gibt, auch in individuellen Wahlhandlungen soziale Zusammenhänge wirken zu sehen. Aber analytisch ist die individualistische Position, Handeln als Wahl zu sehen, eine große Vereinfachung für den Einstieg, die erst einmal erkämpft werden musste. Die Klassiker sind in dieser Hinsicht noch etwas unentschieden; Weber betont mehr das individuelle Handeln, Durkheim mehr die sozialen Strukturen, aber keiner entscheidet sich für eine klare Position. Und in der soziologischen Theorie, die in den 1950er/60er Jahren vorherrschend war, hatte Talcott Parsons Rollenerwartungen als Analysebasis genommen. (Parsons 1937, 1951; siehe Kap. 9) Da ging es also nicht um die individuelle Wahl des Individuums, sondern vorherrschend darum, was die soziale Umwelt für Positionen zulässt, in denen man positionsspezifischen Erwartungen zu genügen hat. Im Vergleich zu diesem Verständnis von Gesellschaft, in der das Individuum immer nur soziale Positionen ausfüllte, war das Beharren von Mills und Coleman auf der Bedeutung individuellen Handelns eine große Befreiung.

Mit der Handlungstheorie nehmen wir die Entscheidungen für bestimmte Handlungen als Ausgangspunkt der Analyse. Das bezieht sich in erster Linie auf individuelle Menschen, die da handeln. Die Handlungstheorie spricht aber meistens vom Akteur (also Handelnden), denn viele Fragen des sozialen Handelns stellen sich genauso wie für Individuen auch für Organisationen, also Gruppen von Individuen, die gemeinsam handeln (oder auch für Gruppen von Gruppen und Gruppen von Gruppen von Gruppen...). Solche gemeinsam handelnden Gruppen bezeichnen wir als kollektive Akteure. In vielen Fragen der Handlungstheorie spricht man daher von Akteuren, wenn die untersuchten Gegebenheiten sowohl für Individuen als auch für kollektive Akteure gelten.

Das Badewannen-Schema, das das Handeln in seine Bedeutung für die Konstruktion gesellschaftlicher Tatsachen hineinstellt, ist im deutschsprachigen Raum schon vor Coleman eingeführt worden (Lindenberg und Wippler 1978) und wurde vor allem durch Hartmut Essers Soziologie-Lehrbücher bekannt. Folgende verschiedene Begriffe werden für die drei Wirkungsrichtungen verwendet (Tab. 3.1):

Die soziologische Erklärung ist ein Spezialbeispiel für etwas, was man als Mechanismus bezeichnet: Ein Mechanismus ist eine Kette von Zusammenhängen von Ursache und Wirkung, die jeweils allgemein gelten und gemeinsam den Zusammenhang zwischen dem Anfangsglied und dem Endglied der Kette erklären. (Little 1990).

Tab. 3.1 Termini zum Schema der soziologischen Erklärung

	Ebenenbeziehung	Weber (1985)	Lindenberg und Wippler (1978)	Esser 1993, 1999–2001
1	Makrosituation >Mikrosituation	Deutend verstehen	Brückenannahmen zur individuellen Situation	Logik der Situation
2	Mikro: Situation >Handlung	Ablauf erklären	Wahl des individuellen Verhaltens	Logik der Selektion
3	Handlung (Mikro) >Makroergebnis	Wirkungen erklären	Aggregation der Konsequenzen	Logik der Aggregation

3.1 Soziologische Erklärung

Es ist nicht sehr häufig, dass in einzelnen Arbeiten das Schema komplett abgearbeitet wird. Viele angewandte Studien beschränken sich empirisch insbesondere auf die „Logik der Selektion". Aber ein wichtiger analytischer Bezugspunkt ist das Schema in jedem Fall. Und einige Beispiele gibt es doch, an denen das Schema der soziologischen Erklärung komplett durchlaufen wird.

Das erste ist die Protestantismus-These von Max Weber. Weber fragt, warum die industrielle Revolution gerade in protestantischen Ländern wie Großbritannien und den Niederlanden begonnen hat und die Industrialisierung bis zum Zeitpunkt seines Schreibens (Weber [1905] 1984) in Gegenden mit protestantischer Prägung stärker fortgeschritten war als in solchen mit katholischem Hintergrund, ganz zu schweigen von anderen Weltgegenden ganz ohne die Prägung des westlichen Christentums. Webers zentrales Argument ist es, den Protestantismus als soziale Tatsache auf der Makroebene hinunterzuprojizieren auf eine individuelle Situation, in der die einzelnen reformierten oder (in geringerem Masse) lutheranischen Christen eine „protestantische Ethik" entwickeln.

- Weber bezieht sich vor allem auf die Calvinistische Prädestinationslehre. In dieser ist die Gnade Gottes vorbestimmt und kann nicht durch religiöse Handlungen wie Beten oder die Beichte (die der Katholizismus anbietet) erlangt werden. Und „Gnade Gottes" muss man dabei nicht für etwas Metaphysisches halten, es reicht ja, dass andere Menschen dieses Konzept im Kopf haben und ihre soziale Anerkennung danach ausrichten.
- Ob man also für das ewige Leben erwählt und damit sozialer Anerkennung würdig ist, ist im protestantischen Konzept im weltlichen Leben ablesbar. Erfolg, auch wenn er ganz profan durch Arbeit erreicht ist, zeugt von der Prädestination (Erwählung) des Individuums. Damit setzt der Protestantismus Anreize, erfolgreich zu sein.
- Gleichzeitig ist der Protestantismus in Webers Analyse aber auch sehr kritisch gegenüber der Verwendung erarbeiteten Vermögens für den Konsum.

Gemeinsam führen diese beiden Punkte zu einer Lebenshaltung, die Weber als „Gottesdienst im täglichen Leben" und „innerweltliche Askese" bezeichnet. Sie führt zu einer großen Sparsamkeit. Die Folge ist, dass die Protestanten überschüssiges Geld haben, für das sie Anlagemöglichkeiten suchen und diese in den Investitionsmöglichkeiten finden, welche die Industrialisierung bietet.

Ein zweites Beispiel für eine vollständige Anwendung der soziologischen Erklärung ist eine Studie über den Wahlerfolg der NSDAP im Jahr 1932. Drei Jahre zuvor war die Weltwirtschaftskrise ausgebrochen, welche zu einem massiven Anstieg der Arbeitslosenzahlen in Deutschland geführt hatte. Hatten nun die

Arbeitslosen Hitler gewählt? Wie bei Durkheims Selbstmordstudie lagen keine Individualdaten vor, sondern nur vergleichende Daten für Territorien (in diesem Fall Daten auf Kreisebene). Der Berliner Politikwissenschaftler Jürgen Falter analysierte diese Daten und stellte fest, „[d]ie Hochburgen Hitlers von 1932 [...] lagen vor allem in [...] Regionen mit unterdurchschnittlicher Arbeitslosigkeit." (Falter 1995) Diejenigen, die aus der vermehrten Auftreten von Arbeitslosigkeit und dem Aufstieg der NSDAP den Schluss gezogen hatten, die Arbeitslosen hätten individuell Hitler gewählt, waren einem sogenannten „ökologischen Fehlschluss" erlegen. Tatsächlich hatten eher Menschen, die noch beschäftigt waren, aber die Arbeitslosigkeit und ihre Auswirkungen fürchteten, Hitler gewählt, als diejenigen, die tatsächlich schon arbeitslos waren.

3.2 Netzwerkstrukturen sozialer Beziehungen

Wir haben oben das Konventionalspiel (Battle of the Sexes) und das Gefangenendilemma als zwei paradigmatische Spiele angeschaut, in denen sich aufgrund der unangenehmen Aspekte von Interaktionssituationen etwas Neues ergibt. Bevor wir diese Entstehung von Neuem verallgemeinern, sei zunächst darauf hingewiesen, dass gleich das erste Element der Definition von Spielen alles andere als selbstverständlich ist.

Wer sind die Spieler in einem Spiel? Anders gesagt, mit wem gibt es eine Interaktion, in der Gleichgewichte und etwaige Änderungen dieser Gleichgewichte überhaupt ein Thema sind? Antwort: Nur mit anderen, mit denen überhaupt eine Interaktion stattfindet. Und Unannehmlichkeiten von Spielsituationen und die Frage, was man da machen könnte, sind nur dann ein Thema, wenn es wiederholte Interaktion gibt, mithin eine soziale Beziehung.

Nun hat man aber nicht mit jedem Menschen eine soziale Beziehung. Lebenszeit ist begrenzt, Interaktion dauert Zeit, also gibt es eine natürliche Obergrenze für die Anzahl der Menschen mit denen man soziale Beziehungen pflegen kann, die sehr viel geringer ist als die der Menschen, die insgesamt auf dem Planeten leben. Die Menge der tatsächlich von Individuen gepflegten Beziehungen ist sogar deutlich geringer als die Zahl der Interaktionspartner die insbesondere heutzutage in den meisten Fällen prinzipiell zur Verfügung stehen. Soziale Beziehungen stellen von daher immer eine Auswahl dar.

Das heißt, die Netzwerke von Beziehungen zwischen Menschen spielen eine Rolle: Damit schließt an dieser Stelle die Soziologie an die interdisziplinäre Untersuchung von Netzwerken an, die jeweils auf dem Konzept von Knoten

3.2 Netzwerkstrukturen sozialer Beziehungen

und Verbindungen aufbauen und mit diesem einfachen Konzept die Eigenschaften ganz unterschiedlicher Netzwerke analysieren, zum Beispiel.

- geografische Netzwerke von Orten, zwischen denen man sich durch Kanälen, Brücken, Straßen, Eisenbahnlinien, Flugverbindungen etc. bewegen kann;
- körperliche Netzwerke von Organen, die durch Adern, Lymphbahnen oder Nerven verbunden sind;
- physikalische Netzwerke von Atomen, die zum Beispiel in Kristallen durch elektromagnetische Bindungskräfte verbunden sind;
- Netzwerke von elektrischen oder elektronischen Komponenten, die durch Strom leitende Verbindungen miteinander zusammenhängen;
- oder eben soziale Netzwerke von Menschen (oder auch Tieren), die durch Ähnlichkeiten, soziale Beziehungen oder konkrete Interaktionen miteinander verbunden sind.

In der ersten wissenschaftlichen Arbeit, die sich mit diesen Fragen beschäftigt, untersucht der Basler Mathematiker Leonard Euler im Jahr 1736, ob man über die damals sieben Brücken in der ostpreußischen Stadt Königsberg (heute Kaliningrad) in einem Weg gehen kann, ohne eine zweimal zu benutzen, und mathematisch zeigen konnte, dass das nicht geht. (Euler 1736) (Abb. 3.1).

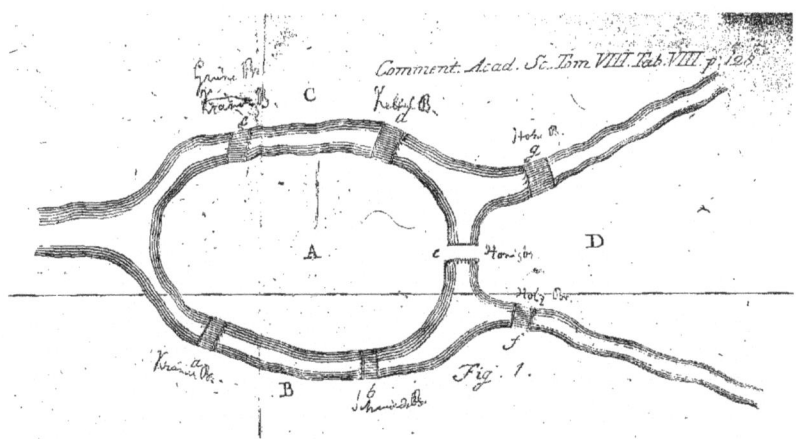

Abb. 3.1 Eulers Graphik zum Brückenproblem (1736)

Eine frühe Studie der soziologischen Netzwerkforschung untersucht 1934 einen Fall, in dem aus einer Internatsschule 14 Mädchen weggelaufen waren. Der Autor Jacob Moreno schlägt vor, den Grund für diese ungewöhnliche Häufung nicht in den individuellen Hintergründen der Mädchen zu suchen, sondern von einem Fall von „Ansteckung" durch individuelle Verbindungen auszugehen,. (Auf die Idee, dass auch ungeeignetes Handeln seitens der involvierten Erwachsenen dahinterstecken könnte, ist damals augenscheinlich niemand gekommen.) Er untersucht die Beziehungen, die durch Zusammenleben in einem Haus und durch persönliche Freundschaften zwischen den Mädchen bestehen, und konstruiert den Weg, über den sich die Entscheidung zum Weglaufen in einer Kette der Ansteckung verbreitet. (Moreno 1953).

Abb. 3.2 ist die zentrale Illustration der Untersuchung. Die großen Kreise stehen jeweils für die einzelnen Häuser (C für cottage), in denen die Mädchen zusammenleben; die mittelgroßen Kreise mit den Initialen für die 14 weggelaufenen Mädchen, und die kleinen Kreise für andere Mitbewohnerinnen. Striche zwischen den Kreisen stehen für Beziehungen stärkerer (durchgezogen) und geringerer Intensität (gestrichelt).

Tatsächlich kann Moreno zeigen, dass alle weggelaufenen Mädchen direkt oder indirekt miteinander verbunden sind, und dass sogar bis auf eine Ausnahme immer ein direkter Kontakt zu einem anderen weggelaufenen Mädchen besteht.

Die sozialwissenschaftliche Netzwerkforschung thematisiert die Struktur sozialer Beziehungen. Netzwerke bestehen immer aus Knoten und Verbindungen (im Englischen *nodes* und *links*), die für Akteure und die Beziehungen zwischen ihnen stehen. Beziehungen können dabei verschiedene Intensitäten haben, aber es ist immer eine substanzielle Stufe zwischen selbst der geringsten Intensitätsstufe der Interaktion und überhaupt keiner Interaktion.

Über Netzwerkverbindungen fließen Informationen und können durch die Netzwerkakteure auch weitergegeben werden, deshalb sind auch indirekte Beziehungen sozial relevant, in denen zwischen zwei Akteuren A und C zwar keine direkte Beziehung existiert, aber irgendein Akteur B oder sogar mehrere Akteure B, B', B"… die Brücke zwischen den beiden bildet bzw. bilden. Natürlich sind direkte und indirekte Beziehungen etwas substanziell anderes, aber so wie Beziehungen geringer Intensität sind auch sehr indirekte Beziehungen immer noch etwas anderes als gar keine Netzwerkverbindung zu haben.

Weil die Struktur der sozialen Beziehungen sich in den Gegenwartsgesellschaften ändert und das die gesamte Gesellschaft erfasst, wird uns Netzwerkdenken noch in mehreren Kapiteln begegnen (am meisten in Kap. 9, Ressourcen). Schon die Gruppe, mit der wir uns gleich beschäftigen, ist eine spezielle Form der Netzwerkstruktur, denn jede Gruppe kann als Gruppe nur existieren, wenn zwischen

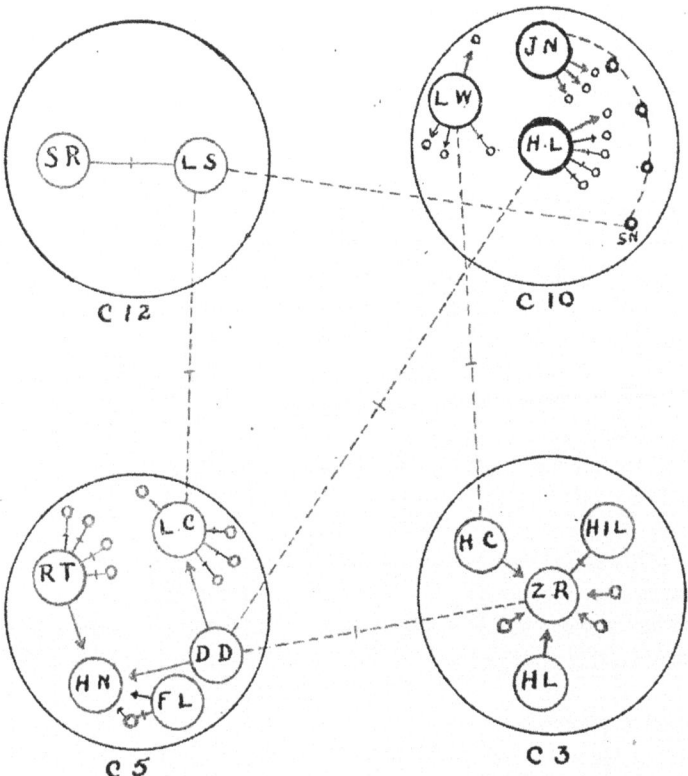

Abb. 3.2 Die 'Runaway Chain' in Moreno 1934

ihren Mitgliedern irgendwelche Formen der Beziehung besteht, und seien sie auch noch so indirekt.

3.3 Institutionen und Organisationen

Zunächst aber zurück zu den beiden paradigmatischen Spielen, dem Konventionalspiel (Battle of the Sexes) und dem Gefangenendilemma. Bisher waren das einfach zwei unterschiedliche Spielsituationen mit jeweils einem eigenen

Tab. 3.2 Spielematrix für das Gefangenendilemma mit Mafia

		G2	
		Cooperate	Defect
G1	Cooperate	(2,2)	(0, − 6)
	Defect	(3 − 9 = −6,0)	(1 − 9 = − 8, − 8)

Ergebnis. Aber tatsächlich kann man sie auch in einem Begriff zusammenfassen: Konventionen und Normen sind beides die einfachsten Formen von Institutionen. Die Veränderung der Interaktion durch Normen kann man direkt in der Spielematrix eintragen. Nehmen wir an, die beiden Gefangenen verabreden sich, eine Mafia zu bilden, die jeden, der gesteht, umbringt. Umgebracht zu werden notieren wir mit −9. In der neuen Matrix ist für den Zeilenspieler G1 kooperieren, d. h. schweigen, immer besser als defektieren/aussagen: Wenn der Spaltenspieler selbst auch kooperiert, könnte er zwar freikommen (3 Punkte), aber würde umgebracht, sodass −6 als Summe resultiert; deutlich schlechter als die 2, die sich bei beidseitiger Kooperation ergibt. Wenn der Spaltenspieler defektiert, kommt G1 zwar für die längste Zeit ins Gefängnis (0 Punkte), aber bleibt am Leben, während er andernfalls geringfügig kürzer ins Gefängnis müsste (1 Punkt), aber nachher umgebracht würde, gesamthaft also auf −8 Punkte käme (Tab. 3.2).

Für Konventionen braucht die Spielematrix nicht sichtbar verändert zu werden; es genügt, wenn die Erwartungen der Akteure auf eine mögliche Lösung gerichtet werden.

Institutionen entstehen, wenn eine soziale Situation ungewollte Aspekte hat. Akteure können neue Spielelemente erfinden, das heißt neue Strategien, neue Erwartungen, neue Spieler einführen oder wie in unserem Fall die Auszahlungen verändern und damit insgesamt die Spielsituation so beeinflussen, dass sich ein neues, besseres Nash-Gleichgewicht als Lösung ergibt. Das ist natürlich in Wirklichkeit viel komplizierter, auch im Beispiel der Mafia. (siehe z. B. Calderoni 2012) Wie sie bestehen die meisten Institutionen aus einer großen Anzahl verschränkter Normen und Konventionen. Aber das Prinzip bleibt immer dasselbe, dass Interaktionssituationen so verändert werden, dass bestimmte negative Aspekte vermieden werden, und durch die Veränderung der Interaktionssituation ein neues, besseres Gleichgewicht entsteht. (Hindriks und Guala 2015)

▶ *Institutionen* sind Veränderungen von Interaktionssituationen durch neue Elemente zusammen mit den durch sie erzeugten Nashgleichgewichten.

3.3 Institutionen und Organisationen

Wie schon bemerkt, sind dabei interessanterweise die beiden Grundformen miteinander untrennbar verbunden. Konventionen werden zu Normen aus der Notwendigkeit, für Zufälle vorzusorgen: Wenn eine Konvention in Kraft ist, dann ist ein Verstoß gegen sie eine negative Externalität. Deshalb gibt es Strafbestimmungen gegen Geisterfahrer: Normalerweise reicht es aus, eine Fahrtrichtung auszuwählen, damit die Verkehrsteilnehmer aus Eigeninteresse die richtige Straßenseite wählen. Aber wenn ein Autofahrer auf der Autobahn die richtige Ausfahrt verpasst hat und so ausnahmsweise einen starken Anreiz hat, gegen die konventionelle Richtung noch bis zur Ausfahrt zurückzusetzen, dann ist es vielleicht doch hilfreich, dass „mit Freiheitsstrafe bis zu drei Jahren oder Geldstrafe" gedroht wird. (SVG 90, 2).

Umgekehrt sind Normen immer auch Konventionen: Es gab ja das Nashgleichgewicht vor Einführung der Norm, insofern liegen zwei mögliche Gleichgewichte vor. Auf den Konventional- bzw. konstruierten Charakter von Normen wird aber oft auch hingewiesen im Sinne der Annahme, dass nochmals andere Lösungen möglich wären. Es wäre allerdings im Einzelfall jeweils aufzuzeigen, dass dies tatsächlich der Fall ist.

Damit haben wir also immer normative Setzungen in Institutionen, die sich also auch grundsätzlich als Systeme von solchen „Spielregeln" (rules of the game) beschreiben lassen, in denen bestimmte Handlungsoptionen normativ zugelassen und andere ausgeschlossen bzw. sanktioniert werden. Aus der Konventionalität von Institutionen ergibt sich, dass diese sehr langlebig sein können selbst in Fällen, in denen ihnen große Defizite attestiert werden können. (North 1992).

Institutionen sind ein großes Thema der Soziologie Ende des 19. Jahrhunderts gewesen, bis hin dazu, dass Emile Durkheim das Fach Soziologie als ganzes einfach als „Wissenschaft von den Institutionen" definierte. (Durkheim 1973) Nach dem ersten Weltkrieg kam die Analyse von Institutionen fast zum Erliegen und begann dann erst in den 1980er Jahren unter dem Namen „Neo-Institutionalismus" wieder (Maurer und Schmid 2002) – woran das liegt, werden wir in Kap. 7 (Sozialer Wandel) sehen.

Eine besondere Rolle spielen Gruppen, die interne Institutionen ausbilden. Wir sprechen hier von Organisationen.

Dabei vorab zur Klärung: Der Begriff 'Organisation' hat zwei Bedeutungen. Einerseits beschreibt er die Art, wie die Elemente eines Ganzen zielorientiert angeordnet sind. In dieser Verwendung ist er, abgesehen von der Zielorientierung austauschbar mit dem Begriff 'Struktur'. Insbesondere gibt es für diesen Begriff keinen Plural. Diese Art von Organisation ist hier aber nicht gemeint.

Gemeint ist die andere Bedeutung, in der der Begriff eine organisierte Gruppe von Menschen mit einem besonderen Ziel beschreibt, das heißt eine Gruppe von

Menschen, die sich interne Institutionen gegeben hat, um in irgendeiner äusseren Interaktion als gemeinsamer Akteur mitspielen zu können. Organisationen in diesem Sinn sind Unternehmen, Parteien, Schulen, Universitäten, Verwaltungen, Nationalstaaten, Redaktionen, Medienunternehmen. Diese Bedeutung des Begriffes, die man klar in den Plural setzen kann, wird erst seit den 1960er Jahren verwendet, vorher hat man all die unterschiedlichen Organisationen jeweils für sich gesondert betrachtet, erst seit gut 50 Jahren werden sie unter dem Blickwinkel ihrer Gemeinsamkeiten und Vergleichbarkeit diskutiert.

Dabei kann man die zweite Bedeutung als Sonderfall der ersten auffassen: Eine Organisation (im zweiten Wortsinn) ist eine Gruppe, die eine Organisation (im ersten Wortsinn) hat. In Bezug auf menschliche Interaktion wird die „Anordnung" durch Elemente gegeben, die die Ergebnisse der Interaktion beeinflussen, also durch Institutionen der Mikro-Ebene innerhalb der Gruppe. Dabei sind Organisationen Gruppen mit Institutionen, die an der Integration in eine übergeordnete Interaktion orientiert sind und in denen die interne Struktur von der externen Interaktion abhängt.

> **Beispiel**
> Freunde in einer Gruppe können sich selbst Ziele setzen. Aber solange ihre interne Struktur hauptsächlich durch das Ziel geprägt ist, Freunde zu bleiben, sind sie keine Organisation.

Nur insofern als ihre interne Interaktion durch die Teilnahme an der externen Interaktion strukturiert wird, werden sie zu einer Organisation.

Daraus ergibt sich, dass Organisationen eine mittlere Ebene menschlicher Interaktion darstellen: Ein Teil menschlicher Interaktion 'spielt' sich innerhalb von Organisationen ab, i.W. von Individuen, teils auch wieder von Gruppen. Andere Interaktionen finden um Organisationen herum statt: in der Interaktion von Organisationen mit anderen Akteuren oder in der Interaktion von Individuen, die daran sind, eine Organisation zu bilden, aber noch nicht durch eine gemeinsame Struktur verbunden sind.

Dennoch ist die Frage keineswegs trivial: Warum gibt es eigentlich Organisationen? Einerseits kann sie aus vergleichender historischer Warte gestellt werden, denn im 18. Jahrhundert sind wirtschaftliche Organisationen etwas spezifisch europäisches: Von England aus brechen *corporations* in die Welt aus und treffen teils auf Stämme, die kaum in gruppenübergreifende Interaktionen eingebunden sind, und teils auf individualisierte Netzwerke, denen Gruppengrenzen fehlen.

3.3 Institutionen und Organisationen

(Harris 2009) Andererseits wird sie gestellt aus der Sicht einer individualistischen Sozialwissenschaft (zunächst vor allem der Ökonomie), die verstehen will, warum nicht alle Individuen einzeln miteinander interagieren.

Die Erfindung des Konzeptes ist historisch wohl ein Ergebnis des Geografie Europas und der auf sie reagierenden Entstehung des Christentums: Europa ist zu zerklüftet, um zentral beherrscht zu werden, aber lokal gibt es klare Herrscher, die von ihren Untertanen Loyalität verlangen. Für diese Situation schaffen die Kirchenväter ein ideologisches System, das Anreize setzt, wechselseitig Loyalität zu kontrollieren, sodass Netzwerkstrukturen mit klaren Gruppenzugehörigkeiten entstehen. Und nachdem das Konzept einmal in der Welt ist, kann es seine Produktivität beweisen. Auf der Makroebene zeigt sich diese zum Beispiel in der Ermöglichung von Wettbewerb.

Auf der Mikroebene gibt es hauptsächlich zwei Antworten, die beide aus demselben Ansatz kommen: Organisationen gibt es, weil ihre Bildung dazu führt, dass die Mitglieder in der äußeren Interaktion Ziele erreichen können, die sie ohne die Institutionen der Organisation nicht erreicht hätten.

Erstens: Man arbeitet gemeinsam mit Ressourcen, und in einer rein individualistischen Welt würde jeder dem anderen die Ressource übergeben, und man müsste jeweils schauen, in welchem Zustand sie übergeben wurde. Das gilt ganz gleich, ob es sich um Ressourcen handelt, an denen man arbeitet, oder um solche, mit denen man arbeitet. Und falls man etwas übergibt, für das nicht direkt etwas anderes eingetauscht wird, müsste man noch sicherstellen, dass solche Versprechungen eingehalten werden. Ronald Coase (1910–2013) hat hierfür den Begriff *Transaktionskosten* geprägt. Um diese Kosten zu verringern, bildet man Gruppen mit internen Institutionen, die es ermöglichen, Verhalten zu kontrollieren anstatt der jeweiligen Verhaltensergebnisse. (Coase 1937).

Zweitens: Interne Institutionen erlauben, Informationen gemeinsam zu nutzen. Es ist nicht nötig, dass alle gleich viel wissen. Stattdessen kann angeordnet werden, wie eine Aufgabe auszufüllen ist, so dass Angestellte das Wissen anderer umsetzen. Man spricht hier von einem Wissensersatz („Knowledge-substitution effect', Conner und Prahalad 1996).

Diese Ansätze können in Organisationen in sehr verschiedenen Feldern angewandt werden:

- In der Wirtschaft sind in übergeordnete Interaktionen eingebundene Organisation z. B. Unternehmen, die am Markt agieren, aber auch Gewerkschaften, die ihre Mitglieder am Arbeitsmarkt vertreten. In der Politik sind es Parteien oder Interessengruppen, die in den politischen Prozess der Demokratie eingebunden sind (oder auch in Nichtdemokratien mit den Mächtigen in einer

Interaktion stehen), im Bildungsbereich sind es Schulen und Universitäten, die im Bildungs- und Ausbildungsprozess beteiligt sind, im privaten Bereich Familien und Wohngemeinschaften, die ihren Mitgliedern die private Regeneration und Reproduktion erlauben. Im Medienbereich sind es Redaktionen, Sender und Medienholdings, die in Märkten für Nachrichten, Anzeigen, Leser oder Reputation miteinander in Wettbewerb stehen.

- Die gemeinsam genutzten Ressourcen sind in der Wirtschaft z. B. Maschinen, Gebäude oder Informationen, in der Politik gemeinsame inhaltliche Profile, Kampagnen, und ebenfalls Informationen. Im Bildungsbereich sind es Infrastruktur (Gebäude, Bibliotheken), Verwaltungsabläufe und inhaltliche Profile. Im privaten Bereich teilt man sich die Wohnung und das Auto. Bei den Medien ist es der verfügbare Platz und die Kommunikationsstruktur der Sendung und der Zeitungsausgabe, neben wiederum Infrastruktur und gemeinsamem Profil.
- Transaktionskosten werden vermieden, indem man in Unternehmen Verhaltensweisen wie auf Pünktlichkeit, Zuverlässigkeit und Umgangsformen schaut, die leichter zu überwachen sind als die Qualität von Leistungen. In der Politik achtet man auf Verlässlichkeit entlang des Partei- oder Organisationsprofils und meidet abweichende Positionen. In der Bildung sind analog zur Wirtschaft Pünktlichkeit, das Verhalten unter Kollegen oder die Anzahl der Publikationen leichter zu überwachen als die Frage, wieviel die Schüler oder Studierenden denn nun tatsächlich lernen. Zu Hause achtet man darauf, dass der (ggf. WG-) Partner sich am Haushalt beteiligt und die Kinder nicht die Wände anmalen – allerdings sind die Interaktionsprozesse hier so sehr durch Nähe gekennzeichnet, dass die Differenz zwischen Verhaltensüberprüfung (hat X das WC geputzt) und Ergebniskontrolle (wie sieht es nachher aus) gering ist. Im Bereich der Medien geht es vor allem um die Einhaltung von Standards in Bezug auf Qualität und Ausrichtung, von denen man annimmt, dass sie für die Qualitätseinschätzung der Kunden wichtig sind, ohne es im Einzelfall erheben zu können
- Wissensersatz manifestiert sich in der Anordnung von beruflichen Verhaltensweisen, etwa wie man eine Maschine zu bedienen hat oder mit Kunden umgeht. In der Politik geben Parteileitungen Sprachregelungen aus, die nicht jedes Mitglied befolgen, aber an die man sich halten sollte (obwohl das Ausmaß dieser Erwartung mit der Parteiposition und über die Zeit auch sehr schwanken kann). Schulen und Universitäten geben Lehrpläne und Studienordnungen vor, und Eltern sagen ihren Kindern, dass sie erwarten, dass die Nachbarn im Hausflur gegrüßt werden. Im Bereich der Medien ist das Ausmaß dieser Übertragung von Wissen geringer, aber Artikel- und Sendungsformate,

3.3 Institutionen und Organisationen

die man einmal entwickelt hat und deren Einhaltung man jetzt erwartet, sowie einige interne Sprachregelungen gibt es auch hier (Tab. 3.3).

All diese Dinge werden innerhalb der Organisationen jeweils als unumgänglich notwendig dargestellt, um die Ziele der Organisation erreichen zu können, es wird also ihre Rationalität behauptet. Dabei sind viele der zugrundeliegenden Entscheidungen entweder mit Zufällen behaftet oder ergeben sich aus Konventionen, die außerhalb der Organisation existieren, aber mit ihrer Rationalität gar nichts zu tun haben. Die Tatsache, dass also viele Anforderungen von Organisationen viel weniger notwendig sind als behauptet wird, man also die scheinbar so rationale Welt der Organisationen mit religionssoziologischen Kategorien betrachten und feststellen kann, dass Rationalität nur als „Mythos" behauptet wird (Meyer und Rowan 1977; Powell und DiMaggio 1991), hat zu einer großen Welle von Literatur geführt.

Die eingangs als „organisationssoziologische" angesprochene Debatte der gegenwärtigen Soziologie wird sehr stark von organisationssoziologischen Texten aufbauend auf Meyer/Rowan und Powell/Dimaggio gebildet, umfasst aber genauso den allgemeinen Institutionalismus (North 1992), sowie Vergleiche und Typologisierungen nationalstaatlicher Institutionen (Esping-Andersen 1990, 1999; Hall und Soskice 2001) und andere wirtschaftssoziologische Fragestellungen (etwa Fligstein 2001), auf die wir hier nicht weiter eingehen können.

Zusammenfassung

In diesem Kapitel ging es um Strukturen, die die soziale Welt prägen.

- Sie kennen und verstehen das Schema der soziologischen Erklärung, das uns schon am Anfang des Buches zum Verständnis des Faches diente, jetzt als Analyseinstrument mit seinem Hintergrund und den verwandten Begrifflichkeiten.
- Sie kennen und verstehen jetzt den Begriff des sozialen Netzwerkes mit seiner Unterscheidung von Knoten und den Verbindungen zwischen ihnen, über die Informationen fließen und Interaktionen möglich sind.
- Sie kennen und verstehen jetzt den Begriff der Institution als menschlicher Veränderung von Interaktionssituationen und denjenigen der Organisation als Gruppe mit internen Institutionen, die nach außen einheitliches Handeln ermöglichen, mit seiner übergreifenden Anwendbarkeit und seinen Vorteilen Transaktionskostenersparnis und Wissensersatz.

Tab. 3.3 Aspekte von Organisationen verschiedener Bereiche

Feld	Wirtschaft	Politik	Bildung	Haushalte	Medien
Organisation	Unternehmen, Gewerkschaft	Partei, Interessengruppe	Schule, Universität	Familie, Wohngemeinschaft	Redaktion, Sender, Medienholding
Übergeordnete Interaktion	Markt	Demokratie, politischer Prozess	Bildung	Wohnungsmarkt, Reproduktion	Märkte News, Anzeigen, Reputation
Ressourcen z. B	Maschinen	Informationen, Kampagnen	Infrastruktur	Wohnungen, Autos	Sendung, Zeitungsausgabe
Transaktionskosten z. B. Kontrolle:	Pünktlichkeit, berufliches Verhalten	Verlässlichkeit (vs. Eigensinn, Korruption)	Pünktlichkeit, berufliches Verhalten	Haushalt, Austausch über Verhalten	Einhaltung von Standards (Qualität, Ausrichtung)
Wissensersatz z. B. Anordnung:	Berufliches Verhalten	Sprachregelung	Lehrplan	Verhalten von Kindern	Formateinhaltung, Sprachregelung

3.3 Institutionen und Organisationen

Übungsfragen zu Kap. 3

1. wahr oder falsch: Webers Erkenntnis, dass aus spezifisch protestantisch veränderten Deutungen Fleiß und Akkumulation als individuelle Vorbedingungen des Kapitalismus folgten, ist ein typisches Beispiel für die Logik der Aggregation im Schema der soziologischen Erklärung.
2. Betrachten Sie Abb. 3.2 zur „Runaway Chain" von Jacob Moreno. Welche Initialen kennzeichnen dasjenige Mädchen, das als einziges nur durch indirekte Beziehungen mit den anderen weggelaufenen Kindern verbunden ist?
3. Betrachten Sie die folgende Spielematrix, in der wie üblich innerhalb der Zellen der erste Wert die Auszahlung für den Zeilenspieler und der zweite diejenige für den Spaltenspieler angibt. Bitte markieren Sie diejenige Zelle bzw. diejenigen Zellen, die ein Nashgleichgewicht darstellt bzw. darstellen, bzw. vermerken Sie es neben der Matrix, falls keine der Zellen ein Nashgleichgewicht darstellt.

		Spieler 2	
		A	B
Spieler 1	a	(2,4)	(3,5)
	b	(3,7)	(1,1)

4. Im Beispiel des Gefangenendilemmas mit Mafia wurde die Todesdrohung mit -9 quantifiziert. Welches ist (mit den oben in Tab. 3.2 angegebenen Zahlen) der kleinste negative Wert, mit dem die Norm noch funktioniert? Welches wäre die kleinste ganze Zahl, die negativ als Wert der Sanktionsandrohung zu einem Funktionieren der Norm führt, wenn die Werte für die Freilassung mit 0, für die geringe Strafe (beide schweigen) mit -5, für die hohe Strafe (beide schweigen) mit -30 und für die höchste Strafe (für alleiniges Aussagen) mit -40 angesetzt werden?
5. Betrachten Sie die folgende Aussage: „Man lebt unter anderem deshalb mit seinen Kindern in einem Haushalt zusammen, damit man darum besorgt sein kann, dass sie sich ordentlich benehmen, auch wenn sie den Sinn eines angemessenen Verhaltens noch nicht recht einsehen." Dieser Satz stellt ein Beispiel dar für eine der Theorien zur Frage, warum es Organisationen gibt. Mit welchem Begriff wird sie bezeichnet? Wenden Sie sie auf den Kontext einer Redaktion an! Wie heißt die andere diskutierte Theorie zur Existenz von Organisationen?

6. An welchem der drei Aspekte der Handlungstheorie setzt Webers Protestantismusthese an, d. h. in welchem dieser Aspekte ist die Handlungssituation von Protestanten im 17./18. Jahrhundert seiner Meinung nach anders als die von Katholiken?

Literatur

Zentrale Referenzen

Coase, Ronald H. 1937. "The Nature of the Firm." *Economica* 4:386–405.
Coleman, James S. 1986. "Social Theory, Social Research, and a Theory of Action." *American Journal of Sociology* 91:1309–1335.
Conner, K. R., und C. K. Prahalad. 1996. "A resource-based theory of the firm: Knowledge versus opportunism." *Organization Science* 7:477–501.
Durkheim, Émile. [1895] 1973. *Les règles de la méthode sociologique*. Paris: Presses Universitaires de France.
Esping-Andersen, Gösta. 1999. *Social Foundations of Postindustrial Economies*. New York: Oxford University Press.
Esping-Andersen, Gøsta. 1990. *The three worlds of welfare capitalism*. Cambridge, Mass. : Polity Press.
Esser, Hartmut. 1993. *Soziologie: allgemeine Grundlagen*. Frankfurt: Campus.
Esser, Hartmut. 1999–2001. *Soziologie: spezielle Grundlagen*. Frankfurt: Campus.
Euler, Leonhard. 1736. "Solutio problematis ad geometriam situs pertinentis." *Commentarii academiae scientiarum Petropolitanae* 8:128–140.
Fligstein, Neil. 2001. *The architecture of markets : an economic sociology of twenty-first-century capitalist societies*. Princeton: Princeton University Press.
Hall, Peter A., und David Soskice. 2001. *Varieties of capitalism : the institutional foundations of comparative advantage*. Oxford: Oxford University Press.
Lindenberg, Siegwart, und Reinhard Wippler. 1978. "Theorienvergleich: Elemente der Rekonstruktion (Theory comparison: Elements of reconstruction)." S. 219–23 in *Theorienvergleich in den Sozialwissenschaften*, hg. Karl Otto Hondrich und G. Matthes. Darmstadt: Luchterhand.
Little, Daniel. 1990. *Varieties of Social Explanation. An Introduction to the Philosophy of Social Science*. Boulder: Westview.
Maurer, Andrea, und Michael Schmid (Hrsg.). 2002. *Neuer Institutionalismus: Zur soziologischen Erklärung von Organisation, Moral und Vertrauen*. Frankfurt/Main: Campus.
Meyer, John W., und Brian Rowan. 1977. "Institutionalized organizations: Formal structure as myth and ceremony." *American Journal of Sociology* 83:340–63.
Mills, C. Wright. 1959. *The Sociological Imagination*. Oxford: Oxford University Press.
North, Douglas C. 1992. *Institutionen, institutioneller Wandel und Wirtschaftsleistung*. Tübingen: Mohr Siebeck.

3.3 Institutionen und Organisationen

Parsons, Talcott. 1937. *The structure of social action : a study in social theory with special reference to a group of recent European writers.* New York: McGraw-Hill.
Parsons, Talcott. 1951. *The social system.* New York: Free Press.
Powell, Walter W., und Paul Dimaggio (Hrsg.). 1991. *The New Institutionalism in Organizational Analysis.* Chicago: University of Chicago Press.
Weber, Max. [1905] 1984. *Die protestantische Ethik und der Geist des Kapitalismus.* Tübingen: Mohr (Siebeck).
Weber, Max. [1922] 1985. *Wirtschaft und Gesellschaft.* Tübingen: Mohr (Siebeck).

Beispiele soziologischer Studien

Calderoni, F. 2012. "The structure of drug trafficking mafias: the 'Ndrangheta and cocaine." *Crime Law and Social Change* 58:321–349.
Falter, Jürgen W. 1995. "Die Wahlen des Jahres 1932/33 und der Aufstieg totalitärer Parteien." S. 271–313 in *Die Weimarer Republik*, hg. Everhard Holtmann. München: Bayrische Landeszentrale für politische Bildung.
Harris, Ron. 2009. "The institutional dynamics of early modern Eurasian trade: The commenda and the corporation." *Journal of Economic Behavior & Organization* 71:606–622.
Hindriks, F., und F. Guala. 2015. "Institutions, rules, and equilibria: a unified theory." *Journal of Institutional Economics* 11:459–480.
Moreno, Jacob L. [1934] 1953. *Who shall survive?* Beacon, N.Y.: Beacon House.

Weitere Referenzen

ISA. 1998. "History of the ISA: Books of the XX Century."https://www.isa-sociology.org/en/about-isa/history-of-isa/books-of-the-xx-century/.

Erwartungen 4

> **Überblick**
>
> Von den drei Aspekten der Handlungssituation betrachten wir als erstes die Erwartungen, die soziale Akteure haben.
>
> - Der erste Abschnitt ist dabei der Form gewidmet, in der die Beeinflussung von Erwartungen rational passiert, nämlich der Information. Signale verändern die Erwartungen, die Akteure von der Welt haben, und im Allgemeinen präzisieren sie diese und liefern damit Information im Sinne des Shannon'schen Informationsbegriffes. Wir schauen uns auch an, was daraus für die ökonomische Betrachtung von Information folgt.
> - Aufgrund der Art, wie das menschliche Gehirn funktioniert, ist rationale Information aber nicht die einzige Art, wie Medien Erwartungen und damit Handlungssituationen beeinflussen. Daneben steht der Prozess des Framings, nämlich der momentanen Verfügbarkeit bestimmter kognitiver Strukturen, durch beeinflusst wird, welche Erwartungen verwendet werden. Wir schauen uns dabei sowohl die Mikro-Ebene bezogenen Grundlagen als auch die Bedeutung von Framing-Prozesses auf der Makroebene und die dort gefundenen Prozesse an.
> - Der dritte Abschnitt des Kapitels ist dem Austausch von Information gewidmet, nämlich der Kommunikation. Diese schauen wir einerseits in dem bekanntesten Ablaufmodell an und andererseits in Bezug darauf, dass Kommunikation auch immer ein Handeln darstellt.

4.1 Information

Zum Begriff der Information ein praktisches Alltagsbeispiel: Nehmen wir einmal an, Sie haben heute Morgen den Wetterbericht angeschaut.[1] Warum haben sie das getan?

Der Wetterbericht passt Ihre Erwartungen bezüglich der Temperatur an. Wenn Sie ihn angeschaut haben, haben Sie natürlich noch keine absolute Sicherheit über die tatsächliche Temperatur aber bestimmte Temperaturen sind sehr viel unwahrscheinlicher geworden. Abb. 4.1 fasst das für einen hypothetischen Apriltag: Allein mit dem Wissen um Datum und Ort können aufgrund der langjährigen Erfahrung noch Temperaturen zwischen dem Gefrierpunkt und 20 Grad auftreten.

Wenn Sie aber im Wetterbericht eine Höchsttemperatur von 12 Grad angekündigt gesehen haben, können Sie sich fast mit Sicherheit auf eine tatsächliche Temperatur zwischen 10 und 15 Grad einstellen.

Der amerikanische Mathematiker Claude Shannon[2] hat diese Tatsache in eine Definition von Information umgesetzt. Shannon definierte dazu zunächst den Begriff der Entropie (was, aus dem Griechischen übersetzt, in etwa Unordnung heißt). Die Entropie ist ein Maß, dass umso größer ist, je gleicher die Wahrscheinlichkeiten der möglichen Zustände sind.

Information ist nun eine Eigenschaft eines Signals, das zu einer Verringerung der Entropie führt, d. h. zu einer Präzisierung der Wahrscheinlichkeiten durch die Vermittlung einer bestimmten Wahrscheinlichkeitsverteilung. (Shannon 1948) Schon die langjährige Erfahrung mit Temperaturverläufen ist eine Information, denn sie ergibt, dass nicht alle in Mitteleuropa auftretenden Temperaturen für den April gleich wahrscheinlich sind. Aber die Entropie der erwarteten Temperaturverteilung vor Lektüre des Wetterberichts ist doch deutlich höher als die danach. Daran kann man nun sein Handeln ausrichten, z. B. in der Kleidungswahl oder in der Planung von Aktivitäten.

Wenn die erwartete Temperaturverteilung für den März allgemein genau gleich gewesen wäre, wäre dann die Information noch eine Information? Aus der Definition folgt, dass das dann keine Information mehr wäre, weil ja die sich aus der

---

[1] Laut einer kleinen amerikanischen Studie schauen 80 % aller Menschen normalerweise morgens auf irgendeine Art von Wetterbericht, und mit der Allgegenwart von Smartphones sind es noch deutlich mehr geworden. Unter jungen Menschen sind es etwas weniger (18–19: 68 %), unter Älteren mehr (45 + : 85 %), Einkommen und Geschlecht spielen keine Rolle, dafür sehr die Region, in der man wohnt, vom sonnigen Kalifornien (70 %) bis New England (94 %). (Hickey 2015, Daten auf https://github.com/fivethirtyeight/data/tree/master/weather-check, 27.2.2018).

[2] 1916 – 2001, lehrte von 1958 bis 1987 am MIT.

4.1 Information

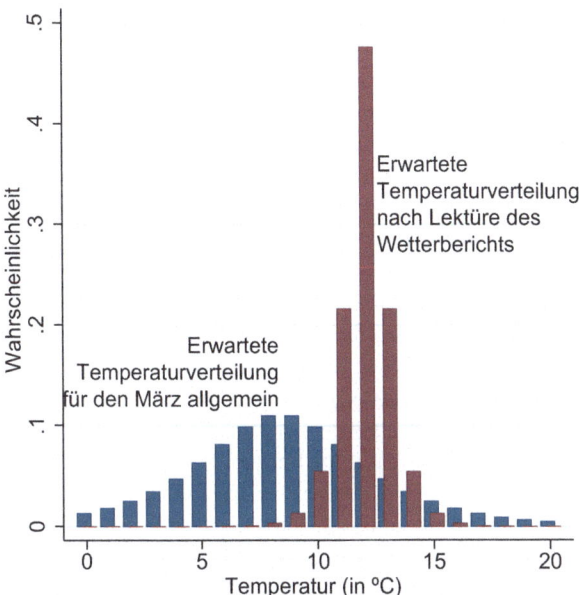

Abb. 4.1 Die erwartete Temperaturveretilung an einem Märztag vor und nach Lektüre des Wetterberichts. (Eigene Darstellung, geschätzte Daten)

Unsicherheit ergebende Entropie genau gleich geblieben wäre. Die Alltagssprache hat hier im Vergleich eine gewisse Unschärfe, weil sie auch die Wahrscheinlichkeitsverteilung, die die Zeitung oder die App vermitteln, als Information bezeichnet. Information als Präzisierung von Wahrscheinlichkeiten bedeutet also auch: Wieviel Information in einem Signal enthalten ist, ist davon abhängig, welche Verteilung von Wahrscheinlichkeiten vorher vorhanden war. Shannons Informationsbegriff ist in diesem relativen Sinne subjektiv.

In einem absoluten Sinne ist er hingegen objektiv: Wenn jemand eine falsche, aber präzise Erwartung hatte und diese durch eine richtigere, aber unpräzisere Erwartung korrigiert wird, ist das für den Betreffenden zunächst eine subjektive Desinformation (weil ja die erwartete Entropie zunimmt), aber objektiv dennoch eine Information, weil die Passung mit der Realität größer wird.

Aus den generellen Charakteristiken von Information lassen sich noch einige ökonomische Eigenschaften ableiten, die auch eine soziale Relevanz haben:

- Nutzen: Da Erwartungsanpassung zu besseren Entscheidungen führt, ergibt sich daraus ein Nutzen von Information.
- Produzierbarkeit: Akteure können Signale wahrnehmen und reproduzieren.
- Guts-Character: Mit Nutzen und Produzierbarkeit ist Information ein ökonomisches Gut und wird als solches produziert, gehandelt und konsumiert.
- Nicht-Rivalität im Konsum: Ein Signal wahrzunehmen ändert es nicht, ermöglicht aber die Produktion analoger Signale. Deshalb wird Information durch Konsum nicht weniger.

Das letztere Argument hat dazu geführt, dass Information als sogenanntes öffentliches Gut betrachtet worden ist, dass notwendigerweise über allgemeinbindende Institutionen (Staat, staatlich finanzierte Universitäten, öffentlich-rechtlicher Rundfunk) hergestellt werden muss. Aber zu einem öffentlichen Gut gehört als zweite Eigenschaft, dass es nicht möglich wäre, jemanden von seiner Nutzung auszuschließen, wie das zum Beispiel bei einem Leuchtturm oder bei nationaler Sicherheit der Fall ist. Da aber andere Akteure von der Nutzung von Information ausgeschlossen werden können, fällt Information in die Kategorie der Klubgüter, ähnlich wie etwa, solange es keinen Stau gibt, Mautstraßen, und kann wie diese grundsätzlich vom ökonomischen Markt geregelt werden. (Buchanan 1965).

In Bezug auf soziales Handeln betrifft Information die Erwartungen, die der Handlungswahl zu Grunde liegen. Soziale Information ist also die Menge der Veränderungen von Erwartungen in Handlungssituationen, die bei Akteuren durch ein Signal ausgelöst werden.

4.2 Framing

Oben wurde darauf hingewiesen, dass das Tripel von Erwartungen, Motivationen und Ressourcen noch nicht ganz vollständig ist, um die Situation eines Akteurs vollständig beschreiben und seine erwartete Handlung ableiten zu können. Der vierte Aspekt von Handlungssituationen, den es noch gibt, schließt direkt an die Erwartungen an, aber ist doch von ihnen deutlich zu trennen.

Diese Einsicht verdanken wir einer Reihe von Wissenschaftlern. In der Klarheit, in der wir sie heute haben, geht sie aber vor allem auf zwei israelisch-amerikanische Psychologen zurück, von denen der eine, Amos Tversky, leider schon mit 59 starb (1937–1996) und nur der andere 2002 den Nobelpreis entgegennehmen konnte: Daniel Kahneman, der es später auch geschafft hat, seine Einsichten in allgemeinverständlichen Büchern zu popularisieren. (Kahneman

4.2 Framing

Tab. 4.1 Framing: Das Urnenbeispiel von Tversky und Kahneman 1986

Problem 1	(N = 124)				
Option A:	90 % weiß	6 % rot	1 % grün	3 % gelb	
(58 %)	$0	Win $45	Win $30	lose $15	
Option B:	90 % weiß	7 % rot	1 % grün	2 % gelb	
(42 %)	$0	Win $45	Lose $10	lose $15	
Problem 2	(N = 88)				
Option C:	90 % weiß	6 % rot	1 % grün	1 % blau	2 % gelb
(0 %)	$0	Win $45	Win $30	lose $15	lose $15
Option D:	90 % weiß	6 % rot	1 % grün	1 % blau	2 % gelb
(100 %)	$0	Win $45	Win $45	lose $10	lose $15

2000, 2011) Aufgrund ihrer Forschungen können wir klar sagen: Wie Menschen handeln, hängt auch noch davon ab, welche Wahrnehmungen zum Zeitpunkt der Entscheidung vorhanden sind.

Tversky und Kahneman vermochten das an einem Beispiel zu zeigen, das sie mit ihren Studierenden ausprobiert hatten und dass in Tab. 4.1 beschrieben ist. (Tversky und Kahneman 1986) Sie legten ihren Studierenden die beiden in der Tabelle beschriebenen Entscheidungsprobleme vor. Wenn Sie zwischen zwei Urnen zu wählen haben, die die jeweils beschriebenen Anteile von farbigen Kugeln enthalten (in Urne A also 90 % weiße, 6 % rote, 1 % grüne und 3 % gelbe) und mit den Kugeln jeweils die entsprechende Auszahlung verbunden ist – welche Urne wählen Sie dann als die Ihnen im Erwartungswert besser erscheinende?

Bei dem etwas komplexen Vergleich in Problem 1 erschien für eine nicht allzu große, aber doch deutliche Mehrheit Option A die bessere Wahl zu sein. Bei Problem 2 war die Sache eindeutig: Da die einzige Differenz in den Auszahlungsbeträgen bei Ziehung einer grünen oder blauen Kugel bestand und in beiden Fällen die Differenz in die gleiche Richtung ging, wählten alle Studierenden übereinstimmend Urne D als die bessere Option.

Wenn wir aber genau hinschauen, sehen wir, dass bis auf irrelevante Umfärbungen die beiden Urnenpaare äquivalent sind: Wenn man das eine Prozent blaue Kugeln in C gelb färbt, wird Option C zu Option A, und wenn man das eine Prozent grüne Kugeln in D rot färbt (und danach noch die blauen Kugeln grün), dann wird Option D zu Option B. Wenn alle Menschen rational wären, hätten also auch in der Gegenüberstellung alle für Option B stimmen sollen und nicht die Mehrheit für Option A.

Ein zweites Beispiel aus demselben Aufsatz ist eine andere, ganz analoge Entscheidungsaufgabe: Das sogenannte „Asian desease"-Beispiel. Hier legten die Beiden ihren Probanden folgenden beschreibenden Text vor:

- „Imagine that the U.S. is preparing for the outbreak of an unusual Asian disease, which is expected to kill 600 people. Two alternative programs to combat the disease have been proposed. Assume that the exact scientific estimates of the consequences of the programs are as follows:
- If Program A is adopted, 200 people will be saved.
- If Program B is adopted, there is 1/3 probability that 600 people will be saved, and 2/3 probability that no people will be saved."

Alternativ formuliert lautet die Beschreibung der Optionen wie folgt:

- „If Program C is adopted 400 people will die.
- If Program D is adopted there is 1/3 probability that nobody will die, and 2/3 probability that 600 people will die."

Das Ergebnis war, dass zwischen A und B sich 72 % für A entschieden (vs. 28 % für B, N = 124), bei der Entscheidung zwischen C und D aber 78 % für D (und 22 % für C, N = 155). Und das, obwohl, wenn man die Gesamtgruppe der 600 Gefährdeten betrachtet, einerseits A und C und andererseits B und D exakt identisch sind.

Mit solchen Beispielen können Kahneman und Tversky sehr deutlich zeigen, dass das Handeln von Menschen nicht rational ist, sondern davon abhängt, welche Wahrnehmungen zum Zeitpunkt der Entscheidung vorhanden sind! Es gab Verfechter einer engen Vorstellung von Rationalität, für die diese Ergebnisse eine große Schlappe waren, denn sie waren davon ausgegangen, dass tatsächlich alle Entscheidungen nur getroffen werden auf der Grundlage feststehender Bewertungen. Aber für eine solche klassische Vorstellung von Rationalität hätte es dann eben keinen Unterschied machen dürfen, ob irrelevante Alternativen eliminiert werden, wie andere Alternativen bewertet werden, oder wie das Problem dargestellt wird. Aus den Experimenten von Tversky und Kahneman (und vielen anderen seither) sieht man, dass das nicht stimmt und man nicht so ohne weiteres von einem einheitlichen, intern widerspruchfreien Akteur ausgehen kann. Für Verfechter einer weiteren Vorstellung von Rationalität stellen diese Ergebnisse eher ‚endlich' eine Anschlussfähigkeit her zu Überlegungen, die schon viel älter sind.

4.2 Framing

Wenn Menschen Information aufnehmen, trifft diese auf Strukturen, die im Hirn bereits vorhanden sind, und aktiviert diese: präzises Wissen, unscharfes Wissen, aber auch einfach aktuelle Wahrnehmungen.

Die Wissenschaft benutzt hier die Begriffe ‚Frames' oder ‚Schemata'. In beiden Fällen geht es um kognitive Strukturen, die eintreffende Information verarbeiten helfen, die bereits vorhanden sind und auf erwartete Präzisierungen von Erwartungen durch Information verweisen. Solche kognitiven Strukturen werden bereits vorgeburtlich gebildet und sind also nicht auf bewusste Informationsaufnahme beschränkt. Das Hauptwerk von Immanuel Kant, die *Kritik der reinen Vernunft*, zieht ihren Titel aus dem Hinweis von Kant daraus, dass eine ‚reine' Vernunft, die sich selbst als autark versteht und aus einer solchen autonomen Position souverän Sinneseindrücke analysiert, eine Fiktion ist. Vielmehr bauen in der Vernunft Schemata aufeinander auf, von denen die frühesten (also diejenigen, die anderen zugrunde liegen) schon vor der Vernunft vorhanden sind.

> „In der Tat liegen unsern reinen sinnlichen Begriffen nicht Bilder der Gegenstände, sondern Schemata zugrunde. Dem Begriffe von einem Triangel überhaupt würde gar kein Bild desselben jemals adäquat sein." (Kant 2000, S. 140 f.)

Solche Strukturen des Gehirns werden von dem Moment seiner Entstehung an ständig gebildet und verwendet.

Die Begriffe ‚Frame' und ‚Schema' sind dabei zunächst einmal äquivalent und richten allenfalls den Fokus auf unterschiedliche Dinge, nämlich das Schema auf die Struktur des Betrachteten und der ‚Rahmen' darauf, dass erstens Dinge weggelassen werden (die sich außerhalb des Rahmens befinden) und dass zweitens die Frames (der Rahmen) eine andere Herkunft haben als die wahrgenommene Realität (das Bild). Die beiden Begriffe unterscheiden sich praktisch eher dadurch, dass der Schema-Begriff eher in der Philosophie und Kognitionspsychologie und immer sehr individualistisch verwendet wird, während die Sozialwissenschaften eher von Frames reden und dabei auch darauf verweisen, wie Frames mit sozialen Prozessen interagieren: wie sie einerseits in ihnen erzeugt werden und sich andererseits in ihnen auswirken. Dort, wo sie nebeneinander verwendet werden, meint das Schema die vereinfachte kognitive Struktur, einschließlich möglicherweise damit verbundener Bewertungen und Gefühle, und Frame ihre bewusste Aktivierung. In dieser Sichtweise rufen Frames, z. B. durch Wortwahlen oder Zuschreibungen, bestimmte Schemata hervor.

Eine zentrale Auswirkung von Frames auf menschliche Interaktion hat der kanadische Soziologe Erving Goffman[3] untersucht: Über Frames verstehen oder, in Goffmans Worten, definieren wir unsere Handlungssituation. Goffman beschreibt Frames als „principles of organization which govern events – at least social ones – and our subjective involvement in them". Die Art, wie wir Vorstellungen von uns selbst kommunizieren, ist bereits Gegenstand seines Werkes *Wir alle spielen Theater*, aber ausgearbeitet wird die Theorie der Frames erst in seinem späteren Werk *Frame Analysis*. (Goffman 1974).

Alltagsbeispiele, die das Prinzip der Rahmung von Situationen illustrieren, stammen auffällig oft aus demjenigen sozialen Bereich, in dem es um die Initiation und Aushandlung von (intimen) Beziehungen geht. Wahrscheinlich ist der Grund hierfür, dass die Herstellung einer solchen Beziehung eine besonders große Differenz im Framing macht.

Wenn von zwei Personen A und B unterschiedlichen Geschlechts die eine A) die andere B) fragt „Magst Du etwas essen gehen?" und B darauf antwortet: „Oh sorry, ich hatte gerade vorhin eine Pizza", dann liegt erstens keine ganz direkte Antwort vor, aber zweitens die erwartete Präzisierung von Erwartungen, dass die Information bedeutet, dass B nicht mitkommt. Das kann damit zu tun haben, dass die Frage von A in Wirklichkeit ein Angebot zur Einleitung persönlicher Kommunikation war und B gar nicht in erster Linie satt, sondern nur vor allem nicht an einer solchen Kommunikation interessiert ist.

Von solchen Beispielen zur Relevanz von Frames kann man aber auch schnell auf die Ebene gesamtgesellschaftlicher Kommunikation kommen. Das zeigt die Geschichte von Harvey Weinstein:

- Frame 1: Weinstein ist ein erfolgreicher Studiobesitzer in Hollywood, sein Studio steht für Filme wie *Pulp Fiction, Der englische Patient* oder *The King's Speech*. Seine Filme haben mehr als dreihundert Oscar-Nominierungen erhalten, und bei den jährlichen Preisverleihungen erhält er mehr Dank als Gott (nur Steven Spielberg ist hier noch besser). Weinstein ist auch in die Castings involviert. Er empfängt junge Schauspielerinnen wie Ashley Judd, Annabella Sciorra und Salma Hayek, um mit ihnen über Rollen in Filmen seiner Firma zu reden.

---

[3] 1922–1982, sein Werk *Wir alle spielen Theater* (engl. The presentation of self in everyday life, Goffman 1959) begründet die Analyse der symbolischen Kommunikation in Interaktionssituationen (symbolischer Interaktionismus) und ist eines der meist- und von Studierenden am liebsten gelesenen in der Soziologie.

4.2 Framing

Jedenfalls ist das die *Situationsdefinition,* mit der die Frauen in die Situation hineinkommen. Ihre Selbstdefinition ist das talentierter Nachwuchsschauspielerinnen mit ersten Erfolgen, ihre Erwartungen die auf eine Rolle in einem großen Film.

- Frame 2: Auf einmal sind sie allein mit Weinstein, einem eher unansehnlichen, aber kräftigen Mann, und die direkte Interaktion bleibt nicht beim Casting-Thema (oder kommt dort nie an), sondern Weinstein bedrängt die Frauen auf verschiedene Weise sexuell.

Die *Definition der Situation* wird radikal geändert, die situative Selbstdefinition wird auf einmal die des Opfers sexueller Gewalt.

- Frame 3: Die Frauen gehen unterschiedlich damit um. Sie erfahren, dass Weinstein für inadäquates Verhalten bekannt ist. Diejenigen, die sich gegen ihn zur Wehr setzen, müssen erleben, dass Weinstein seine Macht gegen sie einsetzt.

Zu der *Definition der Situation* kommt das Gefühl, jemand gewesen zu sein, der die Spielregeln in Hollywood naiverweise nicht durchschaut hat und zu schwach war und ist, sich gegen Weinstein nicht zur Wehr zu setzen.

- Frame 4: Eines der Opfer dreht einen Film, in dem eine Szene passiert sehr ähnlich dem, was sie selbst erlebt hat. Daraufhin wenden sich Frauen an sie, die das auch erlebt haben. Im Jahr 2017 untersucht Ronan Farrow für den *New Yorker* die Vorwürfe und bekommt von sieben Frauen die Erlaubnis, ihre Geschichte unter Namensnennung zu publizieren. (Farrow 2017)

Die *Definition der Situation* ist auf einmal systematische sexuelle Belästigung und Machtmissbrauch. Weinsteins Karriere ist beendet, seine Firma wird zahlungsunfähig und aufgekauft. Bereits Weinstein hat große Ressourcen dafür aufwenden müssen, die unter Punkt 3 beschriebene Machtposition aufrechterhalten zu können – so etwas erfolgreich tun zu können, ist wohl auch nach der #MeToo-Diskussion nicht auszuschließen, aber jedenfalls ein großes Stück schwieriger geworden.

Der Weinstein-Skandal kann (und wird sicher noch in den nächsten Jahren) Gegenstand soziologischer Analyse sein, weil er auch für die Veränderung von Geschlechterverhältnissen und Produktionsbedingungen steht, und weil abzuwarten bleibt, wie schnell sich diese tatsächlich entwickeln, schließlich ist Belästigung schon länger ein Thema. (Davis 2012; Zarkov und Davis 2018).

Aber er ist eben auch ein gutes Beispiel, wie wichtig kognitive Frames sind. Sie schließen mit gutem Grund direkt an den Erwartungsbegriff an: Der Moment, in dem Weinstein den Bereich des gesellschaftlich Akzeptablen verlässt, enthält auch das Signal mit der Information, dass es diesmal offensichtlich um anderes geht als um einen professionellen Austausch. Wenn diese Information bereits im

Vornherein vorgelegen hätte, dann wären die Dinge in den meisten Fällen anders gelaufen.

Diese Bedeutung kognitiver und im jeweiligen Moment vorhandener Frames ist eine Herausforderung für die Soziologie, soweit sie sich am Konzept rationaler Akteure orientiert hat, weil jetzt gleichzeitig mehrere Erwartungen vorhanden sein können. Aber es ist auch ein Ansatzpunkt für sie, weil damit die Produktion von Wahrnehmungen eine eigene soziale Bedeutung erhält.

Aus der Entdeckung von Framing-Prozessen auf der Mikro-Ebene folgen aber auch Forschungsfragestellungen und Erkenntnisse auf der Makroebene: Frames geben vor, welche Aspekte eines Gegenstandes wichtig und welche Perspektiven auf diesen Gegenstand angemessen erscheinen. Die Art, wie diese Frames sind und wie sie sich verändern und wie insbesondere Akteure intentional auf sie Einfluss nehmen, ist ein wichtiger Untersuchungsgegenstand geworden, insbesondere in der Erforschung politischer Dynamiken und sozialer Bewegungen, die wir uns in Kap. 12 genauer anschauen und dafür dann auf den Framebegriff zurückkommen werden.

Aber gehen wir zunächst einmal vom individualistischen Blick auf Erwartungen zu demjenigen auf ihren Austausch über:

4.3 Kommunikation und kommunikatives Handeln

Der Austausch von Erwartungen zwischen Akteuren erfolgt durch Kommunikation. Ihre Aufteilung in einzelne Schritte sind von dem oben bereits zitierten Claude Shannon erstmals beschrieben worden, tatsächlich ist Information ja definiert als Teil eines Kommunikationsprozesses, zu dem Sender, Empfänger und Übertragungsweg gehören.

Shannons einzelne Schritte sind (Shannon 1948):

- Bildung einer Absicht, zu kommunizieren.
- Bildung der Nachricht
- Codierung der Nachricht, etwa in digitale Daten, geschriebenen Text, Sprache, Bilder, Gesten o.ä.
- Übertragung der codierten Nachricht durch ein Medium als Sequenz von Signalen.
- Fehlerquellen natürlicher oder menschlicher Art, absichtlich oder unbeabsichtigt, die die Qualität der Signale beeinflussen.
- Empfang der Signale und Wiederzusammensetzen der codierten Nachricht.
- Decodierung der neu zusammengesetzten codierten Nachricht.

4.3 Kommunikation und kommunikatives Handeln

- Rezeption der ursprünglichen Nachricht.
- Interpretation und Sinn der ursprünglichen Nachricht.

Diese Schritte sind in insgesamt vier Schichten angeordnet, die u-förmig durchlaufen werden. Am Ende steht die Interpretation einer Nachricht, die im besten Fall eine Absicht, etwas zu kommunizieren, die am Anfang stand, relativ gut zu entschlüsseln in der Lage ist. In beiden Fällen geht es um Erwartungen, die kommuniziert und rezipiert werden, mithin im Erfolgsfalle um Information. Die zweite Schicht wird von der Nachricht selbst gebildet, einer konkreten Handlung, die dritte Schicht von ihrer Umsetzung in übermittelbare Signale, und die vierte von der technischen Übertragung, auf der zudem auf dem Weg vom Sender zum Empfänger äußere Störungen auftreten können. Sonst ist die Analyse auf Sender und Empfänger beschränkt und auf ihre Erwartungen, die eigentliche Kommunikationshandlung und die technische Umsetzung und Übertragung (Tab. 4.2).

Bei direkter zwischenmenschlicher Kommunikation ist die Grenze zwischen Nachricht und Codierung sehr schmal, etwa wenn es um gesprochene Sprache geht, wo der Satz, den der Sender aussprechen will, die Nachricht, und seine ausgesprochene Form bereits die Codierung ist. Bei Kommunikation mittels technischer Medien ist die Grenze klarer, aber sie besteht in beiden Fällen.

Medien stehen also zwischen Sender und Empfänger. Sie kommunizieren aber auch selbst, das heißt setzen um in eigene Nachricht und eigene Codierung. Die

Tab. 4.2 Der Ablauf von Kommunikation

	Sender	Übertragungsweg = Medium	Empfänger
Absicht	Kommunikationsabsicht		Interpretation und Sinn
Nachricht	Bildung der Nachricht		Rezeption
Codierung	Codierung		Decodierung
Übertragung	(Absenden der Signale)	Übertragung	Empfang, Zusammensetzung der Signale
Äußere Einflüsse		Fehlerquellen	

in dieser Kommunikation zweiter Ordnung entstehenden Fehler bei der Umsetzung und Entschlüsselung von Nachricht und Code tragen zu den Fehlern in der Kommunikation erster Ordnung bei.

Kommunikation ist so basal für menschliche Interaktion, dass es eine eigene Kommunikationswissenschaft gibt und trotzdem alle anderen Sozialwissenschaften sich in irgendeiner Weise auch noch mit ihr beschäftigen. Der spezifische Fokus der soziologischen Arbeit zu Kommunikation liegt dabei darin, dass die Interaktionskomponente und soziale Bedingtheit der Positionen von Sender und Empfänger oder die sozial bedingte Veränderung von Kommunikationsprozessen im Fokus stehen:

- Verwendete Codes zum Beispiel, ein großes kommunikationstheoretisches Thema der Informatik, ist für die Soziologie vor allem dann ein Thema, als sie sich sozial unterscheiden (Bourdieu 1979).
- Oder die kommunikationsbezogenen Unterschiede zwischen den Geschlechtern interessieren weniger per se, sondern in ihrer sozialen Bedingtheit und ihren sozialen Konsequenzen.

Unvollständige Kommunikation kann gekennzeichnet sein sowohl durch ein Fehlen des Empfängers, wenn etwa dieser die Signale gar nicht erhalten kann, als auch durch ein Versagen der Übertragung, als auch durch ein Fehlen des Senders, beispielsweise wenn der Empfänger etwas als Kommunikation missversteht, was gar nicht als solche gemeint war, wenn etwa jemand eine nur zufällig erhobene Hand als Gruß oder Meldung versteht. Aus solchen Argumenten ist der Schluss gezogen worden, man könne Kommunikation in einem akteursorientierten Rahmen gar nicht verstehen (Lindemann 2012), aber zwingend erscheint er nicht.

Gelingende Kommunikation benötigt demgegenüber das Funktionieren aller neun Schritte medialer Übermittlung und ist damit insbesondere immer auch durch die beiderseitige Meta-Intention gekennzeichnet, die Kommunikation gelingen zu lassen. Mit dieser Meta-Intention liegt auf beiden Seiten kommunikatives Handeln vor.

Der Begriff des kommunikativen Handelns ist vor allem durch die einflussreiche *Theorie des kommunikativen Handelns* von Jürgen Habermas geprägt, eine stark normative Sicht auf Kommunikation.

Nach Habermas ist die Gesellschaft in der Sprache begründet (einschließlich nonverbaler Kommunikation), die als zwischenmenschliches Verständigungsmittel soziale Interaktion erst ermöglicht. Durch diese Teilmenge der Kommunikation versuchen Handelnde, sich verständigungsorientiert aufeinander zu beziehen.

4.3 Kommunikation und kommunikatives Handeln

Diese in der Sprache angenommene kommunikative Rationalität bildet für Habermas die Grundlage sozialen Handelns. Deshalb spricht er den Sender jeweils nur als Sprechenden an, den Empfänger als Interpreten (obwohl die zugrunde liegenden Prozesse schon Teil von Shannons Modell sind).

Die Kommunikation funktioniere jedoch nur dann, wenn sie ihre Prozesse vernunftorientiert organisiert. Sprecher dürfen Interpreten nicht manipulieren, sondern müssen begründbar und kritisierbar kommunizieren. Habermas stellt fest, das Einverständnis des Interpreten könne nur dann vom Sprecher erwartet werden, wenn vier „Geltungsansprüche" erfüllt sind:

- Wahrheit,
- Richtigkeit,
- Wahrhaftigkeit,
- Verständlichkeit.

Es liegt in der Hand des Interpreten, die Geltungsansprüchen zu akzeptieren oder auf einer Klärung zu bestehen. Mit den vier Geltungsansprüchen spricht er gleichzeitig vier Richtungen soziologischer Theorie an (siehe Tab. 4.3):

- Rein an objektiver Wahrheit interessiert sind frühe Handlungstheorien wie die Utilitaristen des 18. Jahrhunderts, die in Habermas' Sicht einer objektiven Weltsicht ohne Einbezug subjektiver Aspekte verhaftet bleiben und andere Individuen nur als Mittel zum Zweck sehen können, denen gegenüber Sprache nur die Rolle des Einwirkens auf sie hat.
- Ein normenreguliertes Verständnis von Handeln, wie es aus Habermas' Sicht Talcott Parsons vertritt, ist an normativer Richtigkeit orientiert. Es ist damit zwar einer Solidarwelt verpflichtet, aber damit nur der sozialen Welt des Kollektivs, ohne das Gegenüber individuell anerkennen zu können.
- Die Sichtweise von Goffmans *Wir alle spielen Theater* (Goffman 1959) beschreibt Habermas als dramaturgisches Handeln, das seine Geltung aus individueller Wahrhaftigkeit bezieht. Hier dient die Kommunikation der Selbstinszenierung, der Weltbezug ist subjektiv, aber nur auf den Sprecher selbst bezogen, normativ in gewisser Hinsicht ein Rückschritt gegenüber den ersten beiden Formen.
- Das kommunikative Handeln integriert auf allen Ebenen die drei Aspekte der vorgenannten Formen (in Tab. 4.3 durch „3 + " abgekürzt) und fügt ihnen jeweils einen weiteren eigenen Aspekt hinzu, der jeweils das konkrete Gegenüber einbezieht (und damit die ältere Dialogphilosophie von Martin Buber 1923 fortführt), so dass kommunikatives Handeln sich zusätzlich am Anspruch

Tab. 4.3 Kommunikatives Handeln (Habermas 1981)

Handeln	Zweckrationales	Normenreguliertes	Dramaturgisches	Kommunikatives
Theoretiker	Utilitaristen	Parsons	Goffman	Habermas
Geltungsanspruch	Wahrheit	Richtigkeit	Wahrhaftigkeit	3 + Verständlichkeit
Weltbezug	Objektive Welt (Zeugwelt)	Soziale Welt (Solidarwelt)	Subjektive Welt (des Sprechers)	3 + Gegenüber
Rolle der Sprache	Einwirken auf andere Sprecher	Überlieferung kultureller Werte	Selbstinszenierung	Verständigung

4.3 Kommunikation und kommunikatives Handeln

der Verständlichkeit orientiert, neben der objektiven Realität, Normen und der eigenen Subjektivität auch das Gegenüber einbezieht und Sprache in erster Linie zur Verständigung nutzt.

Nur wenn Ergebnisse von Kommunikation ausschließlich unter Berufung auf diese Geltungsansprüche zustande kommen, sind sie nach Habermas rational. Dafür darf es keine Verzerrung der Kommunikation geben. Habermas fordert im Einzelnen:

- gleiche Chancen auf Dialoginitiation und -beteiligung,
- gleiche Chancen der Deutungs- und Argumentationsqualität,
- Herrschaftsfreiheit, d. h. Abwesenheit aller Arten von Zwang, sowie
- keine Täuschung der Sprechintentionen.

Diese Bedingungen ermöglichen Verständigung und einen vernünftigen Diskurs. Dabei ist Habermas sich durchaus bewusst, dass die ideale Sprechaktsituation eben ein Ideal ist und in der Realität unerreicht bleibt. Jedoch fordert er, dass diese Idealisierung zumindest anzustreben sei. Nur so kann es zu dem „eigentümlich zwanglosen Zwang des besseren Argumentes" kommen. (Habermas 1981, siehe auch Rosa, Strecker und Kottmann 2007b, Iser und Strecker 2010).

Zusammenfassung

In diesem Kapitel ging es um den Einfluss von Medien auf die Erwartungen, die Akteure haben:

- Sie kennen und verstehen jetzt den Begriff der Information als Veränderung der Erwartungen unter Bezugnahme auf den Begriff der Redundanz (Shannon) und die Begriffe der Intentionalität, des Realitätsbezugs (Dretske) und des Interpretationsbedarfs (Garfinkel) in Bezug auf den Informationsbegriff.
- Aufgrund der Art, wie das menschliche Gehirn funktioniert, ist rationale Information aber nicht die einzige Art, wie Medien Erwartungen und damit Handlungssituationen beeinflussen. Daneben steht das sogenannte Framing, nämlich der momentanen Verfügbarkeit bestimmter kognitiver Strukturen, durch die beeinflusst wird, welche Erwartungen verwendet werden. Sie verstehen den Gehalt der Experimente von Kahneman und Tversky, das Verhältnis der Begriffe Frame und Schema, und die Rolle, die Frames in der Definition der Handlungssituation spielen.

- Information wird ganz wesentlich durch Kommunikation ausgetauscht. Hierzu kennen und verstehen Sie jetzt das Ablaufmodell von Claude Shannon in seinen Schritten und Ebenen und die normative Sicht von Jürgen Habermas auf kommunikatives Handeln mit seinen vier Geltungsansprüchen und der Art, wie Habermas die drei älteren davon in der Soziologiegeschichte verortet.

Übungsaufgaben

1. Person A kommt aus einem Haus, geht zu ihrem Auto, das auf einem kostenpflichtigen Parkfeld steht, und will Geld in die Parkuhr nachwerfen. Dabei bemerkt sie die Polizeiangestellte B. A zögert und sieht zu B hinüber. B erwidert den Blick und lächelt, wobei sie ihren Blick über danebenliegende freie Parkplätze schweifen lässt. Daraufhin wirft A das Geld in die Parkuhr ein und verlängert die Parkzeit um eine weitere Stunde.
Welche Art von Information hat A aus dem Lächeln von B herausgelesen?
(Hinweis: Das SVG schreibt vor, dass Autos zwischen zwei Aufenthalten auf kostenpflichtigen Parkfeldern in den fließenden Verkehr zu bringen sind.)
2. Welche Eigenschaft führte dazu, dass Information in der ökonomischen Diskussion eine Zeit lang als sogenanntes „Öffentliches Gut" angesehen wurde, das analog zu nationaler Sicherheit staatlich bereitgestellt werden muss? Welche Eigenschaft führt dazu, dass man das heute nicht mehr so sieht?
3. Person A wird gebeten, die alte Tante B an A's eigenem Geburtstag zu einem Abendtermin zu begleiten. Am Zielort angekommen, wartet dort aber eine Überraschungsparty. Der Soziologe Erving Goffman hat beschrieben, was hierbei passiert. Nennen Sie einen der beiden Begriffe, die er verwendet, und wenden Sie ihn auf das Beispiel an!
4. Welche vier Ebenen werden im Modell der Kommunikation von Claude Shannon unterschieden?
5. Nennen Sie eine Vorbedingung gelingender Kommunikation, die im Begriff des kommunikativen Handelns betrachtet wird, und eine, die nicht betrachtet wird.
6. Welches ist aus Sicht der Theorie des kommunikativen Handelns von Jürgen Habermas die Rolle der Sprache im normenregulierten Handeln, das er Talcott Parsons zuschreibt?
7. In Bezug auf welche Aspekte fordert Habermas' Theorie des kommunikativen Handelns Chancengleichheit?

Literatur

Zentrale Referenzen

Bourdieu, Pierre. 1979. *La distinction : critique sociale du jugement*. Paris: Minuit.
Buber, Martin. 1923. *Ich und Du*. Leipzig: Insel.
Buchanan, J. M. 1965. "AN ECONOMIC-THEORY OF CLUBS." *Economica* 32:1–14.
Goffman, Erving. 1959. *The presentation of self in everyday life*. Harmondsworth: Penguin Books.
Goffman, Erving. 1974. *Frame analysis : an essay on the organization of experience*. Cambridge, Mass.: Harvard University Press.
Habermas, Jürgen. 1981. *Theorie des kommunikativen Handelns*. Frankfurt am Main: Suhrkamp.
Kahneman, Daniel. 2000. *Choices, values, and frames*. New York: Russell Sage Foundation.
Kant, Immanuel. [1787] 2000. "Kritik der reinen Vernunft." in *Kants Werke: Akademie Textausgabe, vol. 3*, hg. Berlin: de Gruyter.
Shannon, Claude E. 1948. "A mathematical theory of communication." *Bell System Technical Journal* 27:379–423, 625–56.
Snow, D. A., S. K. Worden, et al. 1986. "Frame Alignment Processes, Micromobilization, and Movement Participation." *American Sociological Review* 51:464–481.
Tversky, Amos, und Daniel Kahneman. 1986. "Rational Choice and the Framing of Decisions." *The Journal of Business* 59:S251–S278.

Beispiele soziologischer Studien

Davis, Kathy. 2012. "'Stand by your man' or: How feminism was framed in the DSK affair." *European Journal of Women's Studies* 19:3–6.
Farrow, Ronan. 2017. "From Aggressive Overtures to Sexual Assault: Harvey Weinstein's Accusers Tell Their Stories." *The New Yorker*.
Lindemann, Gesa. 2012. "Die Kontingenz der Grenzen des Sozialen und die Notwendigkeit eines triadischen Kommunikationsbegriffs." *Berliner Journal für Soziologie* 22:317–340.
Snow, D. A., R. Vliegenthart, und C. Corrigall-Brown. 2007. "Framing the French riots: A comparative study of frame variation." *Social Forces* 86:385–415.
Zarkov, Dubravka, und Kathy Davis. 2018. "Ambiguities and dilemmas around #MeToo: #ForHow Long and #WhereTo?" *European Journal of Women's Studies* 25:3–9.

Lehrbücher

Iser, Mattias, und David Strecker. 2010. *Jürgen Habermas zur Einführung.* Hamburg: Junius.
Rosa, Hartmut, David Strecker, und Andrea Kottmann. 2007b. S. 130–150 in *Soziologische Theorien*, hg. Kritik der Verständigungsverhältnisse: Jürgen Habermas. Konstanz: UVK.

Weitere Referenzen

Hickey, Walt. 2015. "Where People Go To Check The Weather." *fivethirtyeight.com* siehe https://fivethirtyeight.com/features/weather-forecast-news-app-habits/: checked 27.2.2018.
Kahneman, Daniel. 2011. *Thinking, fast and slow.* New York: Farrar, Straus and Giroux.

Ressourcen 5

> **Überblick**
>
> Der zweite Aspekt der Handlungssituation ist das Können, das heißt die Möglichkeiten oder Handlungsoptionen, die Akteure haben. Sie wird wesentlich von ihren Ressourcen bestimmt, die in diesem Kapitel diskutiert werden.
>
> - Der erste Abschnitt grenzt die verschiedenen Begrifflichkeiten, die es hier gibt, gegeneinander ab, und kommt von allgemeinen Begriffen wie Ressourcen und Restriktionen zum Kapitalbegriff und den verschiedenen Kapitalsorten, die einerseits die handlungstheoretisch orientierte Soziologie und andererseits der einflussreiche französische Soziologe Pierre Bourdieu bereitstellen.
> - Der zweite Abschnitt diskutiert kurz die Entwicklung der sozialen Verteilung von Ressourcen und der daraus resultierenden sozialen Ungleichheit, in den letzten zwei Jahrhunderten.
> - Der dritte Abschnitt beschäftigt sich vertieft mit Sozialkapital, einer Sorte von Kapital, dessen Erforschung noch relativ neueren Datums ist und das in der Soziologie und in der Gesellschaft eine große Rolle spielt.

5.1 Ressourcen und Kapital

Der zweite Aspekt der Handlungssituation sind die Handlungsstrategien, die einem Menschen zur Verfügung stehen.

Begrifflich können wir hier auch von Handlungsoptionen oder Handlungsalternativen sprechen, aber das sind nur Synonyme, um sprachlicher Öde entgegenzuwirken. Strukturieren wir die Menge der zur Verfügung stehenden Handlungsalternativen einmal: Einerseits schaut man positiv darauf, was bestimmte Handlungsoptionen ermöglicht, und andererseits negativ darauf, was sie verhindert. Die Soziologie verwendet hier die Begriffe der Ressourcen und der Restriktionen:

- der Begriff der Ressourcen beschreibt das, was bestimmte Handlungsoptionen positiv möglich macht,
- derjenige der Restriktionen negativ darauf, was sie negativ verhindert.

Restriktionen lassen sich wiederum dahin gehend aufteilen, ob sie ihrerseits von Handlungen ausgehen. Wenn sie das nicht tun, spricht man von *natürlichen Restriktionen:* Wir sind alle an die Gesetze der Schwerkraft gebunden oder daran, dass ein Regenschirm hergestellt sein muss, um benutzt werden zu können. Dies sind keine sozialen Prozesse, entsprechend interessiert sich die Soziologie kaum für sie.

Wenn Handlungsoptionen eines Akteures A aber negativ dadurch verhindert werden, dass sie von menschlichen Handlungen anderer ausgehen (denn auch Akteure, die nicht selbst Individuen sind, bestehen ja aus solchen), dann sind sie von der Handlungssituation dieser anderen Akteure abhängig und können über diese analysiert werden. Die müssen wir also im Augenblick nicht anschauen. Es bleiben also die Ressourcen übrig, und deshalb kann dieser Abschnitt überhaupt „Ressourcen" heißen.

Ressourcen sind also alle Mittel, die die Menge der zur Verfügung stehenden Handlungsalternativen positiv beeinflussen. In diesem Satz sind die Begriffe „Mittel" und „positiv" streng genommen redundant: Wenn etwas als Mittel verwendet wird, dann dient es positiv einem damit verfolgten Zweck: Selbst wenn das ein negativer Zweck sein sollte, der also andere Handlungsalternativen beschränkt, ist damit immer eine indikativ gegebene und insofern „positive" Erwartung verbunden. Umgekehrt dient etwas, das etwas anderes positiv beeinflusst, als Mittel zu einem Zweck.

Um zu strukturieren, was Ressourcen im Einzelnen sein können, kann man zwei weitere Unterscheidungen anwenden: Einerseits haben wir die ganz allgemeine Unterscheidung darin, ob etwas als sogenannte Stromgröße kontinuierlich gewissermaßen entsteht und in dieser kontinuierlichen Entstehung Handlungsoptionen schafft, oder aber ob es als sogenannte Bestandsgröße einmal existiert

Tab. 5.1 Vier Arten von Ressourcen

	Stromgrößen	Bestandsgrößen
Geldvermittelt	Einkommen	Vermögen
Allgemein	Zeit	Kapitalien

und dann aus dieser Existenz heraus über die Zeit kontinuierlich Handlungsalternativen ermöglicht. Andererseits haben wir seit Entstehung geldvermittelter Ökonomie die Unterscheidung darin, ob Handlungsstrategien darüber möglich werden, dass man etwas an Märkten gegen Geld eintauschen kann, oder ob das eher nicht der Fall ist. In der Überschneidung dieser beiden Unterscheidungen betrachtet die Soziologie als Ressourcen insbesondere Einkommen, Vermögen, Zeit und Kapitalien (Tab. 5.1).

Von den vier Ecken dieser Matrix beschäftigen wir uns in diesem Text insbesondere mit denjenigen auf der Hauptdiagonale (links oben nach rechts unten).

Zeit ist eine allgemeine Ressource, die man zwar mehr oder weniger sinnvoll verwenden kann, die aber allen Menschen in gleichem Masse zur Verfügung steht. Zeitverwendung ist durchaus Gegenstand von soziologischer Forschung, und die Beschleunigungsthese (Rosa 2005), nach der wir in diese gleichermassen zur Verfügung stehende Zeit immer mehr hineinstopfen, gehört zu den ernstzunehmenden und weitgehend unbestrittenen Diagnosen der heutigen Zeit. Dennoch ist die Zeitforschung im Vergleich zu den noch zu diskutierenden Themen ein so kleiner Bereich, dass ich Interessenten auf die Spezialliteratur vertrösten muss.

Und Vermögen lässt sich recht gut in den beiden angrenzenden Zellen jeweils subsumieren, einerseits allgemein als Kapital, andererseits über seine Entstehung, die in jedem Fall erst einmal Einkommen. ist. Die Zelle mit Einkommen wird uns gleich noch beschäftigen (und Vermögen werden dann auch gleich noch mitbehandelt), wohingegen der Rest dieses Abschnittes sich mit Kapitalien beschäftigt.

Der Aspekt der Bestandsgröße, dass da also etwas einmal existiert und dann aus dieser Existenz heraus über die Zeit kontinuierlich Handlungsalternativen ermöglicht, führt dazu, dass hier zwei Handlungssituationen einander gegenübergestellt werden: Die der Erschaffung, oder besser des Aufbaus, da dies nicht ein einmaliger Akt ist, sondern zeitkontinuierlich erfolgt, und die der Nutzung. Kapitalien sind Ressourcen, die durch eine Nutzung nicht aufgezehrt werden, oder jedenfalls weniger aufgezehrt werden als es der Nutzung entspricht, betrachtet aus Sicht ihres (möglichen) Aufbaus über die Zeit. Sie sind damit Gegenstand *intertemporalen* Handelns, das heißt eines Handelns, das durch Ergebnisse zu anderen

Zeitpunkten motiviert ist: Denn Kapitalien werden von Akteuren über die Zeit aufgebaut. Man spricht dabei von Akkumulation: Kapital wird akkumuliert. Da Kapitalien zum Teil zwischen Akteuren übertragen werden können, kann man sie aber nicht nur selber akkumulieren, sondern auch „leistungslos" erhalten, zum Beispiel durch Erbe, ererbte oder zufällige Positionen oder generell Zugang zu Akteuren, die einem Kapital oder die Nutzungsströme aus Kapital übertragen können. Daraus ergibt sich eine normative Spannung.

Der Begriff Kapital ist im 13. Jahrhundert in Italien entstanden. Er kommt von lateinisch *caput*, was zunächst Kopf und dann übertragen Hauptstadt oder Hauptsache bedeutet. Die erste Anwendung sind Nutztiere, bei denen die Kopfanzahl der Muttertiere das Kapital darstellt und die Kälber, Zicklein oder Küken den Ertrag daraus, später dann die zur selben Zeit sich entwickelnde Buchhaltung, bei der das Güterbuch als wichtigstes, als „haupt"-sächliches angesehen wurde. Über Jahrhunderte bedeutete der Begriff ökonomische Anlagen, die zukünftig Nutzen oder Profite erzeugen könnten.

Mit der Industrialisierung verwendete Karl Marx den Begriff mit der gleichen Bedeutung, aber im Hinblick auf ihre Auswirkungen auf gesellschaftlicher Makro-Ebene, entsprechend der besonderen Bedeutung zu Beginn der modernen Wachstumsprozesse, bei der Analyse der internen Dynamik und sozialen Folgen. (Marx 1969–1971) Marx beobachtete, wie im 19. Jahrhundert die Bildung von ökonomischem Kapital und sein Besitz sehr stark zunahmen, dies aber sehr stark sozial differenziert taten: Der Kapitalbildung bei wenigen stand, zusammenhängend auch mit dem großen Bevölkerungswachstum des 19. Jahrhunderts, eine Verschlechterung der sozialen Situation eines großen Teiles der Bevölkerung gegenüber. In *Das Kapital* und seinen anderen Werken unternimmt Marx drei Dinge.

- Erstens entwirft er eine eigene ökonomische Theorie, die versucht, die Gesetzmäßigkeiten der individuellen Austauschprozesse in der Wirtschaft zu fassen.
- Zweitens beschreibt er die Struktur der Gesellschaft ausgehend vom Begriff des ökonomischen Kapitals. Wir werden auf diese gesellschaftsstrukturierende Funktion im nächsten Abschnitt noch zurückkommen.
- Und schließlich beschrieb er den Gegensatz der zu Ende gehenden ständischfeudalen Gesellschaftsordnung zur Industriegesellschaft, dem wir bei Luhmann zum Beispiel in der Gegenüberstellung von stratifikatorischer und funktionaler Differenzierung begegnet waren, als Übergang von einer feudalen zu einer kapitalistischen Gesellschaft.

5.1 Ressourcen und Kapital

Feudum ist das abhängig (als Leibeigener oder Pächter) bearbeitete Land, das sogenannte Lehen, sodass in dieser Gegenüberstellung sowohl der Übergang von einer landwirtschaftlichen zu einer industriellen Produktionsweise als auch der Übergang zwischen verschiedenen Formen der Abhängigkeitsverhältnisse enthalten ist. Das ökonomische Kapital bekommt hiermit also eine Rolle zugewiesen, die auf der gesellschaftlichen Makroebene zur Definition der Gesellschaftsstruktur beiträgt.

Die Entwicklung der sozialen Ungleichheit verlief aber nicht dauerhaft so, wie Marx das gesehen und extrapoliert hatte: Nach einem Höhepunkt, der je nach Land unterschiedlich zwischen 1867 und dem Zweiten Weltkrieg lag, ging die soziale Ungleichheit in allen westlichen Ländern wieder zurück.

In den 1950er Jahren wurde dieses Phänomen darüber verstanden, dass der Kapitalbegriff über seinen auf Güter bezogenen alten Anwendungsbereich hinaus breiter verwendet wurde. Es lag offensichtlich nicht nur bei den Kapitalisten Kapitalakkumulation vor, sondern auch bei den Arbeitern. Was konnte das sein?

Die Antwort auf diese Frage lautete: Bildung. In Kap. 11 werden wir sehen, wie bereits Max Weber im Gegensatz zu Karl Marx betonte, dass nicht nur der Besitz von ökonomischem Kapital zu sozial relevanten Unterschieden zwischen den Menschen führt und damit die Gesellschaft strukturiert. Das war aber nicht immer so, sondern als die ganze Gesellschaft umfassende Einsicht Gegenstand einer Entwicklung, die zu Webers Zeit noch in den Anfängen steckte. In der zweiten Hälfte des 19. Jahrhunderts wurde in Europa und Nordamerika die allgemeine Schulpflicht eingeführt, aber die änderte an der steigenden Ungleichheit erst einmal so gut wie nichts, weil alle dieselbe Primarschulbildung bekamen und deshalb weiterhin alle Arbeitnehmer gegeneinander austauschbar waren. Erst um den zweiten Weltkrieg herum verbreitete sich Sekundarschulbildung, die dazu führte, dass Arbeitnehmer unterschiedliche Qualifikationen erwarben und damit (insbesondere dann, wenn sie sich in Gewerkschaften zusammenschlossen) ein Verhandlungspotenzial hatten, das ebenfalls auf einer über die Zeit aufgebauten Ressource beruhte.

Folgerichtig prägten US-amerikanische Ökonomen und Soziologen in den 1950er Jahren den Begriff „Humankapital" für die produktiven Effekte von Bildung. Für die Untersuchung auf der Mikroebene sind Jacob Mincer (1958) und Gary S. Becker (1964) als Pioniere zu nennen. Es geht dabei vor allem um den Zusammenhang von Einkommen und Ausbildung: Bildung führt zu mehr individueller Produktivität, zu besseren Chancen auf gute berufliche Stellungen und damit auch auf soziale Positionen.

Wie beim ökonomischen Kapital hat auch der Begriff Humankapital neben der Mikro- wiederum eine Makroebene, die etwa von Arthur Lewis und Theodore

Tab. 5.2 Die Enführung verschiedener Kapitalbegriffe

	Mikro-Ebene		Makro-Ebene	
Ökonomisches K	13. Jhd	Toskana	Mitte 19. Jhd	Karl Marx
Humankapital	1950er	Jacob Mincer Gary S. Becker	1950er	Arthur Lewis Theodore Schultz
Sozialkapital	1980er	Pierre Bourdieu James S. Coleman	1990er	Robert Putnam

Schultz als ersten erforscht wurde: Im Gesellschaftsvergleich führt Bildung zu mehr ausgebildeten Arbeitnehmern und ermöglicht Investitionen ist ökonomisches Kapital.

Wenn man nun ökonomisches Kapital hat und Humankapital, kann man dann den Kapitalbegriff auf noch mehr Aspekte anwenden? Tatsächlich hat ein dritter Kapitalbegriff, derjenige des Sozialkapitals, die Soziologie in den letzten 35 Jahren sehr stark beschäftigt.

Bevor wir ihn uns im Folgenden genauer anschauen, noch zwei Dinge zur allgemeinen Einordnung: Erstens: Alle drei Kapitalbegriffe haben sowohl eine Relevanz auf der individuellen Mikro- als auch auf der gesellschaftlichen Makro-Ebene. Aber das muss in der Wissenschaft erst einmal jemandem auffallen! Tab. 5.2 fasst für alle drei Kapitalbegriffe jeweils zusammen, wann und von wem (soweit man das festhalten kann) sie im jeweiligen Aspekt erstmals thematisiert worden sind. Die drei zum Thema Sozialkapital genannten Autoren (und ein paar weitere) werden wir im übernächsten Abschnitt noch genauer kennenlernen.

Wir unterscheiden diese drei Kapitalsorten entsprechend der gewählten handlungstheoretischen Systematik dieses Textes. Eine andere einflussreiche Theorie stammt von Pierre Bourdieu (1930–2002). Sie stimmt in vielen Punkten mit der hier gewählten überein, weicht aber teils auch von ihr ab, und da sie so einflussreich und weit verbreitet ist, sei sie hier kurz referiert. Bourdieu unterscheidet nicht nur drei, sondern vier Kapitalsorten. Das Humankapital heißt bei ihm „kulturelles Kapital" und verweist weniger auf individuelle Produktivität als auf Bildung beruhenden Geschmack, der soziale Anschlussfähigkeit ermöglicht und so aus handlungstheoretischer Sicht eher eine Sozialkapitalgrundlage darstellt. Dazu kommt bei Bourdieu als vierte Sorte das sogenannte „symbolische" Kapital, das sich auf Reputation, Zertifikate (z. B. Bildungsabschlüsse) oder prestigeträchtige Positionen bezieht (Bourdieu 1979) und jeweils symbolisierte Aspekte der drei anderen Kapitalformen enthält (Tab. 5.3).

Tab. 5.3 Kapitalbegriffe der Handlungstheorie und bei Pierre Bourdieu im Vergleich

Kapital-begriffe bei Pierre Bourdieu	Kapitalbegriffe der Handlungstheorie		
	Ökonomisches K	Humankapital	Sozialkapital
Ökonomisches Kapital	Maschinen Unternehmen		
Kulturelles Kapital		(Produktivität)	Distinktion
Soziales Kapital			Individuelles Sozialkapital
Symbolisches Kapital	Positionen	Zertifikate	Reputation

5.2 Soziale Ungleichheit

In der Verfügung über Ressourcen gibt es zur Zeit der Anfänge der Soziologie und auf ähnliche Weise heute Verschiebungen, die die Gesellschaft verändern und die Soziologie beschäftigen.

Es handelt sich in beiden Fällen um Anstiege im Ausmaß sozialer Ungleichheit. Im 19. Jahrhundert wird das vor allem unter dem Begriff der „sozialen Frage" thematisiert: Die Bevölkerung wächst, aber gleichzeitig auch die Industrieproduktion. In den Ländern, in denen das Erbrecht vorschreibt, dass ein elterlicher Hof oder sonstiger Betrieb ungeteilt weitergegeben wird (z. B. Frankreich und Norddeutschland), strömen massenweise nachgeborene junge Menschen in die Städte und sind dort zunächst einmal der kapitalistischen Ausbeutung schutzlos ausgeliefert. In Gebieten, in denen Erbe geteilt wird (z. B. ein großer Teil der Schweiz und Süddeutschlands), werden die Höfe immer kleiner, die verarmenden Kleinbauern suchen Zusatzverdienste, und viele von ihnen geben die traditionellen Tätigkeiten auf und suchen ebenfalls Arbeit in der neu entstehenden Industrie. In der Folge entsteht die „soziale Frage", was passieren soll mit der massiv angestiegenen sozialen Ungleichheit.

Aber wie der US-Ökonom Simon Kuznets als erster thematisiert, kommt es nach (und teilweise, etwa in Großbritannien, schon vor) den beiden Weltkriegen zu einer Umkehr dieser Entwicklung. Kuznets macht eine umgekehrt u-förmige Entwicklung aus, die später auf breiter Basis bestätigt wird. Kuznets versucht diese Entwicklung mit dem Wechsel der Produktion von der (unproduktiven) Landwirtschaft in die (produktive) Industrie zu erklären: An der Stelle, wo die Produktion gerade hälftig aufgeteilt ist, müsste dann die größte Ungleichheit zu erwarten sein (Abb. 5.1).

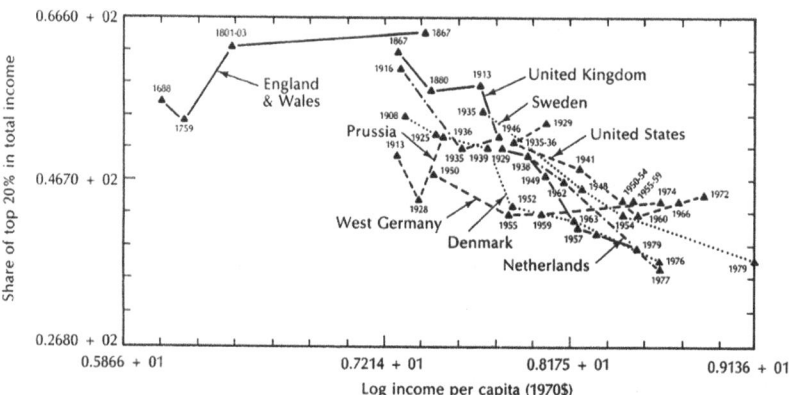

Abb. 5.1 Erster Kuznets-Prozess steigender und fallender Ungleichheit (Lindert und Williamson 1985)

Noch nicht gleichermaßen lange wie im 19. und frühen 20. Jahrhundert, auf anderem Niveau, wohlfahrtsstaatlich abgefedert, nicht mit ganz derselben Unerbittlichkeit, und mit Daten ungleich besser belegt, findet seit etwa 1970 ein ähnlicher Prozess statt.

In einer eigenen Analyse von Daten der *Luxembourg Income Study* von 2013, die die zu diesem Zeitpunkt verfügbaren Daten für den Zeitraum von 1968 bis 2005 analysiert, sehen wir, dass die Ungleichheit der verfügbaren (jeweils die untere, blaue Linie) und der vor staatlicher Umverteilung am Markt erzielten Einkommen (obere, rote Linien) allein in der Schweiz geringer geworden ist, neben einigen Ländern mit unklarem Bild (NL, A, DK) oder effektiver gewordenem Sozialstaat (Frankreich). Aber in elf von sechzehn Ländern sind die Ungleichheiten klar größer geworden, und auch wenn ich hier keine neueren Daten präsentieren kann, gibt es keine Anzeichen dafür, dass dieser Prozess nach 2005 zum Stoppen oder gar Umkehren gekommen wäre. Und in diesen Daten sind die Extreme der Einkommensverteilung noch nicht einmal drin, das heißt jener Anteil an Ungleichheit, der auf die wirklich Reichen und ihre in allen normalen Jahren gestiegenen Anteile entfällt, ist hier sogar noch unberücksichtigt (Abb. 5.2).

Wenn wir also von Sozialstruktur vor dem Hintergrund sozialer Ungleichheit reden, dann reden wir von einer sozialen Veränderung, die etwa die Schweiz noch kaum erreicht hat, die aber Deutschland und andere westliche Gesellschaften, zuvorderst die britische und US-amerikanische, weniger bekanntermaßen aber

5.3 Sozialkapital

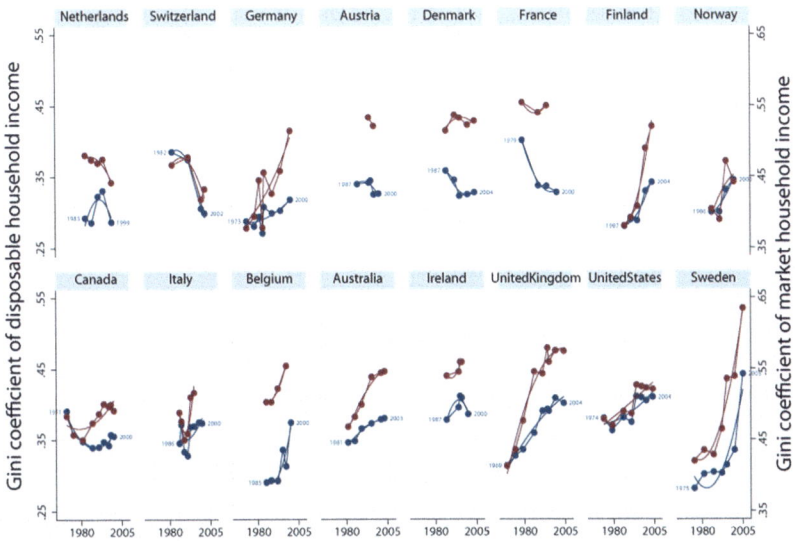

Abb. 5.2 Entwicklung sozialer Ungleichheiten in 16 Industriegesellschaften, 1968–2005. (*Daten der Luxembourg Income Study*, Eigene Darstellung)

auch z. B. Schweden, Australien, Belgien und Finnland, schon stark verändert hat.

5.3 Sozialkapital

In der deutschen Sprache kennt man für den Nutzen von Beziehungen den Begriff „Vitamin B", der anscheinend zum ersten Mal als Antwort auf eine offene Frage in einer Zürcher Dissertation von 1951 erscheint (Andina 1951, S. 149). Zur selben Zeit stellen in den USA bereits einige Studien die Bedeutung fest, die Beziehungen haben, wenn es darum geht, eine Arbeitsstelle zu finden (siehe Granovetter 1973, S. 1371 für Referenzen).

Wir haben uns bereits in Sitzung 3 einige Anfänge der soziologischen Netzwerkforschung angeschaut. Ein weiterer Anfangspunkt sind die Studien von Howard White, der Netzwerkanalyse an der Harvard University einführte (z. B.

White 1963) Aber der Punkt, an dem das Studium sozialer Beziehungen unabweisbar in das Bewusstsein der Soziologie tritt, ist erst die Dissertation von Mark Granovetter Ende der 1960er Jahre (Granovetter 1973, 1974).

Granovetter befragte in dem Vorort von Boston, in dem er damals lebte, eine zufällige Auswahl von Menschen aus akademischen Berufen, die kürzlich eine neue Arbeit gefunden hatten. Er geht von dem oben bereits zitierten Befund aus, dass bei der Stellensuche Kontakte eine Rolle spielen, und interessiert sich zunächst sehr allgemein für sie. Dabei bekommt mehrfach den ungefragten Hinweis, dass der Hinweisgeber durchaus kein naher Kontakt gewesen sei:

„Often when I asked respondents whether a friend had told them about their current job, they said, ‚Not a friend, an acquaintance'. It was the frequency of this comment which suggested this section of the paper [die dem Artikel seinen Namen gibt! HS] to me." (Granovetter 1973, S. 1372 Fn. 17).

Im weiteren fragt er dann ausdrücklich danach, wie oft der oder die Befragte die Person, von der der Hinweis auf die Arbeitsstelle kam, denn sehen würde, und kategorisiert sie als oft = mindestens zweimal pro Woche; gelegentlich = mehr als einmal pro Jahr, aber weniger als zweimal pro Woche; oder selten = einmal pro Jahr oder weniger.

Im Ergebnis sagen nur 16,7 % oft, aber 55,6 % gelegentlich, und 27,8 % selten. Der Schwerpunkt lag also klar am schwachen Ende des Kontinuums, was Granovetter als „Primat der Struktur gegenüber der Motivation" interpretiert. In vielen Fällen war der Kontakt im aktuellen Kontaktnetz nur marginal enthalten, etwa bei einem alten College-Freund oder einem ehemaligen Arbeitskollegen oder Arbeitgeber, mit dem sporadische Kontakte gepflegt wurden. Selbst als sie neu hergestellt wurden, waren diese Kontakte nicht sehr stark gewesen. Bei den Arbeitsbeziehungen gaben die Befragten fast immer an, die andere Person außerhalb der Arbeit überhaupt nie gesehen zu haben. Teilweise haben sie ihre Informationen sogar von Leuten bekommen, an die sie sich schon gar nicht mehr hatten erinnern können.

Für Granovetter und die Soziologie als ganzes waren diese Ergebnisse eine große Überraschung. Im Einklang mit dem Fach hatte er erwartet, dass die engen Beziehungen, die sogenannten ‚strong ties', eine zentrale Rolle spielen würden. Aber tatsächlich waren es die schwachen Beziehungen, die ‚weak ties', die sich als stärker erwiesen: Daher auch der Titel des Aufsatzes „The strength of weak ties".

Ihre Bedeutung wird noch dadurch unterstützt, dass andererseits persönliche Nähe durchaus eine große Rolle spielte. Granovetter hatte erwartet, dass wie

5.3 Sozialkapital

bei der Verbreitung von Gerüchten oder Krankheiten lange Wege involviert sein würden. Aber in 39,1 % der Fälle stammten die Informationen direkt von dem potenziellen Arbeitgeber, den der Befragte bereits kannte; 45,3 % sagten, dass es einen Vermittler zwischen ihnen und dem Arbeitgeber gäbe; und nur 15,6 % meldeten zwei oder mehr. Es kommt also auf das direkte individuelle Netzwerk an. Wenn lange Informationspfade eine größere Rolle spielen würden, würde die Information zu sehr viel mehr Menschen kommen, und die Bedeutung der einzelnen Beziehung wäre nicht mehr besonders groß. Aber dadurch, dass es sehr auf die unmittelbaren Kontakte und deren individuelle Beziehungen ankommt, erhalten diese eine große Bedeutung.

Granovetter erweitert dieses Ergebnis später zu einem allgemeinen Hinweis auf die Bedeutung der Einbettung (Embeddedness) in Netzwerken nun generell für Akteure, also auch für kollektive Akteure wie Unternehmen und politische Gruppen. (Granovetter 1985) Auch in der Netzwerkforschung kann man also mit dem Akteursbegriff arbeiten. Aber bei Beziehungen kommt es doch sehr wesentlich darauf an, dass Individuen sich miteinander austauschen. Beziehungen können innerhalb von Organisationen auf andere Individuen übertragen werden, aber nicht so allgemein, dass man sie daher so einfach zu Beziehungen von Organisationen erklären könnte.

In diesen Beziehungsnetzwerken haben wir jetzt etwas, was über die Zeit aufgebaut wird und dann Nutzen abwirft, ohne sich dabei gleich aufzuzehren. Man kann also den Kapitalbegriff dafür verwenden, und, weil es dabei um soziale Beziehungen geht, von Sozialkapital reden. Der erste, der das tut, ist 1983 der französische Soziologe Pierre Bourdieu.

Bourdieu fasst Sozialkapital definitorisch als „Gesamtheit der aktuellen und potenziellen Ressourcen, die mit der Teilhabe am Netz sozialer Beziehungen gegenseitigen Kennens und Anerkennens verbunden sind" (für alle folgenden Zitate siehe Bourdieu 1983, S. 190–93).

Der Umfang des Sozialkapitals, das der einzelne besitzt, hängt sowohl von der Ausdehnung des Netzes von Beziehungen ab, die er tatsächlich mobilisieren kann, als auch von dem Umfang des (ökonomischen, kulturellen oder symbolischen) Kapitals, das diejenigen besitzen, mit denen er in Beziehung steht. Die Verwendung des Kapitalbegriffes für den Wert sozialer Beziehungen erlaubt Bourdieu auch diejenigen begrifflichen Operationen, mit der dieser Begriff von seiner ökonomischen Ausprägung her verbunden ist:

- Sozialkapital ist eine Ressource, bringt also *Nutzen*.
- Sozialkapital kann *in andere Kapitalformen transformiert* werden.

- Es unterstützt andere Kapitalformen, Bourdieu formuliert, es steht mit ihnen in einem „*Multiplikatorverhältnis*" und „verleiht – im weitesten Sinne des Wortes – Kreditwürdigkeit."
- Es beruht auf *Tauschbeziehungen* (materiellen und/oder symbolischen) und trägt zur Aufrechterhaltung dieser Beziehungen bei.
- Es gibt Akte der *Institutionalisierung*, die über das Vorliegen eines Sozialkapitalverhältnisses informieren und diesem eine quasi-reale Existenz geben.

Während dies also noch ganz zu Granovetter und anderen anschlussfähig ist, setzt Bourdieu in seinem Verständnis in zweierlei Hinsicht besondere Akzente: In der Betonung symbolischer Aspekte, und in der Betonung von Gruppenzugehörigkeiten als Grundlage sozialen Kapitals.

Symbolische Aspekte sind für Bourdieu in den Austauschbeziehungen, auf denen das Sozialkapital beruht, untrennbar an die materiellen Aspekte geknüpft. Beziehungen können nur in Gang gebracht und aufrechterhalten werden, wenn symbolische Verbindungen hergestellt sind und erkennbar bleiben.

Gruppenzugehörigkeiten strukturieren bei Bourdieu das Sozialkapital. Was bei Granovetter ganz individualistisch gedacht und erfasst ist, übersetzt Bourdieu für sich automatisch als „Ressourcen, die auf der Zugehörigkeit zu einer Gruppe beruhen":

> Die Profite, die sich aus der Zugehörigkeit zu einer Gruppe ergeben, sind zugleich Grundlage für die Solidarität, die diese Profite ermöglicht. Das bedeutet nicht, daß sie bewußt angestrebt werden – nicht einmal in den Fällen, wo bestimmte Gruppen, z. B. exklusive Clubs, offen darauf ausgerichtet sind, Sozialkapital zu konzentrieren und dadurch den Multiplikatoreffekt voll auszunützen, der sich aus dieser Konzentration ergibt. Aus der Zugehörigkeit zu einer derartigen Gruppe ergeben sich materielle Profite, wie etwa die vielfältigen mit nützlichen Beziehungen verbundenen „Gefälligkeiten" und symbolische Profite, die z. B. aus der Mitgliedschaft in einer erlesenen und angesehenen Gruppe entstehen.

Soziales Kapital bedeutet für Bourdieu in erster Linie die Möglichkeiten, die aus der Zugehörigkeit zu einer sozialen Gruppe entstehen.

Der nächste, der sich den Begriff analytisch anschaut, ist James S. Coleman, der Ihnen bereits von seinem „Badewannen-Modell" bekannt ist. Coleman sieht die Allgemeinheit des Kapitalbegriffs als sehr hilfreich an, aber wie Granovetter legt er mehr Gewicht auf die Verwendung des Begriffes ‚Struktur':

> "Social capital is ... a variety of entities, with two elements in common: they all consist of some aspect of social structures, and, they facilitate certain actions of

actors within the structure. Like other forms of capital, [it], is productive, making possible the achievement of certain ends that in its absence would not be possible. Like physical capital and human capital, [it], is not completely fungible but may be specific to certain activities." (Coleman 1988).

Wir haben hier also wiederum den Aspekt des Nutzens und denjenigen der Transformationsmöglichkeit, hier aber negativ beschrieben in Hinblick auf ihre Begrenzungen.

Seine allgemeine Definition ermöglicht es Coleman, das Feld dessen, was als Sozialkapital beschrieben werden kann, weiter zu fassen. Wenn Sozialkapital all das ist, was auf sozialen Strukturen beruht und Nutzen stiftet, dann fallen hierunter nicht nur Beziehungen, sondern auch Institutionen. Coleman beschreibt Sozialkapital in vier Formen: Einerseits nimmt er Granovetters Unterscheidung in Verpflichtungen und Erwartungen einerseits (Strong ties) und Informationskanäle (Weak ties) auf. Andererseits sieht er auch in Normen und wirksame Sanktionen, die zu kooperativem Verhalten führen, strukturell bedingte Nutzen. Und schließlich gibt er Bourdieu gegenüber zu, dass auch Gruppen einen Sozialkapitalaspekt haben können, wobei er allerdings den Fokus auf die Existenz konkreter sozialer Organisationen wie zum Beispiel von Vereinen legt, die die Übertragung individuellen Sozialkapitals auf andere erlauben, und die sozialen Groß- und insbesondere Statusgruppen, die Bourdieu vor allem im Auge hat, nicht weiter betrachtet. Institutionen und Organisationen beziehen sich beide auf Kollektive; auch wenn das Kollektiv schon bei der Gruppengröße von zwei anfangen mag, ist doch der Blick auf andere Weise erweiterbar als bei den Beziehungen, die von ihrer Natur her individuell definiert sind. Da sich beide Paaren von Sozialkapitalformen jeweils nach der durchschnittlichen sozialen Entfernung unterscheiden lassen, die mit ihnen überbrückt wird, kann man Colemans vier Formen wie in Tab. 5.4 in eine 2 × 2-Matrix fassen: (Coleman 1988).

Tab. 5.4 Die vier Arten von Sozialkapital (Nach Colemann 1988)

		Reichweite der wechselseitigen Erwartungen	
		Individuell	kollektiv
		Individuelle Verbindungen	Institutionen
Soziale Entfernung	Nah	Verpflichtungen und Erwartungen (Strong Ties)	Organisationen (Institutionen in Gruppen)
	Weit	Informationskanäle (Weak ties)	Institutionen allgemein

Die weitere Forschung hat diese beiden Aspekte des Sozialkapitals aber eher getrennt voneinander untersucht. Einerseits den Wert individueller Verbindungen in Anschluss an die allgemeine Netzwerkforschung, andererseits den sozialen Wert von Verbindungen und den durch sie ermöglichten Institutionen im Anschluss an die allgemeine Erforschung von Institutionen. Für beide schauen wir uns noch ein zentrales Ergebnis an.

In Hinblick auf den individuellen Nutzen von Beziehungen stellt sich in Abschluss an Granovetter die Frage, welche Kontakte sind denn nun eigentlich die wichtigen, die sich angesichts knapper Ressourcen zu pflegen lohnen? Diese Frage wird 1992 von Ronald S. Burt untersucht (Burt 1992). Granovetter postuliert ja die Stärke schwacher Beziehungen. Aber kann es sein, dass eine Beziehung wichtiger wird dadurch, dass man den anderen weniger oft sieht?

Nein, überlegt Burt. Stattdessen könnte eine Scheinkorrelation vorliegen – die geringe Kontaktintensität ist vielleicht das Ergebnis von etwas Drittem, das ebenso zur Bedeutung der entsprechenden Beziehung beiträgt. Was mag das sein? Burt schaut dabei wieder auf die Struktur der Netzwerke und auf die mittelbaren Beziehungen, die durch unmittelbare Beziehungen ermöglicht werden. Wenn in einem Netzwerk unterschiedliche Gruppen bestehen, in denen jeweils über viele interne Beziehungen viel interne Informationen fließen, dann ist das auf der Mesoebene für die solcherart definierten Gruppen eine schöne Sache. Aber es fließt viel redundante Information, und jeder der Beteiligten ist daran ungefähr in gleichem Masse beteiligt, sodass keiner gegenüber den anderen einen Vorteil hat.

Anders ist dies, wenn nun aber solche Netzwerkcluster über nur eine oder wenige Brücken miteinander verbunden sind. Diejenigen Interaktions- oder Transaktionspartner, die aus unterschiedlichen Gruppen kommen und über ihre Kontaktbeziehung diese beiden Gruppen verbinden, versorgen sich gegenseitig mit nichtredundantem Wissen. Obwohl man hier eigentlich eher von Gräben zwischen den Gruppen sprechen müsste (analog zu Eulers Brücken), verwendet Burt den Begriff „strukturelles Loch" (Structural hole). Die Brücken über solch ein Loch sind das Nadelöhr, über das Informationen zwischen zwei Gruppen fließen können. Wenn Akteure ein Beziehungsnetzwerk haben, das reich an solchen strukturellen Löchern ist, können sie entscheidende Vorteile gegenüber den anderen daraus erzielen. Die strukturellen Löcher ermöglichen ihnen den Zugang zu besseren Informationen sowie eine Kontrolle über die Flussrichtung dieser Informationen und damit Macht, die sie als Ressource einsetzen können (Abb. 5.3).

Burt kann diese These auch mit umfangreichem Material untermauern. Zum Beispiel untersucht er auf der Makroebene branchenspezifische Entwicklungen und kann zeigen, dass Transaktionshäufigkeiten zu Marktpartnern außerhalb der

5.3 Sozialkapital

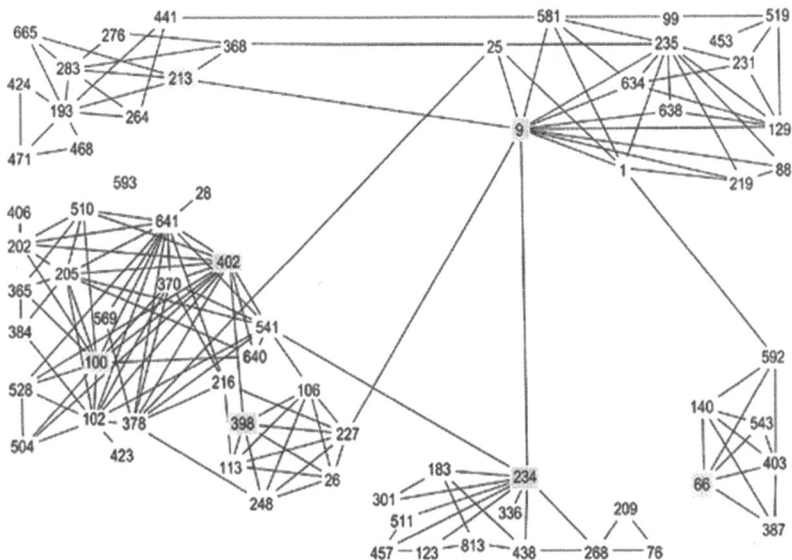

Abb. 5.3 Illustration zu Burts Begriff des strukturellen Loches. (Eigene Darstellung)

eigenen Branche zu Profitvorteilen führen. (Kap. 3) In einer anderen Studie auf der Mikroebene kann er zeigen, wie sich sein Argument auf die Karrieren von Managern auswirkt. Er verwendet dazu sogenannte „egozentrierte Netzwerkdaten", indem er Gruppe von Managern nach ihren Beziehungspartnern befragt und diese Daten dann zu einem Netzwerkbild verbindet. Tatsächlich werden diejenigen Manager häufiger und schneller befördert, die mehr structural holes in ihren beruflichen Beziehungsnetzen überbrücken. Und umgekehrt profitieren Frauen und junge Männer (als Mitglieder schwächerer Gruppen) nur dann, wenn sie Mentoren haben und sich deren Sozialkapital aneignen können. (Kap. 4).

Burts Ansatz bringt ein klares Argument, das praktisch relevante Implikationen besitzt und sich gleichzeitig mit verschiedenen Netzwerkmessgrößen (die wir hier nicht behandeln) in immer wieder neuen Zusammenhängen schön empirisch testen lässt. Diese weitere Forschung hat unter anderem gezeigt, dass der Effekt nicht unendlich so weitergeht, zumindest was Kreativität anbetrifft: Bis zu einem bestimmten Grad wirkt sich Heterogenität sehr positiv auf Kreativerfolg aus, danach kehrt sich die Wirkung um. Zu viele oder gar ausschließlich Kontakte zu strukturellen Löchern kann die an sich positiven Eigenschaften sogar ins Gegenteil kehren. (Uzzi und Spiro 2005).

Für die zweite Fragestellung stehen vor allem die Forschungen zum Sozialkapital von Robert Putnam, der die positive Wirkung von Sozialkapital auf der Makroebene betont. Sein Buch *Make democracy work* (Putnam et al. 1993) beschreibt die Ergebnisse einer großen Veränderung, die man als „natürliches Experiment" bezeichnen kann: 1970 gab der zuvor sehr stark zentralisierte italienische Staat eine Vielzahl an Kompetenzen an 15 neu geschaffene Regionalregierungen mit im Wesentlichen identischen Institutionen ab. Putnam und seinen italienischen Kollegen untersuchten die Frage, was für Unterschied sich in den zwanzig Jahren danach ergeben haben und worauf sie beruhen.

Und ihr Ergebnis ist, dass die Unterschiede sich auf die soziale und politische Kultur oder eben auf das Ausmaß an Sozialkapital zurückführen lassen. Norditalienische Gebiete mit mehr Sozialkapital erfreuten sich einer besseren institutionellen Leistungsfähigkeit als süditalienische Gebiete, in denen das soziale Kapital fehlt. Putnam unterscheidet die beiden Formen des verbindenden und des brückenbildenden Sozialkapitals (meist auch im deutschen eher auf englisch als *bridging* und *bonding social capital* bezeichnet). Vereinfachend (eine weitergehende Differenzierung an dieser Stelle würde den Rahmen eines Lehrbuchtextes sprengen) kann man *bonding capital* als Verbindungen innerhalb von Gruppen und *bridging capital* als Verbindungen über strukturelle Löcher hinweg bezeichnen. *Bonding capital* bietet auch die Mafia, aber Chöre und andere Vereine bieten *bridging capital*. Damit werden für Putnam zu einem zentralen Maß für Sozialkapital Mitgliedschaften in Vereinen, die ja nicht nur Sport, Kultur und andere Freizeitaktivitäten organisieren, sondern in (eben vor allem Nord-)Italien auch eine ökonomische Rolle spielen.

> In all societies, to summarize our argument so far, dilemmas of collective action hamper attempts to cooperate for mutual benefit, whether in politics or in economics. Third-party enforcement is an inadequate solution to this problem. Voluntary cooperation (like rotating credit associations) depend on social capital. Norms of generalized reciprocity [for favors received] and networks of civic engagement encourage social trust and co-operation because the reduce incentives to defect, reduce uncertainty, and provide models for future cooperation. Trust itself is an emergent property of the social system, as much as a personal attribute. Individuals are able to be trusting (and not merely gullible) because of the social norms and networks within which their actions are embedded." (177).

5.3 Sozialkapital

Putnam zieht den Schluss, dass soziales Kapital eine notwendige Zutat für das Funktionieren gesamtgesellschaftlicher Institutionen ist. Die Kausalität geht ein wenig in beide Richtungen: Einerseits gehen die unterschiedlichen Muster von Sozialkapital in Norden und Süden über Jahrhunderte zurück und sollten insofern recht robust gegen institutionelle Veränderungen sein. Andererseits gibt Putnam veränderten Institutionen schon auch eine Chance, sich langfristig auf die Verbesserung von Sozialkapital auswirken zu können.

Mit diesem Ergebnis kommt Putnam dann zurück nach Amerika und trifft dort gewissermaßen auf die Konsequenzen von Granovetters und Burts Forschungen. Denn wenn es individuell sinnvoll ist, schwache Beziehungen zu pflegen und strukturelle Löcher zu überbrücken, dann ist es im Umkehrschluss weniger sinnvoll, knappe Ressourcen für starke Beziehungen und solche innerhalb von Gruppen aufzuwenden. Damit stellen sich die Einzelnen zwar besser, aber Vertrauen und Reziprozität, die auf langfristigen und in Gruppen eingebetteten Beziehungen beruhen, leiden auf der Makroebene darunter. In *Bowling Alone* (Putnam 2000) versucht sich Putnam diesem Trend entgegenzustellen.

Er zeigt mit verschiedenen Messgrößen, dass das Sozialkapital zwischen 1900 und den späten 1960er Jahren zunahm, seither aber dramatisch zurückgeht. Und er macht diesen Rückgang für eine Reihe sozialer Probleme verantwortlich, die von Ineffizienz im Bildungssystem über wirtschaftliche Probleme bis zu sozialen Konflikten reichen. Er führt das auf Generationenwechsel, das Fernsehen (oder allgemeiner die elektronischen Medien, obwohl das Internet in *Bowling Alone* noch kein großes Thema ist), Zersiedelung und den zunehmenden ökonomischen Druck zurück. Die Verschiebung der individuellen Konzentration von verbindendem zu brückenbildendem Sozialkapital ist in dieser Sichtweise also eine negative Externalität, d. h. ein Verhalten, mit dem sich Menschen gegenseitig schaden: Jeder profitiert individuell, aber alle zusammen leiden unter dem geringeren Maß an Vertrauen. Sozialkapital muss also wieder hergestellt werden – als Mittel dienen dazu Normen und notwendigenfalls Sanktionen, das wissen wir schon, aber dazu muss man zuerst wissen, wie man zu mehr Sozialkapital kommt. Und die zusätzliche Schwierigkeit ist ja auch noch, dass eine solche Entwicklung wieder verbindendes (bonding) Sozialkapital schaffen muss, und dieses ist schwerer aufzubauen als brückenbildendes (bridging) Sozialkapital: „Social capital is often most easily created in opposition to something or someone else". (S. 361)

Die Entwicklung solcher innovativer Formen von Sozialkapital lässt Putnam als Herausforderung für den Leser.

> **Zusammenfassung**
>
> In diesem Kapitel haben wir uns die Möglichkeiten oder Handlungsoptionen angeschaut, die Akteure haben, und die wesentlich von den ihnen zur Verfügung stehenden Ressourcen bestimmt werden.
>
> - Sie kennen und verstehen jetzt die Begriffe wie Optionen, Ressourcen, Restriktionen und Kapitalien im Verhältnis zueinander, die Abgrenzung der vier Ressourcen Einkommen, Vermögen, Zeit und Kapitalien zueinander und die Theorie der Kapitalsorten, einerseits mit dem Begriff Humankapital der handlungstheoretisch orientierten Soziologie und mit den Begriffen des kulturellen und symbolischen Kapitals von Pierre Bourdieu.
> - Sie kennen und verstehen die spezielle Entwicklung der sozialen Ungleichheit seit dem 19. Jahrhundert mit dem ersten Kuznetsprozess und der Frage, ob wir einen zweiten Kuznetsprozess erleben werden.
> - Sie kennen und verstehen den Begriff Sozialkapital mit Granovetters Unterscheidung in starke und schwache Beziehungen, Bourdieus Theorie sowohl in seinen allgemeingültigen als auch seinen eher spezifischen Aspekten, Colemans allgemeine Fassung und seine zweimal zwei spezischen Formen von Sozialkapital, Burts Neufassung von Granovetters „schwachen Beziehungen" als „strukturellen Löchern", und Putnams Ergebnisse und theoretischen Erwartungen zur Makro-Bedeutung von Sozialkapital.

Übungsfragen

1. Welche im Text angesprochene geldvermittelte Bestandsgröße und analog welche allgemeine Stromgröße werden in der allgemeinen Soziologie thematisiert?
2. Wo entspricht Pierre Bourdieus Begriff des Kulturellen Kapitals dem Begriff des Humankapitals, wo weicht er davon ab?
3. Inwiefern wird Mark Granovetters These von der „Stärke schwacher Beziehungen" durch Erforschung sozialer Netzwerke (Ronald Burt korrigiert?
4. wahr oder falsch: „Pierre Bourdieu und Mark Granovetter betonen eher die kollektiven Aspekte von Sozialkapital, Ronald Burt und Robert Putnam eher die individualistischen"

5. Welche vier Arten von Sozialkapital unterscheidet James Coleman? Unterscheiden Sie die vier nach der Reichweite der wechselseitigen Erwartungen sowie der sozialen Entfernung!
6. Welche Messgrößen für Sozialkapital verwenden Ronald Burt und Robert Putnam?

Literatur

Zentrale Referenzen

Becker, Gary Stanley. 1964. *Human capital : a theoretical and empirical analysis, with special reference to education.* New York: National Bureau of Economic Research.
Bourdieu, Pierre. 1979. *La distinction : critique sociale du jugement.* Paris: Minuit.
Bourdieu, Pierre. 1983. "Ökonomisches Kapital, kulturelles Kapital, soziales Kapital." S. 183–198 in *Soziale Ungleichheiten,* hg. Reinhard Kreckel. Göttingen.
Burt, Ronald S. 1992. *Structural holes : the social structure of competition.* Cambridge, Massachusetts: Harvard University Press.
Coleman, James S. 1988. "Social Capital in the Creation of Human-Capital." *American Journal of Sociology* 94:S95–S120.
Granovetter, Mark. 1973. "The Strength of Weak Ties." *American Journal of Sociology* 78:1360–1380.
Granovetter, Mark. 1974. *Getting a job : a study of contacts and careers.* Chicago, Ill.: University of Chicago Press.
Granovetter, Mark. 1985. "Economic Action and Social Structure: The Problem of Embeddedness." *American Journal of Sociology* 91:481–510.
Lindert, Peter H., und Jeffrey G. Williamson. 1985. "Growth, equality, and history." *Explorations in Economic History* 22:341–377.
Marx, Karl. [1867] 1969–71. "Das Kapital: Kritik der politischen Ökonomie." in *Karl Marx, Friedrich Engels: Werke,* hg. Berlin: Dietz.
Mincer, Jacob. 1958. "Investment in Human Capital and Personal Income Distribution." *The Journal of Political Economy* 66:281–302.
Putnam, Robert D., Robert Leonardi, und Rafaella Nanetti. 1993. *Making Democracy Work: Civic Traditions in Modern Italy.* Princeton NJ.
Putnam, Robert David. 2000. *Bowling alone : the collapse and revival of American community.* New York: Simon&Schuster.
Rosa, Hartmut. 2005. *Beschleunigung: die Veränderung der Zeitstrukturen in der Moderne.* Frankfurt am Main: Suhrkamp.
Uzzi, Brian, und Jarrett Spiro. 2005. "Collaboration and Creativity: The Small World Problem." *American Journal of Sociology* 111:447–504.
White, Harrison C. 1963. *An anatomy of kinship : mathematical models for structures of cumulated roles*: Englewood Cliffs, NJ : Prentice-Hall.

Weitere Referenzen

Andina, Rinaldo. 1951. "Die Stellung des Akademikers in Gesellschaft und Beruf." *Beiträge zur Soziologie und Sozialphilosophie* 4.

Motivationen 6

> **Überblick**
>
> Soziales Handeln wird beeinflusst davon, wie ein Akteur die möglichen Ergebnisse der sozialen Interaktion bewertet. Jede soziologische oder allgemeiner sozialwissenschaftliche Analyse muss also untersuchen, wie Bewertungen aussehen und was sie beeinflusst.
>
> - Zunächst schauen wir uns einige allgemeine Begrifflichkeiten an: Wie Bewertungen von den unterschiedlichen Sozialwissenschaften mit den Begriffen der Motivationen, Ziele und Präferenzen gefasst werden, wie sie zeitlich in Motivation und Intention abgegrenzt wird, und schließlich vier wirkmächtige Kategorien, die Max Weber zum Thema beigetragen hat.
> - Im zweiten Abschnitt geht es darum, was für Ziele denn tatsächlich inhaltlich angestrebt werden, und der Begriff des Ziels und seiner Verfolgung erlaubt uns, die zugrunde liegenden Prozesse bis hinein in physiologische Prozesse zu verfolgen und drei in der Soziologie viel rezipierte psychologische Motivationstheorien einzuordnen.
> - Motivationen spielen aber auch auf der gesellschaftlichen Makroebene eine Rolle: Sie ändern sich mit der Zeit und der gesellschaftlichen Rahmensituation, und hier lernen Sie (ein Stück weit in Vorgriff auf das Kapitel zum Sozialen Wandel) die Diskussion und ihre empirischen Ergebnisse kennen, die dazu unter dem Thema Werte und Wertewandel geführt worden ist.

6.1 Motivation

Hierzu vorab einige Bemerkungen zur Begrifflichkeit, bevor wir dann einige Einsichten zur inhaltlichen Strukturierung von Motivationen, also der eigentlichen Antwort auf die Frage, warum Menschen welche Bewertungen vornehmen.

Die verschiedenen Sozialwissenschaften haben unterschiedliche Theorietraditionen mit je eigenen Begrifflichkeiten herausgebildet, die heutzutage zusammentreffen, ohne dass die Systematik der überlappenden Geltungsansprüche geklärt wäre. Der Begriff der Motivation kommt aus der Psychologie. Er bezeichnet das Streben nach Objekten, wobei der Begriff des Objektes hier nicht einfach dinglich gefasst ist, sondern Situationsaspekte und ganze Situationen mit erfasst. Auf der anderen Seite operiert die Ökonomie mit dem Begriff der Präferenz, der mathematisch als Existenz vollständiger und widerspruchsfreier relativer Bewertungen (Rangreihenfolgen) von Objekten definiert ist. Die Soziologie verwendet in ihrer Tradition vor allem den Zielbegriff, verweist also direkt auf die angestrebten Objekte (Tab. 6.1).

Eine weitere wichtige Unterscheidung ist diejenige zwischen Motivation und Intention, die prozessual in unterschiedliche Richtungen der zeitlichen Dimension weisen. In dieser Unterscheidung beschreibt der Motivationsbegriff kausal die Hintergründe eines Handelns, also in rückblickender Perspektive die etwa soziale oder biografische Motivlage, aus der heraus jemand handelt. Intentionen beschreiben im Gegensatz dazu final in vorwärtsgerichteter Perspektive die Ziele, die jemand mit seinem Handeln verfolgt.

Diese Unterscheidung zwischen Motivation und Intention ist nicht nur eine zeitliche Differenzierung, sondern unterscheidet danach, was Individuen in ihrer Bewertung von Handlungsoptionen berücksichtigen. Eine solche Unterscheidung hat Max Weber noch einmal weiter verfeinert. Weber unterscheidet vier Typen von Rationalitäten. Für ihn ist ‚traditionales' Handeln allein an hergebrachten Routinen, das heißt letztlich an den gewohnten Mitteln des Handelns orientiert. Eine zweite Stufe bildet das ‚affektuelle' Handeln, das zusätzlich Zwecke des

Tab. 6.1 Abgrenzung Präferenzen, Ziele, Motivation

Begriff	Erklärung	Theorietradition
Motivation	Streben nach Objekten	Psychologie
Präferenz	Bewertung/Rangfolge von Objekten	VWL
Ziele	Objekte, die angestrebt werden	Soziologie

Handelns erstmals in den Blick nimmt, dies allerdings eher emotional und damit recht unreflektiert und nicht in Bezug auf sie rational. Die dritte Stufe bildet das ‚wertrationale' Handeln, das sich zusätzlich zu den beiden vorgenannten Stufen auch an Werten orientiert, und erst eine vierte Stufe bildet dann das ‚zweckrationale' Handeln, das nun aber entgegen der Begrifflichkeit nicht nur in bezug auf verfolgte Zwecke instrumentell rational ist, sondern darin auch die weiteren Folgen einer Handlung in den Blick nimmt. Man könnte es also auch dem Begriff (und Wert) der Verantwortung verpflichtet nennen, aber Webers Begrifflichkeit ist, wie sie ist, und auch wenn das zweckrationale Handeln später mannigfache Kritik erfahren hat, ist es doch in Webers Konzeption ein sehr weit ausgreifender und eben verantwortungsorientierter Begriff. (Weber 1985, siehe auch Schluchter 1988, Kroneberg 2009).

Diese Kategorisierungen sagen alle noch nichts darüber, was für Motivationen Menschen inhaltlich haben. Aber dieser letztere Aspekt, darauf zu schauen, worauf Menschen denn achten, wenn sie Motivationen bilden, also welche kognitiven Schemata oder Frames sie dabei vor Augen haben, hilft tatsächlich auch inhaltlich weiter.

6.2 Was wollen wir? Inhaltliche Motivationstheorie

Warum tun wir, was wir tun? Welche Motivationen gibt es? Warum werden welche Motivationen verfolgt? Diese Fragen müssten eigentlich Thema einer eigenen soziologischen Theorie der Motivation sein. In Absenz einer in der Soziologie vorliegenden Theorie will ich dieses Feld etwas für Sie strukturieren.

Man kann Motivationen nämlich gut verstehen, wenn man vom Konzept der kognitiven Strukturen ausgeht, die Sie oben im Kapitel zu Erwartungen als Schemata oder Frames kennengelernt haben. Alles, was ein Individuum „kennt", ist etwas, für das er oder sie ein kognitives Schema im Gehirn abgespeichert hat. Wenn wir etwas oder jemanden kennenlernen, nehmen wir zunächst Teilaspekte davon war, für die wir bereits Schemata gebildet haben. Wenn wir genug Zeit hatten, diese Einzelteile gemeinsam auf uns wirken zu lassen, kann sich eine kognitive Struktur von ihrer Gesamtheit beim Individuum einprägen.

Nun lässt sich jede Motivation darauf zurückführen, dass für bestimmte kognitive Strukturen über die Zeit Bestätigung gesucht wird, einfacher gesprochen: dass Ziele erreicht werden. (Deci und Ryan 2000) Das ist zunächst gar nichts besonderes, weil alles instinktgebundenes Verhalten sich in dieser Weise beschreiben lässt: Wenn ein Tier Nahrung sucht, versucht es damit ein bestimmtes kognitives

Muster für „Sättigung" zu bestätigen, dass in seiner kognitiven Struktur angelegt ist. Es verfolgt das Ziel, Nahrung zu finden, und frisst. Man spricht dabei von Homöostase: dem Ziel, eine Art innerer Balance zu halten. (Strombach et al. 2016).

So ist es auch bei Menschen. Aber dadurch, dass Menschen kognitive Strukturen in weit größerem Masse abspeichern und verbinden können, können sie sie auch in motivationaler Hinsicht zu weit komplexeren Schemata zusammensetzen. Sie können dann solche Schemata als Ziele (DeShon und Gillespie 2005) oder Projekte (Flusser 1994) aktiv verfolgen.

Diese Prozesse sind im Menschen auch körperlich angelegt. Die körperlichen Prozesse sind komplex und immer noch Gegenstand einer breiten medizinischen Forschung, aber wir können uns erlauben, sie einmal auf Stoffe zu beschränken, die als Neurotransmitter oder Hormone eine motivierende Funktion übernehmen. An erster Stelle steht hier das Dopamin. Dopamin wird ausgeschüttet, wenn wir eine kognitive Struktur im Kopf hatten und uns die Realität sagt, dass diese erreicht ist. In populärwissenschaftlichen Worten:

> "Dopamine is the reason for the good feeling we get when we find something we're looking for or do something that needs to be done. It is responsible for the feeling of satisfaction after we've finished an important task, completed a project, reached a goal or even reached one of the markers on our way to a bigger goal. We all know how good it feels to cross something off our to-do list. That feeling of progress or accomplishment is primarily because of dopamine. Long before agriculture or supermarkets, humans spent a good portion of their time in search of the next meal. If we couldn't stay focused on completing basic tasks, like hunting and gathering, we wouldn't last very long. So Mother Nature designed a clever way to help us stay focused on the task at hand." (Sinek 2018, S. 50).

Dopamin wird nicht nur positiv wahrgenommen, das Gehirn braucht es auch, um kognitive Strukturen umbauen zu können. Deshalb sprechen Jugendliche oder auch kreative Menschen, deren kognitive Strukturen starker Veränderung ausgesetzt sind, auch stärker auf Dopamin an. Dabei sind bei weitem nicht alle Zusammenhänge schon geklärt. Aber die Tatsache, dass in der Adoleszenz die größten Risiken eingegangen werden (Steinberg 2008) und die Gefahr am größten ist, drogenabhängig (McArdle 2008) oder ein Anhänger radikaler religiöser oder politischer Positionen (Sewell und Hulusi 2016) zu werden, lässt sich hier gut zuordnen. Umgekehrt bestätigt die Tatsache, dass Computerspielen in einer Weise ausarten kann, dass in vielerlei Hinsicht ganz analoge Verhaltensweisen zu anderen Süchten aufweist, obwohl hier keinerlei verbotene Substanzen im Spiel sind, sondern nur immer wieder kleine Aufgaben, die das Spiel einem stellt oder

6.2 Was wollen wir? Inhaltliche Motivationstheorie

die man sich aber zur Verfolgung vielfach auch selbst auswählt, dass Dopamin positive Gefühle erzeugt, wenn man solche Herausforderungen positiv bewältigt (Clark 2010).

Dopamin ist nicht das einzige verhaltensrelevante Hormon. Weil die Beziehungen von Menschen so wichtig dafür sind, welche Ziele sie erreichen können, haben sie im Laufe der Evolution noch ein spezielles Hormon bekommen, das Glücksgefühle erzeugt, wenn man Ansehen erringt, oder sogar, wenn jemand anderes Ansehen erringt, damit aber die eigene soziale Position bestätigt wird (Edwards und Kravitz 1997). Sowohl in der Zielerreichung als auch in der Beziehungspflege gibt es dazu Hormone, die entsprechende körperliche Prozesse unterstützen: Endorphine, die freigesetzt werden, wenn man sich für die Erreichung eines Zieles körperlich sehr anstrengt, und Oxytocin und Sexualhormone, die im Aufbau und der Pflege von engen Beziehungen zum Tragen kommen. Tab. 11.2 fasst die Ausrichtungen dieser vier Hormone zusammen (Tab. 6.2).

Trotz der besonderen Hervorhebung der Beziehungen und der körperlichen Prozesse können wir in der Beschreibung von Motivationen einfach von der Erreichung von Zielen ausgehen, denn es geht ja um das Wiederfinden eigener Schemata und Frames in der Realität und wir haben ja bereits oben gesehen, dass Schemata eben nicht nur selbst rational gebildet werden, sondern auch schon vorgeburtlich oder genetisch prädisponiert sein können. Und hierunter fallen sowohl Statuspositionen als auch langdauernde enge Beziehungen.

Eine Bedingung für die Relevanz von Zielen ist, dass die Bestätigung des Musters in der Realität auch tatsächlich als Folge des eigenen Verhaltens erfahren wird. Nur Menschen, für die die Drehung der Erde und damit der Lauf der Sonne um sie keine Selbstverständlichkeiten sind, unternehmen eigene Aktivitäten, um die Sonne zum Aufgehen zu bringen; Kinder spielen Spiele so lange, bis sie ihnen nichts spannendes mehr zu bieten haben. Und Situationen sind umso spannender, je mehr alternative Ausgänge sie haben können, gegen die sich eine Zielvorstellung durchsetzen muss. Wie früher schon betont, ist bewusstes Wahrnehmen auch Verhalten und unterliegt also demselben Mechanismus, wobei hier das eigenständige Vorausdenken parallel zum Wahrnehmen die Produktion von Vorstellungen

Tab. 6.2 Vier Motivationshormone

		Ansatzpunkt	
		Objektprozesse	Körperprozesse
Bezug	Zielerreichung	Dopamin	Endorphin
	Beziehung	Serotonin	Oxytocin Sexualhormone

ist, die bestätigt wird – indem etwa bei Story-Konstruktionen die Rezipierenden sich in die Rolle des Protagonisten hineinversetzen und mit ihm zusammen Erwartungsmuster schaffen, die mindestens in der Erwartung des Endes der Geschichte bestätigt werden.

Wir haben oben bei den kognitiven Frames gesehen, wie diese in größere Strukturen eingebettet werden können: Wenn man das Urnenbeispiel von Tversky und Kahneman einmal gesehen und verstanden hat, ist die Wahrscheinlichkeit gering, dass man ein zweites Mal darauf hereinfällt. Ganz analog gibt es auch bei den motivationalen Frames die Möglichkeit, sie in größere Strukturen einzubetten. In der Therapie Drogenabhängiger ist die spannende Frage, inwieweit die Betroffenen es schaffen, diese Einbettung zu vollziehen und mit ihrer Hilfe die kurzfristigen Anreize der Sucht auszutricksen, bis Körper und Geist wieder an den Dopaminausschüttungen normaler kleiner Momente von Erfolg oder Glück Gefallen finden können.

Diese Theorie der Motivation erlaubt es, klassische Positionen einzubetten. Schauen wir uns dies an ein paar Beispielen an.

Das erste Beispiel ist die sogenannte Maslow'sche Bedürfnispyramide. (Maslow 1943) Während des Zweiten Weltkrieges geschrieben, ist sie noch heute die profilierteste einheitliche Gesamttheorie menschlicher Motivationen, und wir werden ihr gleich noch als Grundlage der Wertewandelsforschung begegnen. In dieser Theorie ordnet Abraham Maslow menschliche Motivationen in einer Pyramide von Bedürfnissen an. Die Form der Pyramide ergibt sich aus der von Maslow vertretenen Grundannahme, dass im Wesentlichen erst nach Befriedigung der Bedürfnisse auf einer Stufe diejenigen auf der Stufe darüber thematisiert werden.

Die Hierarchie beginnt mit den physiologischen Bedürfnissen auf der untersten Stufe. Es gibt zwar von Maslow keine Liste der physiologischen Bedürfnisse, aber als Paradebeispiel verwendete er das Essen. Maslow behauptete, eine hungernde oder sogar kurz vor dem Verhungern stehende Person werde im Wesentlichen von diesem Hunger bestimmt. Im Fall extremem Hungers werden auf höhere Bedürfnisse wie Liebe und Zugehörigkeit irrelevant, bis das Bedürfnis des Körpers nach Nahrung wieder erfüllt ist. Auf dieser Ebene liegen also Wahrnehmungsmuster innerer physiologischer Zustände vor, Zielwerte für den Sauerstoffgehalt in der Lunge, die Nährstoffsättigung oder das Temperaturempfinden treiben uns an, zu atmen, zu essen und uns zu bekleiden.

Wenn die physiologischen Bedürfnisse erfüllt sind, verlieren sie ihre bewusste Bedeutung und die nächste Ebene steuert das Verhalten, nämlich das Verlangen nach Sicherheit. Das beruht darauf, dass die Bestätigung vorhandener Muster über die Zeit von stabilen Ursache-Wirkung-Relationen abhängig ist, die man zunächst im unmittelbaren Nahbereich und dann immer weiter ausgreifend zu

6.2 Was wollen wir? Inhaltliche Motivationstheorie

sichern versucht, von der abschließbaren Tür über die Brandvorkehrung zur Hausratsversicherung.

Bedürfnisse nach Zuneigung und sozialem Kontakt stellen die nächste Ebene dar: Familie, Partnerschaft, und die Freundschaft und Akzeptanz im sozialen Umfeld. Das lässt sich einordnen darüber, dass menschliche Interaktion eine Kette effizienter wahrscheinlicher, aber nicht-trivialer Musterbestätigungen ist: Innerhalb von Beziehungen agieren Individuen, und ihre Gegenüber reagieren und bestätigen damit (im Erfolgsfalle fortgesetzter Beziehung) auf keinesfalls selbstverständliche Weise die Vorstellungen der Ausgangspartner.

Schon relativ weit oben in Maslows Hierarchie sind Wertschätzungsbedürfnisse: Kompetenz, Selbstachtung, Respekt, das Gefühl von Stärke und allgemeinem Selbstwertgefühl. Diese Stufe erweitert die vorangegangene, sie enthält die Bestätigung der Kompatibilität eigener Muster mit denen anderer und wird verstärkt dadurch, dass hiermit i.A. der Zugang zu mehr Ressourcen verbunden ist.

Maslows Arbeit bezieht ihre Bedeutung auch ein Stück weit daraus, dass sie in den Perspektivenwechsel des gesamten Faches der Psychologie von der Defizitorientierung an psychischen Störungen hin zu einer allgemeinen Anwendbarkeit hineingehört, und das zeigt sich am deutlichsten an der Spitze, in Maslows Konzept der Selbstverwirklichung. Maslow beschäftigte sich mit herausragenden Menschen, Malern, Schriftstellern oder Musiker. Und er stellte fest und nahm als Argument in sein Konzept auf, dass, um wirklich glücklich zu sein, für jede dieser Gruppen die eigene Tätigkeit notwendig dazugehörte. Maler müssen malen, Schriftsteller müssen schreiben, Musiker müssen spielen. In der Sprache des hier verfolgten allgemeinen Ansatzes sind dies Menschen, die ganz besondere und damit ganz besonders nicht-triviale Projekte verfolgen: Welch eine ungeheure Bestätigung der im Kopf einer sozialhilfebeziehenden alleinerziehenden Mutter gebildeten Muster, elf Jahre später den ersten Band „Harry Potter" auf der Leinwand zu sehen! Hierfür prägte Maslow den Begriff Self-actualization (Selbstverwirklichung). Aber sie beschränkt sich nicht auf kreative Berufe, sondern kann etwa die Form annehmen, die Qualität der eigenen Beziehungen zu maximieren oder den eigenen Körper zu perfektionieren. Später wurde beobachtet, wie dieses Verfolgen hochspezifischer Projekte sogar in der unmittelbaren Praxis zu einem „Flow" (Fließen) genannten Zustand führen kann, in dem das dauernde Praktizieren und Erleben der eigenen Handlungsfähigkeit alles andere verdrängt. (Csikszentmihalyi 1990) (Abb. 6.1).

Maslows Theorie bezieht eine gewisse Spannung daraus, einerseits zum ersten Mal diese sehr unmaterialistische Spitze zu beschreiben, und andererseits in der Pyramidenhierarchie doch ein sehr materialistisches Prinzip zu behaupten. Die

Abb. 6.1 Maslows Bedürfnispyramide. (Eigene Darstellung nach Maslow 1943)

kognitiven Strukturen, die da verfolgt werden, werden ja noch nicht einmal historisch streng nacheinander aufgebaut: Für das Neugeborene sind ja erst noch alle anderen Bedürfnisse in dem nach Kontakt aufgehoben. Und andererseits gibt es zahlreiche Beispiele von Menschen, die in Armut, Einsamkeit oder geringem Selbstwertgefühl leben und sich dennoch durch ihre Arbeit selbst zu verwirklichen scheinen – vor Joanne K. Rowling kann man da auch schon an Franz von Assisi, Vincent van Gogh oder Anne Frank denken.

Maslow ignoriert diese Ausnahmen nicht. Er liefert keine explizite wahrscheinlichkeitstheoretische Präzisierung seines Argumentes, aber letztlich läuft es darauf hinaus, dass bei ungelösten Problemen auf niederen Ebenen einfach die Wahrscheinlichkeit sinkt, dass Ziele auf den höheren Ebenen verfolgt werden. Dieses Fehlen einer präzisen wahrscheinlichkeitstheoretischen Beschreibung hat viele Autoren dazu gebracht, sich mit immer neuen Gegenbeispielen an der Hierarchiekonstruktion abzuarbeiten – aber man kann das ja durchaus als ein Geheimnis einer erfolgreichen Theorie bezeichnen, dass sie noch auf lange Zeit hinaus für andere Wissenschaftler den Anreiz bietet, in einer Korrektur Möglichkeiten der eigenen Profilierung zu sehen und so eigene Projekte mit einem Weiterdiskutieren der Theorie zu verbinden, die so am Leben gehalten wird.

Ein zweites Beispiel stellen die sogenannten Zwei-Faktoren-Modelle von Frederick Herzberg dar. Herzberg stellt in den 1950er Jahren fest, dass für die Arbeitsmotivation die Bezahlung und sonstige Anreize eine geringere Bedeutung haben als die Entscheidungsautonomie, also die Möglichkeit, die praktischen Abläufe im Arbeitsprozess selbst zu gestalten. Herzberg unterscheidet zwischen der sogenannten *intrinsischen Motivation,* die dadurch gesetzt wird, dass die Arbeit selbst als interessant, spannend und Ausdruck der eigenen Persönlichkeit empfunden wird, und der *extrinsischen Motivation,* die durch äußere Anreize gesetzt wird. (Herzberg et al. 1959) Im Ansatz der Musterbestätigung lässt sich

6.2 Was wollen wir? Inhaltliche Motivationstheorie

das direkt nachvollziehen: Intrinsische Motivation ist eine, in der die das Selbst bestätigenden Projekte innerhalb der Arbeit gesucht werden, extrinsische Motivation eine solche, in der man die Arbeit nur im Blick auf ihre Entlohnung sieht, die benötigt wird, um außerhalb ihrer andere Projekte zu verwirklichen. Die höhere Produktivität intrinsischer Motivation ergibt sich daraus, dass die Konzentration auf aus sich selbst heraus motivierende Prozesse natürlich größer ist als die auf nur instrumentell genutzte.

Ein neuerer motivationspsychologischer Ansatz, der auch in der Soziologie stark aufgenommen worden ist, ist Alfred Banduras Theorie der *Selbstwirksamkeit* (self-efficacy). Bandura geht zunächst von einem lernpsychologischen Ansatz aus: Verhalten anderer, das erfolgreich zu sein scheint, wird nachgeahmt. Bandura spricht hier *modeling*, Modellierung oder Modellbildung: Durch sie bekommen wir Verhaltensweise hin, die wir von alleine nie lernen würden.

Aber natürlich wird nicht jedes Verhalten nachgeahmt. Und das Kriterium, das für die Übernahme attraktive von nicht attraktiven Verhaltensweisen unterscheidet und also letztlich darüber entscheidet, welche Verhaltensweisen sich verbreiten, ist die Selbstwirksamkeit. Es geht dabei um Gefühle: dass eigene Leben gut zu führen, Befriedigung und Kontrolle zu erleben. Selbstwirksamkeit beinhaltet die Fähigkeit, die eigenen Erwartungen im Großen und Ganzen zu erfüllen, die Wahrnehmung einer Verbindung zwischen den eigenen Bemühungen und den Resultaten im eigenen Leben, und Gefühl, zukünftigen Herausforderungen begegnen zu können.

"Perceived self-efficacy is defined as people's beliefs about their capabilities to produce designated levels of performance that exercise influence over events that affect their lives. Self-efficacy beliefs determine how people feel, think, motivate themselves and behave. Such beliefs produce these diverse effects through four major processes. They include cognitive, motivational, affective and selection processes." (Bandura 1994, S. 71).

Es geht also um den Eindruck, bestimmte ‚Leistungsniveaus' erzeugen zu können, die das eigene Leben beeinflussen, oder anders gesagt darum, bestimmte Vorstellungen, die man im Kopf hat, erfolgreich in die Realität umsetzen zu können. Ein Gefühl der Selbstwirksamkeit wird vor allem gestärkt durch die Erfahrung, Hindernisse durch beharrliche Anstrengung überwinden zu können, und daneben durch positive Vorbilder und die eigene Überzeugung, über die nötigen Ressourcen zu verfügen.

Dieser Ansatz ist – neben anderen – stark in der Debatte über die Ursachen von Kriminalität und anderen Formen normabweichenden Verhaltens verwendet worden: Zum Beispiel wird damit untersucht, unter welchen Bedingungen selbst erfahrene häusliche Gewalt sich später in selbst ausgeübte Gewalt Jugendlicher umsetzt (Schulz et al. 2011), was Selbstmorde (Maimon und Kuhl 2008) und riskantes Sexualverhalten beeinflusst (Browning et al. 2008), warum Migranten der ersten Generation in den USA interessanterweise weniger Gewalt ausüben (Wright und Benson 2010), oder warum der Wohnort so eine große Rolle dabei spielt, ob jemand kriminell wird oder nicht. (Hipp et al. 2009; Kim 2010; Sharkey und Faber 2014).

6.3 Werte und Wertewandel

Die für die gesamte Soziologie und ihre gesellschaftliche Wahrnehmung wichtigste Frage in Bezug auf menschliche Motivationen in den letzten vier Jahrzehnten war die empirische Untersuchung der Veränderungen von Bewertungen im Verlauf der gesellschaftlichen Entwicklung: der sogenannte Wertewandel.

▶ *Werte* sind kognitive Konzepte, die enger oder weiter sein können, die (auch im engen/spezifischen Fall) jedenfalls auf eine Mehrzahl von Präferenzen verweisen und damit Komplexität reduzieren, und denen (relativ) bewusste Bewertungen (gut/schlecht) oder auch Präferenzen (besser/schlechter): zugeordnet sind. Sie setzen jeweils eine Präferenz für ein mögliches Gleichgewicht in einer Situation mit multiplen Gleichgewichten bezüglich Interaktion oder Identität.

Zum Beispiel ist „Gehorsam" ein sehr spezifischer Erziehungswert, der bestimmte Verhaltenserwartungen positiv besetzt und zur Erreichung dieser Erwartungen auch Konflikte akzeptiert bzw. etwa auf andere Konsequenzen des eigenen (elterlichen) Verhaltens schaut als der ebenso spezifische, aber inhaltlich deutlich anders ausgerichtete Wert „Eigenständigkeit". Sowohl in der Interaktion zwischen Eltern als auch in der Identität eines Elternteils alleine gibt es Konventionaleffekte; wenn man Gehorsam vorzieht, wird man sich bei seinen Kindern über andere Dinge freuen und zur Erreichung dieser Freude andere Mittel einsetzen als wenn man Eigenständigkeit vorzieht.

Andererseits beschreibt das Wort „Familie" nicht nur eine Form des Zusammenlebens, sondern auch einen Wert für diese Form des Zusammenlebens, der die aus dieser Lebensform zu ziehenden Vorteile priorisiert und den Aufwand von Ressourcen oder Zielkonflikte etwa mit Konsummöglichkeiten und Freiheitsgraden persönlicher Entfaltung rechtfertigt.

Die Werte, die jemand hat, sind allgemein von der sozialen Situation und spezieller von der Position innerhalb der Sozialstruktur abhängig („These sozialer

6.3 Werte und Wertewandel

Bedingtheit"). Zum Beispiel legten in den 1970er Jahren Eltern aus der Mittelschicht mehr Wert auf Selbständigkeit und Fantasie als Eltern aus der Unterschicht (Kohn 1977). Mit durch Goldthorpes Klassenstudie geschulter soziologischer Vorstellungskraft kann man leicht ableiten, dass Eltern hier ihre eigenen damaligen Erfahrungen in Erziehungsvorstellungen umgesetzt haben. (Heutzutage hat sich diese Differenz übrigens sehr vermindert.)

Werte teilen die Stabilität von Konventionen und werden im Allgemeinen in Kindheit und Jugend erworben und bleiben danach relativ stabil. Der Wandel von Werten ist von daher eher langsam und findet durch die Generationenfolge statt. Aber „[i]n dem Maße, wie die jüngere Generation in einer Gesellschaft nachrückt und die ältere ablöst, verändern sich die vorherrschenden Anschauungen." (Inglehart 1977) Der US-amerikanische Politikwissenschaftler und Soziologe Ronald Inglehart (*1934) hat mit diesen beiden Grundthesen, der Sozialisierungsthese und der These des Wertewandels, für ein schon vorher für Europa bestehendes Forschungsprogramm („European Values Survey") eine globale Erweiterung angestoßen („World Values Surveys"), in der seit 1981 in bisher 6 Wellen Erhebungen in fast 100 Ländern durchgeführt wurden.

Die These des Wertewandels hat bei Inglehart eine spezifische inhaltliche Ausprägung, die direkt an Abraham Maslow anknüpft. Das Vorhandensein von mehr Ressourcen in der Folge wirtschaftlichen Wachstums, führt zur gesellschaftlichen Modernisierung und speziell dazu, dass höhere Stufen der Maslow'schen Wertepyramide angestrebt werden können. Inglehart vereinfacht die Maslow'sche Pyramide dabei zur dichotomen Gegenüberstellung materialistischer Werte (Grund- oder Existenzbedürfnisse, Sicherheit) und postmaterialistischer Werte (Sozialer Kontakt, Anerkennung und Wertschätzung, Selbstverwirklichung) und erwartet in seinen frühen Texten (Inglehart 1971, 1977, 1990) eine langsame intergenerationale Ablösung materialistischer durch postmaterialistische Werte.

Im Jahr 2000 hat Inglehart (zusammen mit Wayne Baker 2000) dann eine etwas veränderte Version seiner Wandelsthese vorgelegt, die zu diesem Zeitpunkt schon auf drei Erhebungswellen (1981, 1990, 1995–1997) beruhte und den Wertewandel jetzt als Veränderung in einer zweidimensionalen Fläche beschreibt, einer „kulturellen Landkarte" der Welt. Mit der bereits bei Rössels Opernuntersuchung verwendeten Methode der Faktoranalyse (oder Faktorenanalyse) extrahieren Inglehart und Baker zwei Faktoren, die sich aus ihrer Sicht gut inhaltlich interpretieren lassen und die zwei unabhängige Modernisierungsdimensionen erkennen lassen.

Die beiden Dimensionen sind mit den Aussagen, deren Zustimmungen mit ihnen stark zusammenhängen, in Tab. 6.3 zusammengefasst:

Tab. 6.3 Zwei Dimensionen des Wertwandels bei Inglehart und Baker 2000

	Traditionell (vs. säkular-rational)	Überleben (vs. Selbstdarstellung)
Religion	**Religion ist sehr wichtig** im Leben der Befragten. Sie glauben an den Himmel, an die Hölle, besuchen regelmäßig die Kirche, haben großes Vertrauen in die Kirchen, ziehen Trost und Stärke aus Religion, beschreiben sich als „religiöse Person", sehen klare Richtlinien für Gut und Böse und Euthanasie und Selbstmord als niemals gerechtfertigt	
Familie	**Autorität in der Familie:** Ein Hauptziel der Befragten ist es, ihre Eltern stolz zu machen. Eltern müssen ihr Bestes für ihre Kinder geben, auch auf eigene Kosten. Scheidung ist niemals zu rechtfertigen. Familie ist im Leben der Befragten sehr wichtig. Sie bevorzugen eine relativ große Anzahl von Kindern	**Traditionelle Genderrollen:** Männer sind bessere politische Führer als Frauen. Frauen brauchen Kinder. Kinder brauchen Vater und Mutter. Bei Jobknappheit haben Männer mehr Recht auf Arbeit als Frauen. Ein Studium ist wichtiger für Jungen als für Mädchen. Prostitution ist niemals zu rechtfertigen
Politik	**Unpolitisch:** Befragte sprechen selten oder nie über Politik. Befragte platzieren sich selbst auf der rechten Seite einer Links-Rechts-Skala, würden eine Militärherrschaft akzeptieren, fordern strengere Beschränkungen für den Verkauf ausländischer Waren, halten nationale Umweltprobleme für ohne internationale Abkommen lösbar	**Unengagiert:** Befragte befürworten Staatseigentum an Unternehmen und Industrie sowie starke Politiker, und erwarten, dass der Staat für die Menschen Verantwortung übernimmt. Demokratie ist nicht unbedingt die beste Regierungsform. Die Befragten sind gegen Entwicklungshilfe, befürworten den technischen Fortschritt, recyceln nicht
Arbeit		**Materielle Arbeitswerte:** Bei der Wahl eines Arbeitsplatzes sind das Einkommen und die Arbeitsplatzsicherheit wichtiger als das Gefühl, etwas zu leisten, oder Sympathien für die Mitarbeiter. Wichtig sind Geld und materieller Besitz

(Fortsetzung)

6.3 Werte und Wertewandel

Tab. 6.3 (Fortsetzung)

	Traditionell (vs. säkular-rational)	Überleben (vs. Selbstdarstellung)
Leben		**Intoleranz:** Fantasie, Toleranz, Respekt für andere, Freizeit und Freunde sind nicht wichtig. Homosexuelle, Ausländer, Menschen mit HIV, Vorstrafen oder Alkoholproblemen werden als Nachbarn abgelehnt
Situation		**Unglücklich:** Befragte sind mit der finanziellen Situation seines Haushalts unzufrieden, beschreiben die eigene Gesundheit nicht als sehr gut, haben nicht viel freie Wahl oder Kontrolle über ihr Leben

Inglehart und Baker bezeichnen die beiden Dimensionen als „Traditionell vs. säkular-rational" und als „Überleben vs. Selbstausdruck". Was ist damit gemeint?

In der ersten Dimension geht es um Säkularisierung. Sie spiegelt den Gegensatz zwischen Gesellschaften, in denen Religion sehr wichtig ist, und solchen, in denen dies nicht der Fall ist. Dabei sind die Autoritäten Gott, Vaterland und Familie eng miteinander verbunden. Solche Autorität wird passiv akzeptiert, was sich insbesondere im Verhältnis zu Politik zeigt: Traditionelle Befragte sprechen nicht über Politik. Sie betonen eher die soziale Konformität als das individualistische Streben, glauben an die absoluten Maßstäbe von Gut und Böse, unterstützen die Ehrerbietung gegenüber Autorität und verfügen über recht nationalistische Einstellungen. Gesellschaften mit säkular-rationalen Werten haben zu allen diesen Themen die entgegengesetzten Präferenzen.

In der Survival-Self-Expression-Dimension wird nun das Postmaterialismus-Konzept und sein Bezug zu Maslow wieder aufgenommen:

"The survival-self-expression dimension taps a syndrome of trust, tolerance, subjective well-being, political activism, and selfexpression that emerges in postindustrial societies with high levels of security. At the opposite extreme, people in societies shaped by insecurity and low levels of well-being, tend to emphasize economic and physical security above all other goals, and feel threatened by foreigners, by ethnic diversity and by cultural change. This leads to an intolerance of gays and other outgroups, an insistence on traditional gender roles, and an authoritarian political outlook." (S. 25 f.)

Man kann diese Gegenüberstellung noch etwas anders akzentuieren. In der Gegenüberstellung fällt zunächst einmal auf, dass die beiden Bereiche Familie und Politik in beiden Listen gut vertreten sind, während der Bereich Religion nur in der ersten und der Bereich der eigenen Lebenssituation nur und der der Lebensgestaltung fast nur in der zweiten Dimension vorkommt. Die zweite Dimension scheint insofern näher am praktischen Leben orientiert zu sein.

Diese Vermutung setzt sich fort, wenn man zu den Aussagen zu Familie und Politik, die ja in beiden Dimensionen angesprochen werden, die beiden Dimensionen vergleicht. In der ersten Dimension geht es um Autorität, in der zweiten geht es um konkrete Abläufe. In den Ebenen der Interaktion, die wir früher behandelt haben, kann man sagen, dass es bei der ersten Dimension um die Ebene der Institutionen geht, bei der zweiten hingegen um die Ebene der Organisationen. Diese alternative Sichtweise steht nicht im Widerspruch zu Ingleharts Ansicht, die die Rolle von Sicherheit betont: Nur wenn die Institutionen auf der Makro-Ebene Sicherheit gewährleisten, kann innerhalb der Organisationen Individualisierung sich entwickeln.

Diese beiden Dimensionen spannen eine kulturelle Landkarte auf, in der sich jedem Befragten und als jeweiligem nationalen Durchschnitt jedem Land und jeder Befragung eine Position zuweisen lässt. Inglehart bemerkt, dass auf dieser Landkarte die von der jeweiligen kulturellen Tradition her zusammengehörigen Gesellschaften auch beieinanderliegende Positionen haben (Abb. 6.2):

In weiteren Abbildungen im selben Artikel wird untersucht, wie sich Gesellschaften in ihrer Werteposition verändern, soweit schon mehr als eine Erhebung vorlag, und diese Untersuchungen sind seither, vor allem auch unter Einbezug weiterer Länder, noch deutlich weitergeführt worden. Die Entwicklung geht in den 1990er Jahren durchaus nicht in allen Gesellschaften nach oben und nach rechts, aber für den Befund, dass Gesellschaften mit einer stabilen, Sicherheit gebenden Wohlstandslage sich vor allem auf der zweiten Dimension in positiver Richtung (das heißt nach rechts) bewegen, wird von vielen Ländern gestützt, wie man in Abb. 6.3 sehen kann: Nicht weniger als 13 westliche Gesellschaften zeigen teils beeindruckende Veränderungen auf dieser Dimension, nur drei, unter ihnen

6.3 Werte und Wertewandel

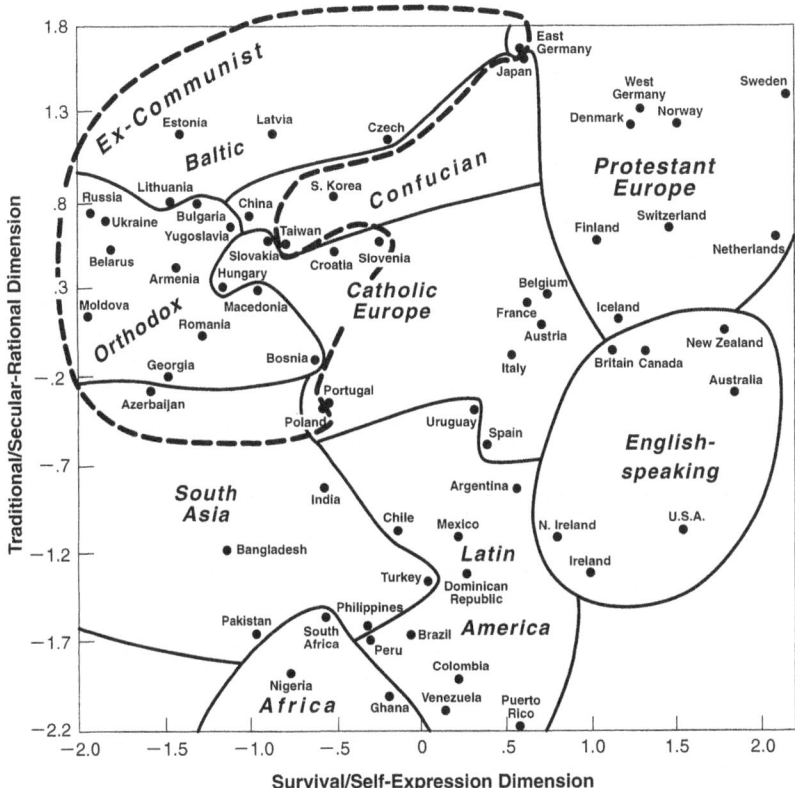

Abb. 6.2 Die 'Cultural map' der Werte mit sechs kulturellen Traditionen. (aus Inglehart und Baker 2000)

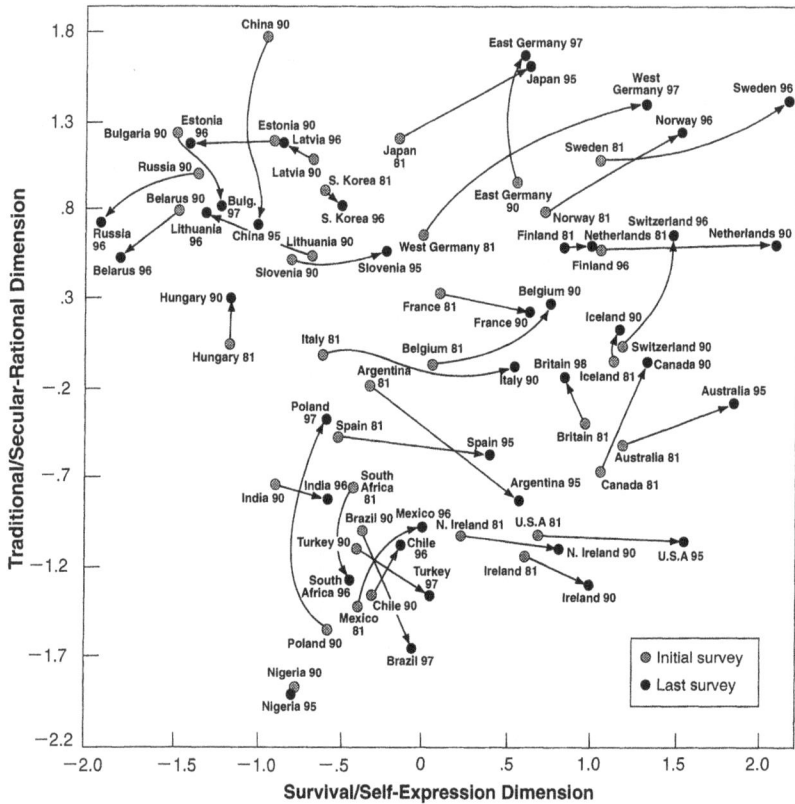

Abb. 6.3 Veränderungen auf der ‚Cultural map' (Inglehart und Baker 2000, fig. 6)

Ostdeutschland, treten in dieser Hinsicht in der damaligen Zeit auf der Stelle und werden stattdessen säkularer.

> **Zusammenfassung**
>
> In diesem Kapitel haben wir uns angeschaut, wie Akteure mögliche Ergebnisse ihres eigenen Handelns und der sozialen Interaktion bewerten und was solche Bewertungen beeinflusst.

- Sie kennen und verstehen jetzt die disziplinären und prozeduralen Konnotationen der Begriffe Motivation, Ziel, Präferenz und Intention und schließlich Max Webers Kategorien des traditionalen, affektuellen, wert- und zweckrationalen Handelns.
- Sie wissen und verstehen jetzt, warum im soziologischen Verständnis von Motivationen der Begriff des Ziels und seiner Verfolgung so eine große Rolle spielen, und wie man mit ihnen Motivationen bis hinein in physiologische Prozesse verfolgen etwa Maslows Motivationspyramide, Herzbergs Unterscheidung in intrinsische und extrinsischen Motivation und Banduras Selbstwirksamkeitskonzept darüber verstehen kann.
- Sie kennen und verstehen darüber hinaus die grundsätzlichen Thesen und Ergebnisse der Forschung zu Werten und Wertewandel, das Wertekonzept, die These sozialer Bedingtheit, Sozialisations-, Wertewandels- und speziell Postmaterialismusthese, und ihre spezifischen Erwartungen der beiden Dimensionen des Wertewandels in den Bereichen Religion, Familie, Politik, Arbeit, Leben und Lebenssituation.

Übungsfragen

1. Grenzen Sie den Begriff der Motivation gegen denjenigen des Zieles ab!
2. Welche Hormone wird bei den körperlichen Prozessen der Zielerreichung ausgeschüttet?
3. Warum kann Computerspielen zu ähnlichen Phänomenen des Suchtverhaltens wie z. B. Alkoholismus führen?
4. Zwischen welchen anderen beiden Handlungsformen steht in Max Weber Folge der Rationalitätsbegriffe das affektuelle Handeln? Welche Aspekte der Handlung werden in ihm betrachtet, welche nicht?
5. Sind Wertschätzungsbedürfnisse in Ronald Ingleharts Terminologie materialistische oder postmaterialistische Bedürfnisse?

6. Beschreiben Sie, inwiefern ein verschultes Universitätssystem die Produktivität des Lernens beschädigen kann. Verwenden Sie dabei die Begriffe von Frederick Herzbergs Zwei-Faktoren-Modell!
7. Ist Melvin Kohns These der sozialen Bedingtheit von Werten eine Aussage über Motivationen oder über Intentionen?
8. In welchen zwei Dimensionen beschreibt Ronald Inglehart Wertewandel?

Literatur

Zentrale Referenzen

Bandura, Albert. 1994. "Self-efficacy." S. 71–81 in *Encyclopedia of human behavior*, hg. V. S. Ramachaudran. New York: Academic Press.

Csikszentmihalyi, Mihaly. 1990. *Flow : the psychology of optimal experience*. New York: Harper & Row.

Flusser, Vilém. 1994. *Vom Subjekt zum Projekt : Menschwerdung*: Bensheim [etc.] : Bollmann.

Herzberg, Frederick, Bernard Mausner, und Barbara Bloch Snyderman. 1959. *The motivation to work*. New York: Wiley.

Inglehart, Ronald. 1971. "The Silent revolution in Europe: Intergenerational Change in Post-Industrial Societies." *American Political Science Review* 65:991–1017.

Inglehart, Ronald. 1977. *The Silent Revolution: Changing Values and Political Style*. Princeton: Princeton UP.

Inglehart, Ronald. 1990. *Culture Shift in Advanced Industrial Society*. Princeton: Princeton UP.

Inglehart, Ronald, und Wayne E. Baker. 2000. "Modernization, Cultural Change, and the Persistence of Traditional Values." *American Sociological Review* 65:19–51.

Kohn, Melvin L. 1977. *Class and conformity : a study in values*. Chicago: The University of Chicago Press.

Maslow, Abraham H. 1943. "A Theory of Human Motivation." *Psychological Review* 50:370–396.

Weber, Max. [1922] 1985. *Wirtschaft und Gesellschaft*. Tübingen: Mohr (Siebeck).

Beispiele soziologischer Studien

Browning, C. R., L. A. Burrington, et al. 2008. "Neighborhood structural inequality, collective efficacy, and sexual risk behavior among urban youth." *Journal of Health and Social Behavior* 49:269–285.

Clark, L. 2010. "Decision-making during gambling: an integration of cognitive and psychobiological approaches." *Philosophical Transactions of the Royal Society B-Biological Sciences* 365:319–330.

Hipp, J. R., G. E. Tita, und R. T. Greenbaum. 2009. "Drive-bys and Trade-ups: Examining the Directionality of the Crime and Residential Instability Relationship." *Social Forces* 87:1777–1812.

Kim, J. 2010. "Neighborhood disadvantage and mental health: The role of neighborhood disorder and social relationships." *Social Science Research* 39:260–271.

Kroneberg, Clemens. 2009. „*Das Modell der Frame-Selektion – Grundlagen und soziologische Anwendung einer integrativen Handlungstheorie.*" Dissertation: Universität Mannheim.

Maimon, D., und D. C. Kuhl. 2008. "Social Control and Youth Suicidality: Situating Durkheim's Ideas in a Multilevel Framework." *American Sociological Review* 73:921–943.

Mcardle, Paul. 2008. "Use and Misuse of Drugs and Alcohol in Adolescence." *BMJ: British Medical Journal* 337:46–50.

Schluchter, Wolfgang. 1988. *Religion und Lebensführung. Band 1: Studien zu Max Webers Kultur- und Werttheorie.* Frankfurt a. M.: Suhrkamp.

Schulz, S., S. Eifler, und D. Baier. 2011. "They sow the wind and reap the whirlwind-An empirical theory comparison of explanatory mechanisms in the cycle of violence." *Kolner Zeitschrift Fur Soziologie Und Sozialpsychologie* 63:111–145.

Sewell, Alexandra, und Halit Hulusi. 2016. "Preventing radicalisation to extreme positions in children and young people. What does the literature tell us and should educational psychology respond?" *Educational Psychology in Practice* 32:343–354.

Sharkey, P., und J. W. Faber. 2014. "Where, When, Why, and For Whom Do Residential Contexts Matter? Moving Away from the Dichotomous Understanding of Neighborhood Effects." S. 559–579 in *Annual Review of Sociology, Vol 40*, hg. K. S. Cook und D. S. Massey. Palo Alto: Annual Reviews.

Steinberg, L. 2008. "A social neuroscience perspective on adolescent risk-taking." *Developmental Review* 28:78–106.

Wright, E. M., und M. L. Benson. 2010. "Immigration and Intimate Partner Violence: Exploring the Immigrant Paradox." *Social Problems* 57:480–503.

Weitere Referenzen

Deci, E. L., und R. M. Ryan. 2000. "The "what" and "why" of goal pursuits: Human needs and the self-determination of behavior." *Psychological Inquiry* 11:227–268.

Deshon, R. P., und J. Z. Gillespie. 2005. "A motivated action theory account of goal orientation." *Journal of Applied Psychology* 90:1096–1127.

Edwards, D. H., und E. A. Kravitz. 1997. "Serotonin, social status and aggression." *Current Opinion in Neurobiology* 7:812–819.

Sinek, Simon. 2018. *Leaders eat last.* New York, London: Portfolio Penguin.

Strombach, T., S. Strang, et al. 2016. "Common and distinctive approaches to motivation in different disciplines." S. 3–23 in *Motivation: Theory, Neurobiology and Applications*, hg. B. Studer und S. Knecht. Amsterdam: Elsevier Science Bv.

Sozialer Wandel 7

Überblick

Gesellschaften unterliegen historischen Veränderungen, und diese sind nicht zufällig, sondern unterliegen ganz wesentlich systematischen sozialen Dynamiken und sind insofern ein wesentliches Forschungsfeld der Soziologie.

- Abschn. 7.1 beginnt das Kapitel mit einem direkten Anschluss an die letzten beiden, nämlich dem Begriff der Individualisierung, der sich in Beziehungsstrukturen und Werten ausdrückt.
- Abschn. 7.2 stellt Ihnen mit ausgewählten Positionen vier Theoretiker vor, deren Nachdenken zur Veränderungen moderner Gesellschaften in den letzten vierzig Jahren in der Soziologie aufgenommen und verwendet wird.
- Abschn. 7.3 zeichnet aus einer handlungstheoretischen Perspektive nach, was da passiert, zunächst in Bezug auf die grundsätzliche Entwicklung der Modernisierung,
- und Abschn. 7.4 in Bezug darauf, dass Modernisierung in Europa eine spezifische Form mit zwei Übergängen institutionellen Wandels und der als Großgruppengesellschaft verfassten Industriegesellschaft mit ihren ganz spezifischen und heute in allgemeine Performanzprobleme hineinkommenden Institutionen führte. Auch die genannten Großtheoretiker lassen sich in diesem Theorierahmen aus einer gemeinsamen Perspektive verstehen.

7.1 Individualisierung

Das vorletzte Kapitel wurde durchzogen von der Frage, wie denn nun die Struktur unserer Beziehungen eigentlich aussieht. Sind wir vor allem in Gruppen mit ‚bonding capital' organisiert, wie es Bourdieu beschreibt und Putnam fordert, oder sind wir individualistisch durch Brücken verbunden, wie es Granovetter beschreibt und Burt empfiehlt? Tatsächlich liegt beides nebeneinander vor. Aber dass über die Zeit eine Tendenz zur Entwicklung von der Gruppenstruktur zu einer individualistischen Struktur vorliegt, ist ein Phänomen, dass in der Soziologie schon lange vor der Erfindung des Sozialkapitalkonzepts verhandelt wird.

Georg Simmel beschreibt bereits 1890 die soziale Welt als ein Nebeneinander „sozialer Kreise", wie er sie beschreibt, nämlich von sich überlagernden Gruppenstrukturen. In der traditionellen Gesellschaft gehört das Individuum zu einer Familie, es lebt mit allen Familienmitgliedern in einem Dorf, alle Dorfbewohner sind Bürger desselben Fürstentums, und alle Bürger des Fürstentums gehören der Christenheit an. Das heißt, alle diese Kreise sind konzentrisch (Abb. 7.1, linkes Bild).

In der modernen Gesellschaft hingegen ist das Individuum der (einzige) Schnittpunkt unterschiedlicher Kreise. Der oder die Einzelne gehört also immer noch Gruppen an, aber lauter unterschiedlichen, die sich nun noch gerade in der eigenen Person so und genau so schneiden. (Abb. 7.4).

Aus netzwerktheoretischer Sicht kann man diese „sozialen Kreise" so interpretieren, dass die darin enthaltenen Personen alle miteinander verbunden sind, und kommt dann ganz analog zu den oben gemachten Überlegungen zu dem Schluss, dass die moderne Gesellschaft mehr Brücken über strukturelle Löcher besitzt als die traditionelle.

Aber zum Begriff der Individualisierung gehören auch noch andere Aspekte. Norbert Elias (1897–1990) fasst sie als Unterthema seines großen Themas der Zivilisation, d. h. der Zivilisierung der Sitten – also nicht von den Beziehungsstrukturen, sondern vom individuellen Verhalten und den es steuernden Werten

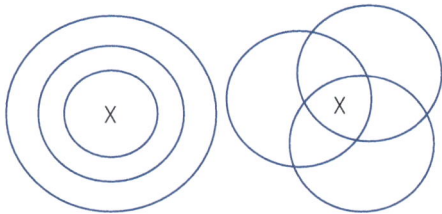

Abb. 7.1 Individualisierung als Verschiebung sozialer Kreise bei Georg Simmel. (Eigene Darstellung nach Simmel 1890)

7.1 Individualisierung

her. Die Zunahme von Bevölkerungsdichte und Interdependenz erzwingt aus seiner Sicht die rationale Kontrolle spontaner Affekte. Der und die Einzelne muss als mehr die Fähigkeit entwickeln, die Folgen eigener Handlungen vorauszusehen – Elias verwendet hierfür den Begriff der Rationalisierung. Gleichermaßen wächst die Fähigkeit, andere zu verstehen (Psychologisierung). Damit dies geschieht, müssen entsprechende Normen (das heißt Sozialkapital im Sinne der kollektiven Spalte in Colemans Matrix) aufgebaut werden, die in Elias' Sicht vor allem emotional durch Ängste internalisiert werden. Es werden also zur Sicherstellung verantwortlicher, rationaler Verhaltensweisen viele eigene Handlungen angstbesetzt, das heißt sie erzeugen Scham. Das gilt aber auch für andere, und das zur eigenen Angst analoge Gefühl in der Beobachtung von Handlungen anderer ist die Peinlichkeit. Es ist eine durchaus erfolgreiche Entwicklung, in deren Folge sich verfeinerte Tischsitten und eine Tabuisierung von Körperfunktionen durchsetzen, es aber auch zu weniger Gewalt und einer kontrollierten Sexualität (und damit Bevölkerungsentwicklung) kommt. (Elias 1969).

In den 1980er Jahren wird der Begriff der Individualisierung besonders prominent aufgenommen durch Ulrich Beck (1944–2014). Für ihn bedeutet der Begriff vor allem dass Menschen viel individueller handeln können, aber auch müssen als früher. Als Gründe nennt Beck Wohlstand, Freizeit, schärfere Konkurrenz, Mobilität, sowie das gestiegene Bildungsniveaus. (Beck 1983, 1986) Im deutschen Sprachraum bleibt Beck sehr prägend mit „drei Dimensionen der Individualisierung", die er beschreibt:

- Individualisierung besteht einerseits aus einer „Freisetzungsdimension", die die Herauslösung aus traditionell überkommenen sozialen Bindungen meint.
- Zweitens geht mit ihr etwas einher, was er „Entzauberungsdimension" nennt, nämlich ein Verlust von traditionalen Sicherheiten.
- Zu diesen beiden kommt eine sogenannte „Kontroll- bzw. Reintegrationsdimension", weil nach Becks Ansicht die traditionellen Bindungen nicht einfach ersatzlos wegfallen können, sondern eine neue Art der sozialen Einbindung notwendig ist, die aus seiner Sicht noch nicht gestaltet ist.

Becks Konzept ist ein zentrales Argument in der gegenwärtigen soziologischen Theorie in sehr verschiedenen Bereichen. Empirische Analysen beziehen sich vor allem auf die Bedeutung bestimmter Gruppenzugehörigkeiten. Zum Beispiel konnte für viele Länder eine abnehmende Bedeutung der Religion für Wahlentscheidungen gezeigt werden, für Deutschland desgleichen auch für die Klassenzugehörigkeit.

Man kann allerdings jenseits dieser konkreten Zusammenhänge zeigen, dass ganz allgemein die Menschen „individueller" werden in dem Sinne, dass man, wenn man eine Eigenschaft von ihnen weiß, weniger über andere Eigenschaften von ihnen schon annehmen kann. In den genannten empirischen Untersuchungen bezieht sich das auf ein Konzept aus der der politischen Soziologie, dem zufolge die politische Struktur zumindest der westlichen Nationen durch vier zentrale Konfliktlinien, sogenannte ‚Cleavages' geprägt wird. Dies sind Zentrum vs. Peripherie, Kirche vs. Staat, Stadt vs. Land und Arbeit vs. Kapital. (Lipset und Rokkan 1967) Jenseits dieser politisch relevanten Strukturen lässt sich jedoch allgemein zeigen, dass die Menschen heutzutage „individuelle" und wenige nur Ausprägungen bestimmter Typen sind, als unterschiedliche Merkmale in ihnen weniger miteinander verbunden sind als früher. Wenn man eine Eigenschaft kennt, weiß man dadurch also weniger über andere Eigenschaften und muss sich mehr mit dem Individuum selbst auseinandersetzen. Das ist eine Entwicklung einerseits einfach über die Zeit, andererseits lässt es sich auf steigenden Wohlstand zurückführen. Nur der gegenwärtige Anstieg sozialer Ungleichheit wirkt ein Stück weit de-individualisierend, vermag aber den Trend nicht umzudrehen.

7.2 Die Debatte über die Zweite Moderne

In der Soziologie war in den vergangenen 20 Jahren eine Debatte sehr wichtig, die auf die Arbeiten einer Reihe neuere Theoretiker bezugnimmt. Diese versuchen, die neuere Entwicklung des sozialen Wandels theoretisch zu fassen – „neuer" ist dabei nicht klar zeitlich festgelegt; wie wir sehen werden, gewinnt die Debatte an Aufmerksamkeit in den 1980er Jahren, und es gibt Gründe, das ominöse Jahr 1968 symbolisch zu verhaften für eine Entwicklung, die letztlich schon Anfang der 1960er Jahre ganz langsam beginnt. Die Debatte über diese Entwicklung ist, anders als andere Debatten, inhaltlich wenig spezifisch und behandelt so unterschiedliche Dinge wie Globalisierung und Kosmopolitanismus, Netzwerkorientierung, den Umgang mit Risiken oder auch neue Beziehungsformen.

Schauen wir uns vier der für diese Debatten zentralen Texte einmal genauer an. Der älteste der dieser Debatte zugrunde liegenden Texte ist gewissermaßen das Buch mit der ungeliebtesten Werbekampagne, die es je gegeben hat. Das Buch von Ulrich Beck (1944–2014) mit dem Titel „Risikogesellschaft" (Beck 1986) war gerade fertiggeschrieben, da explodierte am 26. April 1986 ein Reaktor im ukrainischen, damals noch sowjetischen, Kernkraftwerk Tschernobyl etwa 100 km

7.2 Die Debatte über die Zweite Moderne

nördlich von Kiew. Eine vierstellige Zahl Menschen sind seither an Strahlungsfolgen gestorben, radioaktiv belasteter Wind zog über halb Europa und der Begriff der Risikogesellschaft war auf einmal in aller Munde[1].

Dieser Begriff der *Risikogesellschaft* war der Versuch, das Neue zu definieren in einem analytisch weit größeren Konzept, das behauptete, dass die westlichen Gesellschaften in den 1980er Jahren am Anfang einer Entwicklung standen, die gegenüber den Strukturen der Industriegesellschaft eine ähnlich große Zäsur darstellen sollte, wie es die Industriegesellschaft gegenüber der vormodernen, landwirtschaftlich geprägten Gesellschaft gewesen war. Ähnlich wie im 19. Jahrhundert die Modernisierung die vormodern-ständische Agrargesellschaft aufgelöst und durch die Industriegesellschaft abgelöst hat, löst die Modernisierung heute die Konturen der Industriegesellschaft auf und ersetzt sie durch etwas anderes – und ähnlich wie es zwischen 1848 und 1920 die Klassiker Marx, Durkheim, Simmel und Weber ihre Klassizität mit einer Analyse dieser Entwicklungen begründeten, setzt nun Beck zusammen mit den noch zu behandelnden Kollegen dazu an, zu beschreiben und zu verstehen, was da passiert.

Die These selbst, dass die Industriegesellschaft nicht das Ende der Moderne darstellen würde, war nicht neu. Zum ersten Mal wurde bereits 1949 von dem französischen Ökonomen Jean Fourastié (1907–1990) darauf hingewiesen, dass der für die Industriegesellschaft prägende industrielle Sektor der Produktion irgendwann wieder abnehmen und langfristig einer Dominanz des Dienstleistungssektors Platz machen, das heißt zu einer Dienstleistungsgesellschaft führen würde. Um 1970 wurde von Alain Touraine (*1925) und Daniel Bell (1919–2011) auf beiden Seiten des Atlantiks der Begriff der „post-industriellen" Gesellschaft geprägt und erstmals versucht, diese zu beschreiben. (Touraine 1969; Bell 1973) Diese Diskussionsbeiträge sind heute nur noch historisch interessant, weil sie zwar die Diagnose stellten, aber in Kategorien der Industriegesellschaft verhaftet blieben und so vergleichsweise keine allzu großen inhaltlichen Impulse lieferten.

Diese Grundthese eines neuerlichen Bruches innerhalb der Moderne nimmt Beck wieder auf. Statt sich am Konzept der Sektoren (Industrie/Dienstleistung) zu orientieren, spricht er weiter gefasst von einer „Zweiten Moderne" und schlägt den Begriff der Risikogesellschaft für das neue vor, was sich da entwickelt. Als

---

[1] Für eine schnell notwendig gewordene zweite Auflage schrieb Beck im Vorwort bestürzt, das Reden von der Risikogesellschaft habe „einen bitteren Beigeschmack erhalten. Vieles, das im Schreiben noch argumentativ erkämpft wurde – die Nichtwahrnehmbarkeit der Gefahren, ihre Wissensabhängigkeit, ihre Übernationalität [...] – liest sich nach der Katastrophe von Tschernobyl wie eine platte Beschreibung der Gegenwart. Ach, wäre es die Beschwörung einer Zukunft geblieben, die es zu verhindern gilt!"

Risiken fasst Beck einerseits Umweltrisiken, andererseits „soziale Gefährdungslagen" wie etwa Arbeitslosigkeit (S. 31). Entsprechend dem Zeitpunkt seines Schreibens in den 1980er Jahren, d. h. der Phase des geringsten Ausmaßes sozialer Ungleichheit innerhalb der Industrieländer, nimmt Beck dabei an, dass für die Verteilung von Risiken die Sozialstruktur keine Rolle mehr spielt: „Not ist hierarchisch, Smog ist demokratisch" (S. 48), und auch Arbeitslosigkeitsrisiken träfen tendenziell die unterschiedlichen Schichten in ähnlichem Ausmaß. Zur Abgrenzung der beiden Phasen unterscheidet Beck zwischen den Logiken der „Reichtumsproduktion" und der „Risikoproduktion":

„In der fortgeschrittenen Moderne geht die gesellschaftliche Produktion von Reichtum systematisch einher mit der gesellschaftlichen Produktion von Risiken. Entsprechend werden die Verteilungsprobleme und -konflikte der Mangelgesellschaft überlagert durch die Probleme und Konflikte, die aus der Produktion, Definition und Verteilung wissenschaftlich-technisch produzierter Risiken entstehen."

Es kommt zu einem „Wechsel von der Logik der Reichtumsverteilung […] zur Logik der Risikoverteilung" (S. 25).

Aus der Thematisierung dieser Risiken folgt ein zweiter neuer Aspekt:

„Es geht nicht mehr um die Nutzbarmachung der Natur, um die Herauslösung des Menschen aus traditionalen Zwängen, sondern […] wesentlich um Folgeprobleme der technisch-ökonomischen Entwicklung selbst. Der Modernisierungsprozeß wird ‚reflexiv', sich selbst zum Thema und Problem." (S. 26).

Die Moderne wird zu einer „reflexiven Moderne", aber nicht nur, weil sie sich selbst thematisiert, sondern auch, weil die Individuen in der Reaktion auf Risiken viel reflexiver werden und sich selbst zum Thema machen.

Der zweite Autor ist Anthony Giddens (*1938). Sein Buch *Consequences of Modernity* erscheint 1990, vier Jahre nach Becks Buch. Beck nimmt es zum Anlass für einen Text, der sich als Sammelrezension verkleidet, aber eher die Gemeinsamkeiten auslotet (Beck 1992), und zwischen den beiden entsteht später eine Freundschaft, in der Giddens dem jüngeren in vielem zustimmt. Aber Giddens' Buch arbeitet sich an einem ganz anderen Feld ab. Giddens nimmt die intellektuelle Theorie der Postmoderne aufs Korn, zum Beispiel Jean-François Lyotard (1924–1998), David Harvey (*1935) oder Fredric Jameson (*1934), die Sichtweisen auf die aktuelle Entwicklung der westlichen Gesellschaften (Lyotard 1984; Harvey 1989; Jameson 1991) vorgelegt hatten, in denen angesichts der Umweltprobleme und der in den USA und Großbritannien massiv steigenden sozialen Ungleichheit das Ende des „Projektes der Moderne" verkündet wurde,

7.2 Die Debatte über die Zweite Moderne

das heißt das Ende der Hoffnung darauf, dass die Menschheit kollektiv in der Lage sein könnte, ihr Schicksal selbst zu bestimmen, wie das die Industriegesellschaft mit Demokratie und geringer werdenden sozialen Unterschieden als Selbstbild gehabt hatte (Tab. 7.1).

Im Vergleich zu Beck ist Giddens' Konzept von Anfang an internationaler und stärker problemorientiert. Wie die meisten Bücher von Giddens, der etwa im Jahresrhythmus publiziert, verbindet es ein geniales Jonglieren der ungeheuren Belesenheit, die den Autor kennzeichnet, mit einem wachen Blick auf gegenwärtige Entwicklungen, aber eher nicht mit skrupulös erarbeiteter Empirie. Vor allem aber arbeitet sich Giddens an den Positionen der postmodernen Weltsicht ab und hält ihnen Überlegungen einer klassisch orientierten, aber wie Beck die

Tab. 7.1 Gegenüberstellung von Postmoderne und Radikalisierter Moderne bei Anthony Giddens (1990)

	Postmoderne	Radikalisierte Moderne
Ausgangsthese	Grundsätzliche Veränderung der Erkenntnisfähigkeit	Veränderungen von Institutionen erzeugen ein Gefühl der Fragmentierung
Analytischer Fokus	Zentrifugale Tendenzen sozialer Transformation	Dialektik von Auslösung und Reintegration
Sieht…		
…das Selbst	Aufgelöst/zerstückelt durch Fragmentierung der Erfahrung	Als Ergebnis aktiver Prozesse reflexiver Selbstidentität
…das alltägliche Leben	Als „entleert" durch das Eindringen abstrakter Systeme	Als Reaktion auf abstrakte Systeme, mit sowohl Aneignung als auch Verlust
…Wahrheitsansprüche	Als kontextgebunden und historisch	Unabweisbar universell angesichts globaler Probleme
…kollektives Handeln	Ausgeschlossen aufgrund Kontextualisierung und Zerstreuung	Sowohl global wie lokal möglich und notwendig
…Ohnmacht	Als vorherrschendes Gefühl von Individuen angesichts globalisierender Tendenzen	In einer Dialektik mit Ermächtigung (empowerment)
…die neue Phase als	Ende von Individuums, Erkenntnis, oder Ethik	Entstehung neuer Institutionen „beyond modernity"

Entwicklungen weg von der Industriegesellschaft ernst nehmenden Soziologie entgegen.

Das dritte Werk ist die *Netzwerkgesellschaft* von Manuel Castells (*1942), den ersten Band einer umfangreichen Prognose der Gesellschaftsform des Informationszeitalters.

Castells beschreibt hierin (wie schon Bell und Beck vor ihm) Information als zentrale Ressource und die Entwicklung der westlichen Gesellschaften von der Industriegesellschaft zur Informationsgesellschaft. Vor allem aber beschreibt er, wie Netzwerke sich individualisieren. Wir werden in Sitzung 9 noch genauer anschauen, wie es individuell lohnend wird, anstatt von engen, vertrauensvollen, aber informationsarmen Beziehungen in Gruppen Energie auf die Pflege von informationsreichen Beziehungen mit weiter entfernten Akteuren zu verlagern. Dies führt zu einer Gesellschaftsstruktur, in der der Netzwerkcharakter die zentrale Eigenschaft sowohl zwischen als auch innerhalb von Organisationen darstellt: Die Position von Unternehmen wie die von einzelnen Individuen beruhen auf ihrem Zugang zu Informationen, der durch Netzwerke geregelt wird, Projektorientierung hat Kontinuität abgelöst, Unternehmen funktionieren auch intern als Netzwerke, was mit mehr Unsicherheiten einhergeht. (Castells 1996) Insgesamt bietet Castells' Trilogie ‚Information Age' einen großen Erzählbogen („grand narrative") der gegenwärtigen Sozialgeschichte. Weil wir die inhaltlichen Aspekte (wenn auch weniger Castells Ergebnisse) wie gesagt noch in Sitzung 9 diskutieren werden, erlaube ich mir an dieser Stelle abzukürzen.

Der vierte Autor ist Zygmunt Bauman (1925–2017), hier vor allem mit seinem Buch *Liquid modernity* (Bauman 2000)[2]. Es ist hilfreich, dieses Buch von hinten nach vorn zu lesen und so induktiv zu verstehen, wie er von seinem Material zu seiner Theorie kommt.

Bauman unternimmt nämlich eine recht genaue Untersuchung dessen, was sich im konkreten Leben verändert. Hier wird der metaphorische Titel fassbarer, weil die Gegenüberstellung von Fest und Flüssig auf die Veränderung von Arbeitsbeziehungen angewandt wird:

„The ‚Fordist factory' [… was] a ‚till death do us part' type of marriage vow between capital and labor. For better or worse, the partners were bound to stay in each other's company; neither could survive without the other." „Whoever begins a career at Microsoft has not the slightest idea where it will end. Whoever started it at Ford or Renault could be well-nigh certain that it will finish in the same place".

---

[2]Zur Verkürzung der eigenen Lektürezeit wurden die leider autorenlosen Zusammenfassungen auf https://revisesociology.com/ genutzt.

7.2 Die Debatte über die Zweite Moderne

Im übernächsten Buch Liquid Love (Bauman 2003) wird dieselbe Überlegung dann auch auf private Beziehungen übertragen. Wir haben es bei der „Verflüssigung" also mit einer Beschleunigung sozialer Beziehungen zu tun. Auch wenn Bauman quantitative Empirie souverän ignoriert, lässt sich empirisch tatsächlich ein Trend zu kürzeren Anstellungsdauern feststellen, vor allem für Männer, die alten „male bread-winner" der Industriegesellschaft. (Für eine ähnliche und publizistisch ähnlich erfolgreiche Analyse siehe Sennett 1998.)

Daraus ergibt sich ein anderer Blick auf die Individualisierung. Von einer widerständigen Option gegen die gesellschaftlichen Zwänge in der Industriegesellschaft wird sie in der Liquid modernity auf einmal zu einer alternativlosen Notwendigkeit. In expliziter Kritik an Becks Reintegrationsthese sagt Bauman, „es gibt keine Betten zum Wiedereinbetten, wir haben nur Stühle". Damit ist ein intellektueller Widerstand in der Verteidigung individueller Autonomie und Kreativität gegen die Massenkultur, wie er Kern der industriegesellschaftlichen kritischen Theorie war, nicht mehr möglich.

Gleichzeitig stellt Bauman aber auch fest, dass den solcherart individualisierten Individuen die Fähigkeit zum kollektiven Handeln verlorengegangen sei, weil einerseits gesellschaftlich produzierte Probleme überhaupt nicht mehr als Gegenstand politischer Lösungen gesehen werden, sondern als alternativlose Gegebenheiten, an die man sich nur biografisch durch die Art, wie man lebt, anpassen könne, und weil andererseits auch der öffentlicher Raum mit privaten Problemen überflutet würde, anstatt zur Diskussion öffentlicher Fragen genutzt werden zu können. Er ordnet sich damit in die pessimistische Perspektive der postmodernen Theoretiker ein.

Dieser Blick auf empirische Realitäten ist es, den Bauman in seinem ersten Kapitel theoretisch in einer Gegenüberstellung Vorher-Nachher zusammenfasst (ganz ähnlich wie Beck), wobei er die zunächst sehr metaphorische Begrifflichkeit von „schwerer" und „flüssiger" Moderne, *Heavy* und *Liquid modernity,* zur Kennzeichnung nutzt. Wie die Übersicht in Tab. 7.2 zeigt, beginnt sie allerdings mit einer Reihe leerer Zellen, d. h. mit dem, was *Liquid modernity* nicht mehr ist. Hier herrscht eine negative Perspektive auf die industriegesellschaftliche Moderne vor, und das macht Sinn vor dem Hintergrund der Tatsache, dass Bauman in seinem davor geschriebenen Buch (Bauman 1998) das spezifisch Moderne des Holocaust analysiert hatte: Obwohl auch die Analyse der Liquid modernity nachher sehr kritisch bis besorgt ist, macht dieser erste Teil deutlich, dass Bauman sich keinesfalls als Nostalgiker verstanden sehen will. Selbst die positiven Ikonen der Industriegesellschaft werden gleich auf ihre negativen Aspekte hin angesprochen.

Soweit dieser Kürzestüberblick (der natürlich eher dazu anregen soll, die Texte selbst in die Hand zu nehmen, als das zu ersetzen) über vier Texte, die in

Tab. 7.2 Gegenüberstellung von Heavy modernity und Liquid modernity bei Bauman (2000)

	Heavy modernity	Liquid modernity
Gefahr	Totalitarismus (erzwungene Homogenität, Verbot von Kontingenz/Vielfalt)	–
Hauptikonen	Fabrik der Fordisten, Routinen, Bürokratie, die Identität/soziale Bindung unterdrücken	–
Kontrollmethoden	Panoptikum, Big Brother, Gulag	–
Dystopien	Orwell, Huxley	–
Individualisierung	Widerständige Option gegen Gruppenzwang	Notwendig ohne Ausweichmöglichkeit
Integration in die Gesellschaft	Identifikation als Mitglied einer sozialen Klasse	Unmöglich: „no beds for ‚re-embedding'"
Intellektueller Widerstand	Verteidigung individueller Autonomie und Kreativität gegen Massenkultur	Nicht mehr möglich
Gesellschaftlich produzierte Probleme	Gegenstand politischer Lösung	Biografisch gelöst durch die Art, wie man lebt
Öffentlicher Raum	Genutzt zur Diskussion öffentlicher Fragen	Überflutet mit privaten Problemen

vielen angewandten Soziologien gemeinsam zur theoretischen Fassung der gegenwärtigen Situation der europäisch geprägten Gesellschaften verwendet werden. Lässt sich die bisher in der Vorlesung verwendete Systematik nutzen, um ihre Gemeinsamkeiten und Unterschiede noch ein wenig besser einbetten zu können?

7.3 Modernisierung

Um die Struktur der zweiten Moderne innerhalb einer handlungstheoretischen Systematik verstehen zu können, braucht es im wesentlichen zwei Schritte. Es kann erst der zweite Schritt sein zu verstehen, warum die Struktur der europäischen Moderne die spezifische zweistufige Form angenommen hat, auf die die genannten vier Autoren mehr oder minder explizit verweisen. In einem

7.3 Modernisierung

ersten Schritt muss es zunächst darum gehen, wie Handlungen langfristig auf Handlungssituationen wirken und sie verändern.

Diese Zusammenhänge werden in der Soziologie allgemein unter dem Begriff der Modernisierung gefasst. Menschen können in gewissem Masse in die Zukunft blicken, und weil ein mögliches Motiv für Handlungen ist, dass es ihnen zukünftig besser gehen möge, versuchen sie ihre Handlungssituationen dahin gehend zu beeinflussen. Von den drei Aspekten der Handlungssituation ist derjenige, der die Entstehung der Moderne am direktesten beeinflusst hat, die Ressourcensituation. Die anderen beiden Aspekte werden wir auch noch anschauen, aber bleiben wir einmal bei den Ressourcen: Menschen bauen Kapital auf, wenn sie dazu die Möglichkeit haben.

In der Menschheitsgeschichte gibt es dazu zwei große Brüche, der eine mit dem Beginn von Ackerbau und der Sesshaftwerdung vor etwa 8000 Jahren, der andere vor etwa 200 Jahren mit der Industriellen Revolution. Zwischen diesen beiden Zeitpunkten hat es mitunter Zusammenbrüche gegeben, in denen eingespielte Institutionen zerbrachen und das Wohlstandsniveau nachhaltig zurückging, das letzte Mal mit dem Untergang des Römischen Reiches. Aber seit dem Frühmittelalter zeigt die Geschichte der Menschheit eine zentrale Entwicklungstendenz: Es geht nach oben.

Die industrielle Revolution wird vorbereitet durch Veränderungen in den anderen beiden Bereichen: bereits vierhundert Jahre vorher im Verhältnis zum Wissen, d. h. der Präzisierung von Erwartungen, seit dem 15. Jahrhundert: Galileo Galilei steht beispielhaft für die Akzeptanz empirischen Wissens, Johannes Gutenberg und das Medium des Buchdrucks für seine Verbreitung, Christoph Columbus für seine Nutzung. Und dreihundert Jahre vorher durch die Reformation, die diese Unterschiede im Wissen für eine Beeinflussung in den Motivationen nutzt, die wir bei Max Weber bereits als vorbereitende Kraft für den Start in die industrielle Revolution kennengelernt haben. Aber das, was wir heute als moderne Gesellschaft bezeichnen, nimmt seinen Ausgang erst mit der Nutzung von Dampf als Antrieb für Maschinen im späten 18. und frühen 19. Jahrhundert.

In den Statistiken des britisch-holländischen Wirtschaftshistorikers Angus Maddison kann man etwa um 1820 herum einen klaren Bruch in der Entwicklung des globalen Pro-Kopf-Einkommens festmachen. Zwar hat er keine Messungen zwischen 1 und 1000, aber es ist relativ plausibel, einen heftigen Einbruch mit der Völkerwanderung und danach eine Entwicklung anzunehmen, die ähnlich schnell ist wie nachher zwischen 1000 und 1819, nämlich 4 % Wachstum pro Jahrhundert. Ab 1820 steigt die Entwicklungsgeschwindigkeit auf 1 bis 2 % pro Jahr, als Resultat hat sich das Pro-Kopf-Einkommen im Durchschnitt der gesamten Menschheit seit 1820 mehr als verzehnfacht (Abb. 7.2).

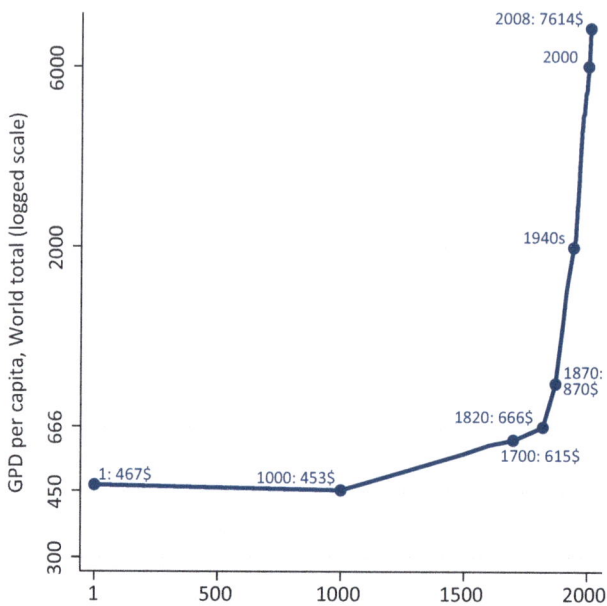

Abb. 7.2 Entwicklung des globalen Pro-Kopf-Einkommens, 1–2008 (Maddison 2006)

Was bedeutet solch eine Entwicklung für individuelle Interaktionssituationen? Zunächst einmal können wir feststellen, dass die gesellschaftliche Komplexität zunimmt (Urry 2003), und zwar durch drei Veränderungen:

- mehr Optionen sind verfügbar entsprechend der Definition von Ressourcen;
- mehr Informationen sind nötig, weil das ja jeweils nicht nur für das Individuum, sondern auch all seine Interaktionspartner gilt; und
- mehr Informationen sind aber auch erreichbar, weil Ressourcen für die Erlangung von Information eingesetzt werden können.

Mehr verfügbare Ressourcen und mehr verfügbare Informationen sind also miteinander verbunden. Hieraus ergeben sich insbesondere zwei Mechanismen.

Erstens gibt es Konventionalsituationen, deren alternative Gleichgewichte durch den Einsatz von Ressourcen und Information in ihrer Leistungsfähigkeit eruiert werden können: Man hat etwas gefunden, das funktioniert, aber könnte etwas einsetzen, um zu sehen, ob es nicht auch noch besser funktionieren könnte.

7.3 Modernisierung

Arme Gesellschaften haben diese Möglichkeit nicht, für sie gilt immer „never change a running system", und die Norm, die aufgebaut wird, um die Metakonvention zu schützen, ist der Wert der Tradition. Reiche Gesellschaften hingegen haben die Möglichkeit, Informationen über alle möglichen Gleichgewichtssituationen einzuholen und dann diejenige zu wählen, die den höchsten erwarteten Nutzen verspricht. Dabei kann die Freude, die sich daraus ergibt, einer Tradition treuzubleiben, durchaus als Nutzenaspekt mit in das Kalkül hineingenommen werden, aber es ist dann trotzdem nur ein Nutzenaspekt unter anderen. Die Norm, die aufgebaut wird, um diese Metakonvention zu schützen, ist der Wert sozialer Rationalität. Max Weber hat dies in seiner Rede *Wissenschaft als Beruf* wie folgt beschrieben:

> Die zunehmende Intellektualisierung und Rationalisierung bedeutet [weniger die Kenntnis der Lebensbedingungen als] das Wissen davon oder den Glauben daran: daß man, wenn man nur wollte, es jederzeit erfahren könnte, daß es also prinzipiell keine geheimnisvollen unberechenbaren Mächte gebe, die da hineinspielen, daß man vielmehr alle Dinge – im Prinzip – durch Berechnen beherrschen könne. Das aber bedeutet: die Entzauberung der Welt. Nicht mehr, wie der Wilde, für den es solche Mächte gab, muss man zu magischen Mitteln greifen, um die Geister zu beherrschen. Technische Mittel und Berechnung leisten das. (Weber 1984).

Ein zweiter Grund betrifft das Verhältnis der Individuen zueinander und die Rolle sozialen Status'.

Wenn gemeinsame Entscheidungen zu treffen sind und dafür Informationen eingeholt werden müssen, stellt sich die Frage, wer die Informationen einholt und dann auch an der Entscheidungsfindung beteiligt wird. In einer armen Gesellschaft ist es einfacher, den Ressourcenaufwand für die Informationseinholung zu zentralisieren und eines der Gruppenmitglieder die Informationen einholen und die Entscheidung treffen zu lassen, und zwar dasjenige, das über die meisten Ressourcen verfügt, das heißt dasjenige mit dem höchsten Status. Die Norm, die aufgebaut wird, um diese Konvention zu schützen, ist der Wert des Respekts vor Hierarchien. In einer reichen Gesellschaft ist es hingegen sinnvoller, wenn alle Mitglieder sich gemeinsam auf die Suche nach der Information beziehungsweise in der Praxis ja den Informationen (weil es meist mehrere sind) machen, zusammentragen, was sie gefunden haben, und gemeinsam die Entscheidung treffen. Die Norm, die aufgebaut wird, um diese Konvention zu schützen, ist der Wert der Deliberation, wie wir sie bei Jürgen Habermas kennengelernt haben (Habermas 1992).

Bei Habermas ist das zwar als normative Theorie für Gegenwartsgesellschaften formuliert, aber aus einer etwas distanzierteren Haltung kann man ganz gut sehen, dass diese Norm aus der gesellschaftlichen Situation entsteht, und eben spezifischer aus der Ressourcensituation. In ärmeren, aber auch schon hochkomplexen Gesellschaften wie denjenigen des europäischen Mittelalters führte die viel höhere Bedeutung von Status zum Erlass von Luxusgesetzen, die jeder Schicht genau vorschrieben, was sie anziehen durfte und was nicht, damit in Interaktionssituationen unter Unbekannten ohne große Nachfragen gleich klar sein konnte, wer wem etwas zu sagen hatte und wer nicht. (Hunt 1996).

Die Deliberation ist etwas neuer, sonst spiegelt der grundsätzliche Gedanke, dass ein Zuwachs an Ressourcen zu veränderten Interaktionsnormen führen würde, einen Stand des Nachdenkens wieder, den die Modernisierungstheorie bereits in den 1950er Jahren erreicht hatte (Lerner 1965) – und mit dem sie sich kläglich blamierte, weil sie naiv falsch vorhersagte, dass alle Gesellschaften der Welt denselben Pfad nehmen würden, und dafür völlig übersah, dass es noch einmal zu einem zweiten Modernisierungsschub kommen würde. (Knöbl 2003).

7.4 Die Zweistufigkeit der europäischen Moderne

Was war da übersehen worden?

Einfach gesprochen: die Existenz von Organisationen in der europäischen Tradition – und die Tatsache, dass es innerhalb von Organisationen auch in Europa in den 1950er Jahren noch sehr traditionell herging. Die beiden Mechanismen der Wechsel von Tradition zu Rationalität und von Autorität zu Deliberation sind handlungstheoretische Mechanismen, und als solche sind sie definiert über Akteure. Akteure können aber eben nicht nur Individuen sein, sondern auch Kollektivakteure, also Organisationen. Dieses eine Argument fächert sich auf in mehrere Punkte, die die naive Modernisierungstheorie der 1950er Jahre übersehen hatte:

- die industriegesellschaftliche Moderne war eine spezifisch europäische Moderne, weil es die Tradition von Organisationen so nirgendwo anders gab, dementsprechend konnte sie nicht einfach so auf andere Teile der Welt übertragen werden;
- sie war eine unvollständige Moderne, die modern erst auf der gesamtgesellschaftlichen Ebene war und sich im Alltagsleben noch viel an traditionellen Hierarchien bewahrt hatte, dementsprechend stand eine zweite und vollständigere Moderne noch aus;
- sie hatte sich nur auf der unteren Ebene innerhalb von Organisationen naturwüchsig entwickelt, aber auf der gesamtgesellschaftlichen Ebene zwei

7.4 Die Zweistufigkeit der europäischen Moderne

Weltkriege zur Durchsetzung gebraucht, dementsprechend ist auch die Implementation einer zweiten Moderne mit Konflikten und sozialen Problemen verbunden.

Schauen wir uns diese drei Versäumnisse einmal genauer an. Wie wir oben in 3.2 kurz angesprochen haben, sind historisch gesehen Organisationen etwas spezifisch Europäisches. Europa, das Christentum, und Organisationen entstehen im Frühmittelalter gemeinsam: Der Zusammenbruch des römischen Reiches hinterließ ein institutionelles Vakuum auf einem Kontinent, der immer noch zu zerklüftet war, als dass er wie etwa China hätte zentral beherrscht werden können, der aber durch die Römerstraßen kommunikativ verbunden war. Da passte das institutionelle System des Monotheismus als einigendes Band gut, und zwar in einer Form, die von einer jüdischen Sekte erst einmal dazu entwickelt worden war, nicht unterzugehen im Nebeneinander mit dem römischen Reich, solange dieses noch existierte, und nun von den Kirchenvätern und danach den europäischen Mönchen dahingehend umgebaut wurde, dass es ein Nebeneinander von hierarchischen Fürstentümern ermöglichte. Das Dogma der Trinität übte allgemein ein, sich auf verschiedene institutionelle Ebenen zu beziehen; „gebt dem Kaiser, was des Kaisers ist, und Gott, was Gottes ist" (Mt. 22:21) unterstützte diese Abgrenzung verschiedener Ebenen in Bezug auf den Staat, und die Unauflöslichkeit der Ehe in Bezug auf den Haushalt.

Das institutionelle System des Christentums ermöglichte zunächst einmal, die Entstehung kommunikativ verbundener Staaten, die miteinander wetteiferten und so überhaupt erst die Entwicklungen seit der Renaissance ermöglichten. (Hoffman 2012) Es ermöglichte, dass in den europäischen Städten des Mittelalters die Handwerker sich in Zünften zusammenschlossen, die ein Machtgleichgewicht erreichten und so in vielen Fällen „Reichsunmittelbarkeit" und städtische Autonomie von den jeweiligen Territorialfürsten durchsetzen konnten, eine Besonderheit unter den Städten der Welt der damaligen Zeit (Blockmans und 't Hart 2013). Es ermöglichte eben die Entstehung des ökonomischen Unternehmens, das unabhängig vom Schicksal von einzelnen Familien gedacht werden konnte und deshalb in der Lage war weit über diese hinauszuwachsen. Ganz allgemein ermöglichte es Organisationen in allen Feldern und auf sehr unterschiedlichen Ebenen, die wir in Kap. 3 angeschaut haben.

Wenn man aber die Entwicklung anschaut von armen Gesellschaften zu reichen Gesellschaften, dann ist der Zeitpunkt, an dem Tradition und Hierarchie als Gleichgewichte ihre Stabilität verlieren und der Wechsel zu Rationalität und Deliberation beginnt, sehr viel früher, das heißt auf weit geringeren Niveaus des Pro-Kopf-Einkommens erreicht für diejenigen Interaktionen, die sich zwischen Organisationen abspielen, als für diejenigen Interaktionen, die innerhalb von Organisationen zwischen Individuen stattfinden.

Man kann nun in einer ganzen Reihe institutioneller Felder nachzeichnen, wie die Institutionen der industriegesellschaftlichen ersten Moderne erst einmal nur auf Rationalität und Deliberation außerhalb von und zwischen Organisationen eingestellt waren.

- So beruhte die industriegesellschaftliche Wirtschaft auf einem einigermaßen freien, jedenfalls nicht durch traditionelle Schranken behinderten Wettbewerb von Unternehmen, aber die Interaktionen in den Firmen waren von starken Hierarchien und im Ausgleich hierfür der Aufrechterhaltung traditionell-paternalistischer Kontinuitäts- und Verantwortlichkeitsvorstellungen gekennzeichnet.
- Ganz analog beruhte die Demokratie, die nach dem Zweiten Weltkrieg als die alternativlose politische Form für Industriegesellschaften anerkannt war (die kommunistischen Diktaturen sahen sich als „Volksdemokratien" und als die besseren Demokratien), in ihrer westlichen Form auf einem offenen Wettbewerb zwischen Parteien, aber innerhalb der Parteien galten von den Parteispitzen über die Parteibasis bis zu den aufgrund dauerhafter Interessenbindungen langfristig festgelegten Unterstützern sehr klare Hierarchien.
- Und Familien waren nicht mehr darauf festgelegt, die Lebensentwürfe der jeweiligen Elterngeneration zu übernehmen, und vor allem in der Begründung von Haushalten, nämlich der Partnerwahl, setzte die neue Norm der romantischen Liebe die freie Entscheidung in einem vor allem für Frauen zuvor nicht denkbaren Masse durch, aber innerhalb der Familien waren die Hierarchien zu den Kindern kaum weniger hoch und zwischen den Geschlechtern sogar teils höher als zuvor.

Rationalität und Deliberation zwischen den Individuen innerhalb der Organisationen haben sich im Gegensatz dazu erst seit 1968 ausgebreitet:

- In der Wirtschaft begann erst mit 1968 die Durchsetzung von Modellen der Zusammenarbeit, die mehr Mitsprache und Autonomie und flachere Hierarchien einführten. Der Preis für die Aufgabe traditioneller Hierarchien innerhalb von Organisationen war aber auch, dass Unternehmen äußere Veränderungen nicht mehr einfach gegenüber den Arbeitnehmern abpuffern, sondern diese an sie weitergeben. Teils aus diesem Grund, teils auch aufgrund der Tatsache,

7.4 Die Zweistufigkeit der europäischen Moderne

dass Arbeitnehmer über ihre größer gewordenen Netzwerke mehr Wahlfreiheit haben, hat die Stabilität der Arbeitsverhältnisse (wie oben von Bauman thematisiert) deutlich abgenommen.
- In der Politik hat die Rolle der traditionellen Parteibindung und langfristiger Parteiengagements stark abgenommen. Andererseits hat die Rolle von spezialisierten NGOs und Interessengruppen stark zugenommen, die aber bislang noch nur als Lobbygruppen außerhalb der institutionalisierten Entscheidungsprozesse Einfluss nehmen können.
- Und in Bezug auf das private Zusammenleben wurden alle denkbaren Alternativkonzeptionen jenseits der heterosexuell verheirateten Familienkonstellation rational erörtert und in vielen westlichen Ländern von ihnen entgegenstehenden rechtlichen und sozialen Normen befreit: unverheiratetes Zusammenleben, Scheidung, uneheliche Kindsgeburten, Homosexualität waren alle in der industriegesellschaftlichen Konzeption nicht vorgesehen gewesen und sind seit 1968 zunehmend Normalität geworden.

Man kann allerdings zudem argumentieren, dass auch die neuen Institutionen sowohl auf der Ebene innerhalb von Organisationen als auch auf der gesamtgesellschaftlichen Ebene eingeführt werden müssen. In dieser Sicht wären dann die vom späten 19. Jahrhundert bis in die 1940er Jahre aufgestauten Probleme Ergebnisse dessen, dass zwar die Organisationen bereits im begrenzten Sinne der Industriegesellschaft modern waren, aber auf gesamtgesellschaftlicher Ebene noch nicht die entsprechenden Selbstverständlichkeiten etwa in Blick auf die generelle Akzeptanz der Demokratie und von nichtrevolutionären Gewerkschaften herrschten. Analog würde sich daraus ergeben, dass auch aktuell in den Gesellschaften, die derzeit mit gestiegenen sozialen Ungleichheiten und politischer Unzufriedenheit leben, die gesamtgesellschaftlichen Institutionen noch nicht dem gestiegenen Individualismus in der Gesellschaft entsprechen, dass also entsprechend noch institutionelle Innovationen für die Zukunft zu erwarten sein könnten, die wir bisher nicht kennen (Tab. 7.3).

In diesem handlungstheoretisch hergeleiteten Raster lassen sich jetzt die vier Theoretiker als Illustrationen bestimmter Aspekte verorten:

- Die Bedeutung des *Risikobegriffs,* der Ulrich Beck so wichtig ist, hat in dieser Sichtweise zugenommen, weil Organisationen Risiken gegenüber den Individuen nicht mehr selbstverständlich abpuffern, sondern sie weitergeben: weil im Fall schlechter Konjunktur Firmen eher Arbeitnehmer entlassen, im Fall von Skandalen Parteien nicht mehr selbstverständlich hinter betroffenen Politikern stehen, Ehen im Fall divergierender Lebenspläne eher auseinandergehen, als

Tab. 7.3 Wellen institutioneller Innovation seit dem 19. Jahrhundert

Ebene der regulierenden Institutionen	Ebene der zugrunde liegenden Interaktionen	
	Erste Transition	Zweite Transition
Organisationsformen	*ca. 1820 bis 1920*	*seit ca. 1968*
Intimität	Romantische Liebe	Diverse Intimität
Bildung	(Primar-)Schulpflicht	Tertiärbildung
Wirtschaft	Bürokratische Firmen	Boundarylessness
Politik (national)	Parteien	Lobbyorganisationen
Politik (supranational)	Nationalstaaten	Mehrebenenpolitik
Soziale Probleme	*19. Jhd. bis 1949*	*seit 1990er Jahren*
Verteilung	Soziale Ungleichheit	Ungleichheit/Prekarität
Wirtschaft	Krisenanfälligkeit (1929)	Krisenanfälligkeit (2008)
Politik	Demokratieinstabilität	Demokratieinstabilität
Makro-Institutionen	*1938 bis 1950er Jahre*	*noch ausstehend*
Bildung	Sekundärbildung	??
Wirtschaft	Kollektivverhandlungen	??
Politik (national)	Demokratie	??
Politik (supranational)	UN-System	

dass die alten Traditionen und Hierarchien noch so funktionierten wie sie das in der Industriegesellschaft noch getan hatten. Die mit der Frage des Umweltschutzes gemeinsame Verwendung des Risikobegriffes verweist darauf, dass die Ausbildung problemlösender Institutionen oberhalb des Nationalstaates bisher noch unbefriedigend geblieben ist.

- Die Bedeutung der *Verflüssigung* sozialer Beziehungen, wie sie Zygmunt Bauman beschreibt, ist sehr ähnlich wie diejenige des Beck'schen Risikobegriffes zu sehen; während jener auf die Wahrscheinlichkeiten abhebt, dass angesichts von Umweltveränderungen auch Veränderungen auf der Individualebene eintreten, zielt Baumans Sichtweise einfach auf die durchschnittlichen Dauern sozialer Beziehungen. Mit Giddens ist diesem Pessimismus von Bauman (und übrigens auch dem Pessimismus von Giddens selbst, der in einem Buch zur Veränderung von Beziehungen, Giddens 1992, ähnlich skeptische Positionen vertritt) aber entgegenzuhalten, dass offene Gesellschaften auf die lange Sicht durchaus eine institutionelle Lernfähigkeit besitzen können, die ermöglichen kann, solchen negativen Entwicklungen mit Veränderungen zu begegnen.

7.4 Die Zweistufigkeit der europäischen Moderne

- Die Bedeutung des *Netzwerkbegriffes* bei Manuel Castells ergibt sich daraus, dass individuelle Beziehungsstrukturen die alteuropäische Rolle der Einbindung in Gruppen übernommen haben – wie es ja schon Georg Simmel gesehen hatte, der aber die gruppenrestituierende Wirkung, die die Etablierung der Industriegesellschaft nach dem Zweiten Weltkrieg gehabt hat, nicht hatte vorhersehen können, sodass die von Simmel vorhergesagte Individualisierung erst nach 1968 einsetzte und von dem von Mark Granovetter gefundenen Argument für die Bedeutung schwacher Beziehungen ja noch unterstützt worden ist.

- Dem grundsätzlichen Optimismus einer *radikalisierten Moderne*, wie Giddens ihn gegen den Pessimismus der Postmoderne (dem übrigens ja auch Bauman stark verhaftet bleibt) ins Felde führt, ist aus dieser Sichtweise zuzustimmen in Bezug auf das Potenzial, dass sich noch neue Institutionen einer individualistischeren politischen Entscheidungsfindung (etwa mit einer stärkeren Rolle direkter Demokratie) und einer individualistischeren Arbeitsmarktorganisation (in der individuelle Netzwerke eine größere Rolle bekämen analog derjenigen, die die Gewerkschaften in der Industriegesellschaft spielten) denken lassen; aber die von Giddens vorhergesagten Zellen für eine „vierte Welle institutioneller Innovation", die etwa einen zweiten Kuznets-Zyklus ermöglichen würde, sind noch offen.

Das Verhältnis der genannten vier Autoren lässt sich durch ihr Verhältnis zu Zeit und Raum strukturieren wie in Tab. 7.4.

In Bezug auf die Zeit ist der Vergleich der aktuellen Entwicklungen zu denjenigen am Beginn der industriegesellschaftlichen Moderne bei Beck und Giddens sehr viel präsenter als bei Castells und Bauman. In Bezug auf den Raum präsentieren Giddens und Castells sehr viel internationaler angelegten Untersuchungen,

Tab. 7.4 Vier zentrale Autoren der Zweite-Moderne-Debatte, nach wesentlichem geographischem und temporalem Analysehorizont

		Zeitvergleichend	Aktualitätsorientiert
Autor (Jahr)	National	Beck (1986)	Bauman (2000)
Begriff		Risikogesellschaft	Liquid modernity
Argument		Individualisierung	Flexibilisierung
Autor (Jahr)	International	Giddens (1990)	Castells (1996)
Begriff		Radikalisierte Moderne	Netzwerkgesellschaft
Argument		Problemlösbarkeit	Netzwerkcharakter

während Beck und Bauman die jeweiligen innerhalb der nationalstaatlich definierten Gesellschaften sich vollziehenden Entwicklungen untersuchen. So ermöglichen diese beiden Dimensionen eine einfache Matrix-Einordnung der Autoren samt ihrer Kernbegriffe und zentralen Argumente.

Zusammenfassung

In diesem Kapitel haben wir uns angeschaut, wie man mit den bereits entwickelten Begriffen die Dynamiken sozialen Wandels der letzten 200 Jahre verstehen kann.

- Sie kennen und verstehen jetzt den Begriff der Individualisierung, mit der strukturellen Sichtweise von Georg Simmel, der psychologischen von Norbert Elias und der prozessorientierten von Ulrich Beck.
- Sie kennen und verstehen jetzt Ulrich Beck darüber hinaus auch mit seinem Konzept der Risikogesellschaft, Anthony Giddens mit seiner Verteidigung einer „radikalisierten Moderne" gegen den Fatalismus der Postmoderne, Manuel Castells mit seinem Konzept der Netzwerkgesellschaft und Zygmunt Bauman mit seiner Gegenüberstellung von „Heavy modernity" und „Liquid modernity".
- Sie wissen und verstehen jetzt, wie Modernisierung als Prozess einfach durch Wachstum und Wissenszuwachs die Art und Weise verändert, wie Menschen miteinander umgehen.
- Und Sie wissen und verstehen jetzt, wie Organisationen als mittlere Ebene sozialer Interaktion dazu führen, dass diese Modernisierung der sozialen Interaktion in Europa eine spezifische Form mit zwei Übergängen institutionellen Wandels und der als Großgruppengesellschaft verfassten Industriegesellschaft mit ihren ganz spezifischen und heute in allgemeine Performanzprobleme hineinkommenden Institutionen aufweist, und können die Großtheoretiker Beck, Giddens, Castells und Bauman diesem Theorierahmen zuordnen.

Übungsfragen

1. Ulrich Becks Aussage „Not ist hierarchisch, Smog ist demokratisch" wird einerseits als widerlegt angesehen und weist andererseits auf die beiden Aspekte von Becks des zentralen Konzeptes. Welches ist das Konzept, welches die beiden Aspekte, und inwiefern gilt die These als widerlegt?

2. Wie positioniert Anthony Giddens sein Konzept der radikalisierten Moderne gegen dasjenige der Postmoderne in Bezug auf das Selbst und sein alltägliches Leben?
3. Vergleichen Sie die Positionen von Ulrich Beck und Zygmunt Bauman in Bezug auf die Frage der Reintegration von aus ihren industriegesellschaftlichen Bindungen freigesetzten Individuen!
4. Wenden Sie Becks Risikokonzept und Baumans Verflüssigungskonzept auf die Arbeitsplatzsituation z. B. von Journalisten an! Was ist gemeinsam, was unterschiedlich?
5. Nennen Sie von den im Text behandelten vier Theoretikern einen mit einer dezidiert positiven (wenn auch problembewussten) und einen mit einer dezidiert kritischen (wenn auch keinesfalls nostalgischen) Sicht auf die Entwicklungen der sogenannten zweiten Moderne!

Literatur

Zentrale Referenzen

Bauman, Zygmunt. 1998. *Modernity and the Holocaust*. Cambridge: Polity.
Bauman, Zygmunt. 2000. *Liquid modernity*. Cambridge: Polity.
Bauman, Zygmunt. 2003. *Liquid Love: On the Frailty of Human Bonds*. Cambridge: Polity.
Beck, Ulrich. 1983. "Jenseits von Stand und Klasse? Soziale Ungleichheiten, gesellschaftliche Individualisierungsprozesse und die Entstehung neuer sozialer Formationen und Identitäten." in *Soziale Ungleichheiten. Soziale Welt, Sonderband 2*, hg. Reinhard Kreckel: Göttingen.
Bauman, Zygmunt. 1986. *Risikogesellschaft*. Frankfurt/Main: Suhrkamp.
Bauman, Zygmunt. 1992. "How modern is modern society?" *Theory Culture & Society* 9:163–169.
Bell, Daniel. 1973. *The Coming of the Post-Industrial Society: a venture in social forecasting*. London: Heinemann.
Castells, Manuel. 1996. *The Rise of the Network Society, The Information Age: Economy, Society and Culture Vol. I*. Cambridge, MA: Blackwell.
Elias, Norbert. [1939] 1969. *Über den Prozeß der Zivilisation. Soziogenetische und psychogenetische Untersuchungen*. Bern: Francke.
Giddens, Anthony. 1992. *The Transformation of Intimacy: Sexuality, Love and Eroticism in Modern Societies*. Stanford: Stanford University Press.
Habermas, Jürgen. 1992. *Faktizität und Geltung : Beiträge zur Diskurstheorie des Rechts und des demokratischen Rechtsstaats*. Frankfurt am Main: Suhrkamp.
Harvey, David. 1989. *The Condition of postmodernity*: Blackwell.

Jameson, Fredric. 1991. *Postmodernism, or, The cultural logic of late capitalism.* Durham: Duke University Press.
Lerner, Daniel. [1958] 1965. *The Passing of Traditional Society: Modernizing the Middle East.* New York/London: Free Press.
Lipset, Seymour Martin, und Stein Rokkan. 1967. *Party Systems and Voter Alignments: Cross-National Perspectives.* New York: Free Press.
Lyotard, Jean-François. 1984. *The postmodern condition : a report on knowledge.* Minneapolis: University of Minnesota Press.
Sennett, Richard. 1998. *The Corrosion of Character: The Personal Consequences of Work in the New Capitalism.* New York: W. W. Norton.
Simmel, Georg. 1890. "Über die Kreuzung sozialer Kreise." S. 100–116 in *Über soziale Differenzierung. Soziologische und psychologische Untersuchungen,* hg. Leipzig: Duncker & Humblot.
Touraine, Alain. 1969. *La société post-industrielle. Naissance d'une société.* Paris: Denoël.
Urry, John. 2003. *Global complexity.* Cambridge: Polity Press.
Weber, Max. [1919] 1984. *Wissenschaft als Beruf.* Berlin: Duncker und Humblot.

Beispiele soziologischer Studien

Hoffman, P. T. 2012. "Why Was It Europeans Who Conquered the World?" *Journal of Economic History* 72:601–633.
Hunt, Alan. 1996. *Governance of the Consuming Passions: A History of Sumptuary Law.* New York: St. Martin's.
Knöbl, Wolfgang. 2003. "Theories that won't pass away: The never ending story of modernization theory." S. 96–107 in *Handbook of Historical Sociology,* hg. Gerard Delanty und Engin F. Isin. London: Sage.

Weitere Referenzen

Blockmans, Wim, und Marjolein 'T Hart. 2013. "Pre-Modern Cities: Power." in *The Oxford Handbook of Cities in World History,* hg. Peter Clark. Oxford: Oxford University Press.

Methoden 8

> **Überblick**
>
> Wissenschaft macht aus, dass sie ihr eigenes Vorgehen reflektiert und zu lehr- und replizierbaren Methoden vereinheitlicht. In diese einen Einblick zu geben, ist das Ziel dieses Kapitels.
>
> - Dazu gehört zunächst die Einsicht, dass auch Methoden nicht im luftleeren Raum der reinen Theorie entstehen, sondern in sozialen und historisch verorteten Prozessen. In Abschn. 8.1 schauen wir uns an, wie die Entwicklung soziologischer Methoden auf die Veränderungen der ersten und zweiten Moderne reagiert.
> - Abschn. 8.2 stellt Ihnen denjenigen Zweig der Methoden vor, der sich in der quantitativen Überprüfung theoretischer Hypothesen wesentlich dem Konzept des Kritischen Rationalismus verdankt, das Karl Popper parallel zur Entstehung der Industriegesellschaft entwarf. Wenn Sie Soziologie als Hauptfach studieren, werden Sie in diesem Bereich noch viel Zeit mit anderen Lehrveranstaltungen verbringen, aber einen einfachen Kerngedanken, der Ihnen dennoch schon einen Einblick in viel Primärliteratur ermöglicht, können Sie hier auch schon auf wenigen Seiten aufnehmen.
> - Abschn. 8.3 gibt Ihnen einen kleinen Einblick in das große Feld der qualitativen oder hermeneutischen Methoden, die vorwiegend induktiv strukturbildend eingesetzt Interpretationen menschlicher (sehr selten einmal anderer) Akteure erfassen.

8.1 Phasen methodologischer Orientierung

Mit dieser sozialen Struktur reagiert die Wissenschaft als ganze und in ihr die Soziologie charakteristisch auf die sozialen Veränderungen der ersten und zweiten Moderne, auf eine Art und Weise, die Sie kennen und verstehen müssen, um sich in ihr kompetent bewegen zu können.

Trotz einer langen Vorgeschichte, die in der Physik über Leibnitz und Newton mindestens bis zu Galilei und eher noch weiter zu islamischen und chinesischen Vorläufern zurückgeht, beginnt die moderne Wissenschaft parallel zu Aufbrüchen in anderen gesellschaftlichen Bereichen um den Wechsel vom 18. zum 19. Jahrhundert mit der Wissenschaftsphilosophie der Aufklärung, die 1809 mit der Gründung der Berliner Universität durch Wilhelm von Humboldt und ihrer Verbindung von Forschung und Lehre in ein institutionelles Konzept umgesetzt wurde, das es ermöglichte, alle Bereiche wissenschaftlicher Erkenntnis mit neuen Theorien zu erschließen.

In den Gesellschaftswissenschaften (und teilweise auch über diese hinaus) erwies sich dieses Konzept jedoch in der ersten Hälfte des 20. Jahrhunderts als nicht stabil, da ihm ein institutionalisiertes Konzept der Wahrheitsfindung fehlte. Dies wurde besonders intensiv von Karl Raymund Popper empfunden, der in den 1920er Jahren in Wien studierte, einer Stadt, die damals ein vibrierender Ort intensiver Theoriediskussion war, von der die Psychoanalyse Siegmund Freuds ausging und in der viele andere Theorien sehr intensiv diskutiert wurden, ohne dass man aber in der Lage war, in diesen Diskussionen zu sachlich basierten Entscheidungen zu kommen, und stattdessen die Diskussionen vor allem zu weltanschaulichen Fragen mehr und mehr unter Zuhilfenahme von Gewalt (bei weitem nicht nur, aber vor allem und schließlich erfolgreich von rechter Seite) entschieden wurde.

Im Gegensatz zu dieser aufgeheizten Atmosphäre war Popper extrem beeindruckt von einem Paradebeispiel empirischer Überprüfung: Anfang des 20. Jahrhunderts hatte ja auch die Relativitätstheorie von Albert Einstein ähnlich großes Aufsehen erregt. Aber am 19.5.1919 hatte sich die Gelegenheit geboten, sie empirisch zu überprüfen, indem sich bei einer Sonnenfinsternis die Vorhersage machen ließ, dass durch die geringere Sonneneinstrahlung Sterne sichtbar werden sollten, die nach den Gesetzen der klassischen Mechanik sich zu diesem Zeitpunkt hinter der Sonne befinden sollten, deren Licht aber nach der Relativitätstheorie durch die große Masse der Sonne leicht abgebogen doch die Erde erreichen sollte. Da der Kernschatten der Sonnenfinsternis in Europa nicht zu sehen war, schickte die britische Royal Society extra eine Expedition in den südlichen Atlantik, das Wetter spielte mit, die hinter der Sonne liegenden Sterne waren zu sehen, und die Relativitätstheorie war somit empirisch bewiesen.

8.1 Phasen methodologischer Orientierung

Dieses Beispiel inspirierte Popper dazu, in seinem Ansatz des „Kritischen Rationalismus" ähnliches für jegliche Wissenschaft zu fordern: Theorien sollten nur soweit Gültigkeit beanspruchen dürfen, wie sie auch „an der Realität scheitern konnten" (was in seiner Sicht für die Theorien insbesondere von Marx und Freud nicht galt). Philosophisch war es Popper insbesondere wichtig, dass die Wahrheit allgemeiner Aussagen nicht aus der Empirie beweisbar ist, aber umgekehrt sehr wohl eine mögliche Falschheit allgemeiner Aussagen aus einzelnen Beobachtungen logisch abgeleitet werden kann. Es galt also, theoretische Überlegungen immer in die Form von *Hypothesen* zu bringen, das heißt definitionsgemäß von empirisch gehaltvollen Aussagen, die dann auch empirisch überprüft werden konnten. (Popper 2005).

Mit der Durchsetzung von Poppers Überlegungen nach 1945 war das Erkenntnissystem der Wissenschaft für die Industriegesellschaft stabilisiert. Die Umsetzung von Theorie in Hypothesen und deren Test anhand empirischer Daten stellt dauerhaft einen Königsweg zur Erlangung belastbarer und insbesondere auch politisch verwertbarer Aussagen dar.

Aber die Orientierung an testbaren Aussagen schränkte die Reichweite dessen, was als Wissenschaft gelten konnte, in der Praxis auch sehr stark ein. An die Begründung des Konstruktivismus durch Peter Berger und Thomas Luckmann (1967) schließen seit den 1970er Jahren diskursorientierte Sichtweisen auch auf die Herstellung wissenschaftlicher Aussagen an, die im wissen(schaft)ssoziologischen Blick auf die *Struktur wissenschaftlicher Revolutionen* in der Geschichte der Physik ihren in der gesamten Wissenschaftswelt rezipierten Startschuss (Kuhn 1970) und in der programmatischen Schrift *Wider den Methodenzwang* von Paul Feyerabend (1976) ihren erkenntnistheoretischen Ausdruck fanden. Diese Sichtweise hat die qualitativen Methoden innerhalb des Sozialwissenschaften sehr inspiriert und so zu neuen Erkenntnissen geführt. Man muss aber auch feststellen, dass sie andererseits einem erkenntnistheoretischen Relativismus Vorschub geleistet haben, der heutzutage im Erfolg von Kritikern der Evolutionstheorie oder des Klimawandels insbesondere in den USA ihren praktischen Niederschlag findet.

Diese drei Phasen sind in Tab. 8.1 zusammengefasst:

Eine Stabilisierung des Wissenschaftsverständnisses der zweiten Moderne steht derzeit noch aus.

Der gegenwärtige Konsens geht dahin, über die unterschiedlichen Richtungen hinweg wissenschaftliche Qualität am Peer-Review-Verfahren und der Qualität wissenschaftlicher Zeitschriften zu messen und letztere wiederum auf Zitationszahlen zu basieren. Aufgrund der inhärenten Anreize, Forschungsgegenstände zu wählen, die eine hohe Kadenz unbestrittener Publikationen erlauben ungeachtet

Tab. 8.1 Entwicklung moderner Wissenschaftskonzeptionen

Moderne	Erste		Zweite
Sub-Phase	Aufbruch	Stabilisierung	Aufbruch
Zeitraum	1800–1939	1940–1967	1968-
Wissenschafts-philosophie	Aufklärung	Kritischer Rationalismus	Konstruktivismus
Zentraler Impuls	Humboldt	Popper	Feyerabend
Orientierung	Exploration	Methode	Diskurs
Konzept	Theorie	Quantitativer Test von Hypothesen	Qualitative Methoden

der Frage ihrer gesellschaftlichen Relevanz, ist das wahrscheinlich noch keine langfristig optimale Konstruktion. In der Management-Forschung gibt es entsprechende Diskussionen (Kieser et al. 2015; Carton und Mouricou 2017), die aber noch nicht aus ihr herausgedrungen sind. Es steht zu erwarten, dass das entsprechende vierte Feld in der Orientierungszeile in Tab. 5.1 mit dem Begriff „Relevanz" zu füllen sein wird, aber die restlichen Aspekte sind noch nicht ganz klar.

Von den drei bisher vorliegenden Phasen der wissenschaftlichen Entwicklung würde uns eine theoretische Betrachtung des ersten Punktes so weit in die Wissenschaftsphilosophie führen, wie sich Soziologen normalerweise nicht vorwagen (und praktische soziologische Theorien haben wir ja schon kennengelernt und werden das im nächsten Kapitel noch ausbauen). Die zweite und dritte Phase haben aber sehr klare praktische Konsequenzen für das empirische Arbeiten in der Soziologie nach sich gezogen. Auch wenn zu erwarten ist, dass Sie hierzu anderswo noch andere Veranstaltungen (aus guten Gründen Pflichtveranstaltungen!) besuchen werden, gehören doch ein paar basale Dinge hierzu auch in eine Einführung in das Fach hinein. Wir schauen uns im folgenden den Nachweis empirischer Zusammenhänge als Kernstück der quantitativen Hypothesenprüfung und einige qualitative Methoden an. Die später noch zu behandelnde Diskursanalyse gehört auch zum qualitativen Paradigma, passt aber in Sitzung 8 besser als hier.

8.2 Der Nachweis empirischer Zusammenhänge

Der Nachweis empirischer Zusammenhänge in der Praxis der Soziologie bzw. allgemeiner der empirischen Sozialwissenschaft wird in vielen Lehrbüchern beschrieben. Diese Bücher sind von Spezialisten geschrieben, aber das hat auch einen Nachteil: Sie als Leser bekommen nicht mit, *wie einfach* es im Kern ist, 90 % der fachlichen Kommunikation empirischer Ergebnisse zu lesen.

Um sozialwissenschaftliche Statistik wirklich vertieft verstehen und kompetent anwenden zu können, ist eine Ausbildung im Umfang mindestens einer Lehrveranstaltung plus praktischer Übung notwendig. Aber um damit anfangen zu können, Forschungsergebnisse zu lesen, brauchen Sie nur eine Viertelstunde, und die sollten sie auch im Rahmen dieses Kurses in Soziologie investieren.

Im statistischen Arbeiten geht es immer um zweierlei:

- Einerseits darum, Zusammenhänge darzustellen,
- und andererseits darum, zu überprüfen, ob diese Zusammenhänge zufällig entstanden sein können oder ob sie so stark sind, dass ein solches zufälliges Entstehen praktisch auszuschließen ist – was dann im Umkehrschluss bedeutet, dass man es mit einem tatsächlichen Zusammenhang zu tun hat und diesen auf diese Weise aufgezeigt hat.

Für den ersten Schritt gibt es diverse Verfahren – das fängt an mit der Berechnung von Mittelwerten in Gruppen und wird schnell viel komplizierter, um komplexere Zusammenhänge und Überlegungen angemessen abbilden zu können. Aber es geht immer um Effektgrößen, also die Größe des Effektes einer Variablen auf eine andere: Wie wirkt sich Fernsehkonsum auf prosoziales Verhalten aus? (Negativ: Hooghe und Oser 2015) Was haben Warhols "15 min Ruhm" mit sozialer Klasse zu tun? (Viel: van de Rijt et al. 2013) Wie wirkt sich die Erzählstruktur medial erzählter "Stories" auf umweltbezogenes Problembewusstsein aus? (Stark: Jones 2014) Sind Internetnutzer schöner?

Im allgemeinen kommen dabei Zahlen heraus, die Differenzen angeben. Ein noch relativ einfaches Beispiel:

- Auf einer Skala, die theoretisch von 1 bis 6 geht, wobei 1 bedeutet, dass man auf elf Fragen zu prosozialem Verhalten im letzten Jahr (z. B. „Haben Sie im ÖV jemandem einen Platz angeboten?") immer „nie" geantwortet und 6 bedeuten würde, dass man auf alle elf Fragen mit „mehr als einmal pro Woche" geantwortet hätte, haben Befragte mit 4 h täglicher Fernsehzeit einen um 0.203 tieferen Wert als solche, die weniger als 2 h fernsehen; dies nach Kontrolle von

Drittvariablen, die möglicherweise einen Einfluss sowohl auf den Fernsehkonsum als auch auf das prosoziale Verhalten haben könnten, wie Bildung oder Religiosität. (Hooghe und Oser 2015, S. 1186, Tab. 4, Modell 3)

Dieser Satz ist nicht so einfach, dass die Universität von Ihnen erwarten würde, in nur einer Viertelstunde in der Lage zu sein, ihn aufgrund der im Originaltext gegebenen Informationen selbst zu bilden. Dafür ist die ganzsemestrige Lehrveranstaltung da.

Aber bevor man sich daran machen kann, diesen schwierigen Satz hinzuschreiben, muss man zunächst etwas allgemeineres herausfinden: Können wir überhaupt etwas darüber aussagen, ob es zwischen Fernsehkonsum und prosozialem Verhalten gibt? Und die Antwort auf diese Frage ist einfach – wenn man einen zentralen Gedanken verstanden hat.

Dieser zentrale Gedanke ist: In alle Arten von Daten spielen immer unerklärte Einflüsse hinein, und egal wie der gemessene Effekt inhaltlich zu interpretieren ist, er muss immer erst einmal groß genug sein, dass er von einem zufällig entstandenen Effekt unterschieden werden kann.

Schauen wir uns das an einem praktischen Beispiel mit ganz konkreten Daten an. In der deutschen Allbus-Befragung 2012 wurden die Interviewer gebeten, die Befragten ganz subjektiv (und natürlich ohne das offenzulegen) danach einzustufen, wie attraktiv sie sie fanden, auf einer Skala von 1 für unattraktiv bis 11 für attraktiv. Diese Attraktivitätsskala kann man nun verschiedenen Fragen gegenüberstellen, unter anderem zur Mediennutzung. In einem verkleinerten Datensatz mit 61 Beobachtungen zeigt sich für die Nutzung von Internet und Fernsehen das im folgenden dargestellte Bild (Abb. 8.1):

Beide Mediennutzungen hängen offenbar mit der Attraktivität zusammen: Häufige Internetnutzer sind attraktiver, starke Fernsehzuschauer sind weniger attraktiv. Beim Fernsehen ist der Zusammenhang von der Effektgröße her stärker, wie man an der unter die Datenpunkte gelegten Regressionsgerade sehen kann: Wenn man vom minimalen Wert („nie") zum maximalen Wert geht, verändert sich beim Fernsehen der durchschnittliche Attraktivitätswert um ungefähr 2 Stufen (etwa von 8,3 auf 6,3), aber beim Internet nur um etwas mehr als eine Stufe (etwa von 6,4 auf 7,7).

Aber beim Fernsehkonsum, wo (in Deutschland 2012) die meisten Befragten zwischen einer und drei Stunden täglich fernsehen, wird dieser Zusammenhang sehr stark von zwei einzelnen Beobachtungen am linken Rand getragen – wenn die nicht im Datensatz wären, würde der Zusammenhang anders aussehen. Ganz anders bei der Internet-Nutzung, wo die mittleren Kategorien vergleichsweise

8.2 Der Nachweis empirischer Zusammenhänge

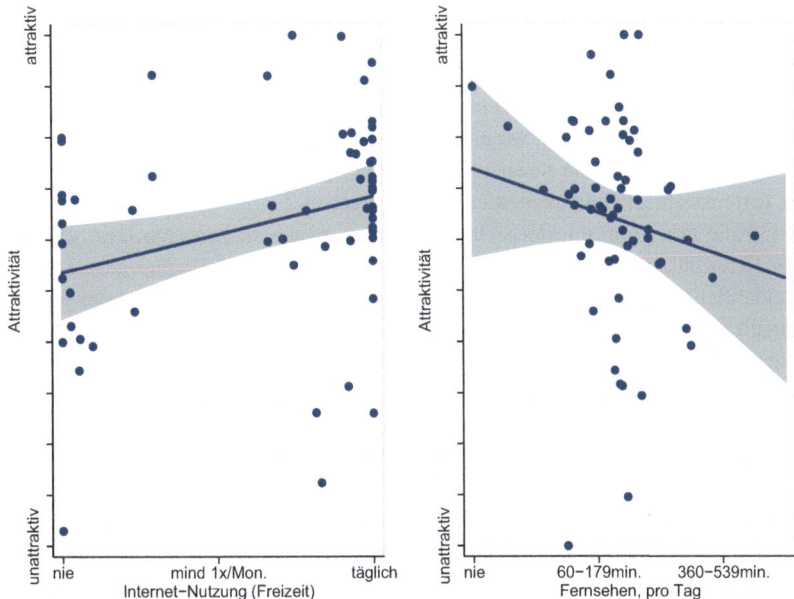

Abb. 8.1 Attraktivität und Mediennutzung (Allbus 2012)

wenig besetzt sind und der täglichen privaten Nutzung mit 54 % der Befragten vor allem die Kategorie der völligen Netzabstinenz mit 24 % gegenübersteht: Hier ist klar, dass der Verzicht auf einzelne Beobachtungen keinerlei Effekt auf den Zusammenhang hätten.

In den Grafiken wird diese Tatsache durch die Angabe des sogenannten *Konfidenzintervalls* ausgedrückt: Die graue Fläche, die unter den Daten und der Regressionsgerade liegt, gibt die Lage aller anderen möglichen Regressionsgeraden an, die mit anders zusammengesetzten Datensätzen auch hätten herauskommen können. In Bezug auf den Zusammenhang von Fernsehen und Attraktivität sieht man, dass die Fläche dieses Konfidenzintervalls auch ein paar Geraden enthält, die waagerecht sind oder sogar eine positive Steigung haben. Beim Zusammenhang mit Internetnutzung hingegen lassen sich nur steigende Geraden in die Fläche hineinlegen.

Wo die Grenze der Konfidenzintervalls liegt, hängt in einer Hinsicht aber von einer Konvention ab, nämlich dem sogenannten *Signifikanzniveau*, d. h. der

Größe der Irrtumswahrscheinlichkeit, die man bereit ist zuzulassen. Mit minimaler Wahrscheinlichkeit könnte nämlich jeder noch so starke Zusammenhang auch ein Kind des Zufalls sein. Die klassische Konvention (der auch die hier angegebenen Konfidenzintervalle entsprechen) ist, eine Irrtumswahrscheinlichkeit von 5 % zu akzeptieren. Heutzutage, wo es viele sehr große Datensätze gibt, werden aber oft auch schon 1 % oder sogar 0,1 % als Grenze genommen, oder aber einfach die Irrtumswahrscheinlichkeiten explizit angegeben.

Für die Präzision, mit der sich ein Zusammenhang vorhersagen lässt, gibt es eine Kennzahl, nämlich den sogenannten *Standardfehler des Koeffizienten*. Dieser Standardfehler wird bei der Berechnung von Zusammenhangsmassen von jedem Statistikprogramm ausgegeben. Und ohne hier auf die dahinstehenden Berechnungen eingehen zu müssen, kann man einfach sagen, dass dieser Standardfehler des Koeffizienten mit der Streuung um den Zusammenhang verbunden ist: Je mehr Punkte in großem Abstand von der Regressionsgerade, desto größer diese Streuung und desto größer der Standardfehler des Koeffizienten.

Und wenn man den berechneten Koeffizienten durch seinen Standardfehler teilt, ergibt sich ein Wert, der immer einer bestimmten Irrtumswahrscheinlichkeit entspricht. Dem konventionellen Signifikanzniveau von 5 % entspricht ein Verhältnis von 1,96 oder der Einfachheit halber ungefähr 2, das heißt wenn der Koeffizient mehr doppelt so groß ist wie der Standardfehler, dann ist der Zusammenhang signifikant. Das Verhältnis zwischen dem Koeffizienten und seinem Standardfehler wird als t-Statistik bzw. *t-Wert* bei der linearen Regression und als z-Statistik oder *z-Wert* bei den meisten anderen Schätzverfahren bezeichnet.

Mit diesem Wissen können Sie nun die meisten Ergebnistabellen quantitativer Hypothesenüberprüfungen lesen:

- Oft ist die Irrtumswahrscheinlichkeit direkt angegeben, entweder als Wahrscheinlichkeitswert oder (das ist die häufigste Form überhaupt) markiert in der Form von Sternchen, die meist in einer Fußnote zur Ergebnistabelle erklärt werden, zum Beispiel mit einem Sternchen * für Irrtumswahrscheinlichkeiten zwischen 1 % und 5 % und zwei Sternchen ** für Irrtumswahrscheinlichkeiten unter 1 %, aber auch zum Beispiel durch Fettung oder gleich durch Nichtabdruck insignifikanter Koeffizientenwerte.
- Oder das Verhältnis zwischen Koeffizient und Standardfehler ist angegeben. Bei der sogenannten linearen Regression nennt man diesen Bruch *t-Wert*, bei den meisten anderen Schätzverfahren *z-Wert*. Für beide gilt die Grenze von 1,96; größere Werte sind besser und entsprechen geringeren Irrtumswahrscheinlichkeiten. (Das bezieht sich auf die Absolutbeträge; da Standardfehler

8.2 Der Nachweis empirischer Zusammenhänge

Tab. 8.2 Attraktivität und Medienkonsum, Regressionstabelle

Abhängige Variable: Attraktivität		Modell 1	Modell 2
Internetnutzung (Kategorien)	Koeffizient	0,37**	
	Standardfehler	0,14	
	t-Statistik	2,67	
	Irrtumswahrsch	1,0 %	
Fernsehdauer (Kategorien)	Koeffizient		−0,43
	Standardfehler		0,36
	t-Statistik		−1,20
	Irrtumswahrsch		23,4 %
(Werte für Konstante ausgelassen)			
Erklärte Varianz (r^2)		10,5 %	2,4 %
Korrigierter r^2-Wert		9,0 %	0,7 %
Anzahl Beobachtungen		63	61

* = p<5 %, ** = p<1 %

immer positiv sind, sind die t- und z-Statistiken für negative Werte auch negativ, aber die größeren Absolutbeträge sind die besseren.)
- Teilweise kann es sein, dass nur direkt der Koeffizient und der Standardfehler angegeben sind. Dann bleibt Ihnen nichts anderes übrig, als im Kopf das Doppelte des Standardfehlers auszurechnen und zu schauen, ob der Koeffizient größer (=signifikant) oder kleiner als der errechnete Wert ist!
- Langsam verbreitet sich die Praxis, Koeffizienten und Konfidenzintervalle grafisch darzustellen, entweder bivariat wie oben oder als Punkte mit nach oben und unten weisenden Strichen. Dann kommt es darauf an, ob diese Striche in einer Richtung die Nulllinie überschreiten. Wenn ja, wäre der Befund wieder insignifikant wie der mit dem Fernsehen oben.[1]

Mit diesem Wissen können Sie jetzt aus Ergebnistabellen in Fachzeitschriften die zentralen Ergebnisse herauslesen. Die oben grafisch dargestellten Zusammenhänge würden in einer Fachzeitschrift etwa so wie in Tab. 8.2 dargestellt, allerdings normalerweise nur mit einer der drei hier angegebenen Formen:

---

[1]Der insignifikante Zusammenhang kam hier aber auch nur durch die massive Verkleinerung des Datensatzes zustande. Im kompletten Datensatz mit 3144 Beobachtungen ist auch der Zusammenhang mit Fernsehen hochsignifikant.

Dieses Beispiel wäre übrigens auch bestens geeignet, den nächsten wichtigen Schritt zu machen und zu erklären, warum man Kontrollvariablen verwendet: Denn selbst in diesem Datensatz ist es faktisch gar nicht so, dass man in irgendeiner Weise einen positiven Kausalzusammenhang zwischen Internetnutzung und Attraktivität behaupten könnte. Tatsächlich steht nämlich ein typischer „Drittvariableneffekt" dahinter: Jüngere Befragte werden als attraktiver eingeschätzt und nutzen das Internet intensiver. Und wenn man den Effekt des Alters von der Attraktivität abzieht, bleibt kein Zusammenhang mit der Internetnutzung mehr übrig. Aber mit solchen Überlegungen kommen wir dann schon sehr in den Bereich der Fragen, für die es tausend spezialisierte Texte gibt.

8.3 Qualitative Methoden

Für ein Verständnis gesellschaftlicher Strukturen ist es unabdingbar, zu verstehen, was für Erwartungen Menschen an ihre Umwelt haben, oder anders gesagt, wie sie ihre Umwelt verstehen und interpretieren.

Die Soziologie arbeitet deshalb daran, solche Interpretationen zu verstehen. Die Frage wird in jedem soziologischen Bereich behandelt. Das geschieht teils (etwa in der ‚normalen' Netzwerkforschung) auch nur implizit. Aber ein großer Bereich des Faches ist ganz ausdrücklich und hauptsächlich mit dieser Frage beschäftigt. Er wird sowohl im Selbstverhältnis als auch von außen oft als „qualitative" Soziologie oder Anwendung qualitativer Methoden bezeichnet[2], jeweils in Abgrenzung von den „quantitativen" Methoden, und wir schließen uns dem an, auch wenn in der Selbstbeschreibung andere Begriffe wie ‚hermeneutisch' oder ‚rekonstruktiv' oder spezialisiertere Zuschreibungen (wie ‚phänomenologisch') eine größere Rolle spielen. Was für das gesamte Buch gilt, darf hier mit Fug und Recht besonders behauptet werden: Dass im Folgenden nur erste Umrisse eines riesigen Forschungsfeldes skizziert werden können. Aber trotz elaborierter theoretischer Grundlagen sind es letztlich Methoden, die von der Soziologie instrumentell genutzt werden.

Aus der Vielzahl der methodologischen Herangehensweisen werden wir im folgenden drei genauer anschauen:

- Tiefeninterviews

---

[2]Siehe etwa Zeitschriftentitel wie die *Zeitschrift für Qualitative Forschung*, *Qualitative inquiry* oder *Qualitative sociology*.

8.3 Qualitative Methoden

- Ethnomethodologie oder teilnehmende Beobachtung [gibt es keine Möglichkeit, alle drei auf dieselbe Seite zu bekommen?]
- Grounded Theory

Ihnen allen ist gemeinsam, dass sie versuchen, die Erwartungen und Frames der untersuchten Akteure, oder in ihrer Begrifflichkeit deren Sinnstrukturen gültig zu beschreiben. Daraus ergeben sich drei gemeinsame Ansprüche aller qualitativen Methoden:

- An erster Stelle ist der Anspruch zu nennen, Übereinkünfte der Befragten mit sich selbst und mit anderen aufzufinden und für diese ein interpretatives Verständnis zu entwickeln. Das setzt eine große *Offenheit* seitens der Befragenden voraus, um keine Aspekte dessen zu übersehen, was wichtig sein könnte, um die Befragten zu verstehen.
- Qualitative Methoden legen zusätzlich immer großen Wert darauf, dass insbesondere diese Offenheit nicht beeinträchtigt werden darf durch eigene mitgebrachte Vorstellungen der Forschungen. Solche eigenen Vorstellungen können aber nicht einfach ausgeschaltet werden. Die Lösung liegt regelmäßig in der Forderung einer ausgeprägten *Reflexivität,* in der die Forschenden sich ihrer mitgebrachten Vorstellungen und der möglichen Verzerrungen, die sie nach sich ziehen können, bewusst werden.
- Neben Fragen des oft hohen Aufwands werden Probleme qualitativ-hermeneutischer Verfahren regelmäßig in der *Replizierbarkeit* ihrer Aussagen verortet. Wie stark generalisierbar sind ihre Aussagen? Welche Reichweite haben sie? Man kann diese Fragen in verschiedener Weise beantworten, eine besteht darin, auf die Arbeitsteilung der Wissenschaft zu verweisen und darauf, dass innerhalb dieser Arbeitsteilung qualitativ-hermeneutische Erhebungen strukturbildende Verfahren sind, die für den Erhalt valider Aussagen durch strukturbildende Verfahren ergänzt werden sollten, also quantitativ mit standardisierten Befragungen, die in einem zweiten Schritt auf der Basis des qualitativ-hermeneutischen Vorgehens entwickelt werden. Für die beteiligten qualitativen Forscher ist dieser Verweis jedoch problematisch: Aus einer Außenperspektive gesehen impliziert er die Bestreitung der alleinigen Deutungshoheit und der Fähigkeit, allein gültige Aussagen zu erzeugen. In einer Innenperspektive wird dabei oft mit der Subjektivität der Befragten argumentiert, der mit standardisierten Instrumenten nicht beizukommen sei, auch nicht etwa im Nachgang zu einem hermeneutischen Vorgehen. Stattdessen besteht die Reaktion auf die Replizierbarkeitsfrage regelmäßig im Versuch der Herstellung von Replizierbarkeit durch genaue Verfahrensanweisungen.

Wir werden im folgenden in der Behandlung der genannten vier Methoden jeweils insbesondere darauf achten, wie Offenheit, Reflexivität und Replizierbarkeit innerhalb der Methode sichergestellt werden.

Tiefeninterviews sind Gespräche, die alle bedeutsamen Einstellungen und Meinungen der befragten Person erfassen sollen. In einer Tradition, die auf Sigmund Freuds psychoanalytische Studien zurückgeht, wird versucht, auch Motive und Bedeutungsstrukturierungen zu ermitteln, die dem Betroffenen nicht bewusst sind. Es wird dabei angenommen, dass Befragte über Bewusstseinsinhalte verfügen, die ihr Handeln leiten, ohne dass es ihnen ohne Weiteres möglich ist, diese Inhalte zu artikulieren. Der Zugang zu diesen Inhalten wird durch Flexibilität und Emotionalität angestrebt.

- *Flexibilität:* Das Gespräch wird anhand eines Gesprächsleitfadens geführt, der sicherstellt, dass die für die Befragenden wichtigen Themen angesprochen werden. Darüber hinaus gibt es keine Vorgaben, insbesondere weder vorformulierte Fragen noch bestimmte Antwortvorgaben. So hat der Interviewer die Möglichkeit, auch Themen zu verfolgen, die erst im Gesprächsverlauf auftauchen, und auch der der Befragte kann die inhaltliche Schwerpunkte selbst setzen.
- *Emotionalität:* Der Interviewer vermittelt eine wertschätzende Haltung und strebt eine entspannte und für beide angenehme Atmosphäre an. Das erleichtert es dem Befragten, eigene Emotionen, unangenehme oder sozial unerwünschte Aspekte anzusprechen.

Die Flexibilität der Methode ermöglicht es, spontane Einfälle und scheinbar abwegige Gedanken im Zusammenhang mit dem Befragungsgegenstand auf ihre verborgene Bedeutung zu durchleuchten, und verspricht, auf diese Weise Zugang auch zu nicht unmittelbar bewussten und schwer verbalisierbaren Haltungen des Befragten zu bekommen. Die Gespräche werden auf Tonband aufgezeichnet, anschließend verschriftlicht und inhaltsanalytisch ausgewertet und interpretiert. Die Normalform ist das Leitfadeninterview, aber demgegenüber gibt es auch andere Formen, die mehr (etwa mit offenen, aber vorgegebenen Fragen) oder noch weniger strukturiert sind. Anwendungsgebiete dieser Interviewtechnik sind gemäß ihrem theoretischen Ursprung all jene Themenbereiche, die auf latente Persönlichkeitsstrukturen, Motivationen oder Normabweichungen der Befragten abzielen.

Einen Spezialfall des Tiefeninterviews stellen solche dar, die an Hand der von dem Soziologen Ulrich Oevermann (*1940, einem früheren Assistenten von Jürgen Habermas) entwickelten sogenannten Objektive Hermeneutik ausgewertet

8.3 Qualitative Methoden 147

werden. Auch die Objektive Hermeneutik geht vom Begriff der sinnstrukturierten Welt aus. In ihrem Verständnis werden diese Sinnstrukturen erzeugt durch bestimmte Regeln, die teils universal (und damit unveränderbar), teils historisch und damit wandelbar sind. Die in Bezug auf das soziale Leben universalen Strukturen umfassen unter anderem die Erwartung der Reziprozität (Wechselseitigkeit) oder allgemeine grammatikalische Regeln. Durch ihre wiederholte Anwendung erzeugen sie Sinnstrukturen, die als objektiv betrachtet werden.

Ethnomethodologie oder teilnehmende Beobachtung ist ein Verfahren, dass durch die persönliche Teilnahme der Forschenden an den Interaktionen der erforschten Individuen eine besondere Tiefe der Einsicht zu erzielen versucht. Es baut auf der Basisannahme auf, dass für das Verständnis bestimmter Prozesses eine unmittelbare Situationserfahrung notwendig ist und eine Wiedergabe durch die Akteure selbst nicht ausreicht.

Die Ethnomethodologie ist in der Ethnologie entwickelt worden, dem direkten Nachbarfach der Soziologie auf der qualitativen Seite. Die Ethnologie diente zunächst der Beschreibung außereuropäischer „Völker" im Zuge des Kolonialismus und heißt heutzutage aus der Reflexion dieser kolonialistischen Vergangenheit heraus auch i.A. Sozialanthropologie. Sie sah sich der Herausforderung gegenüber, Einsichten in die sozialen Mechanismen von Gemeinschaften zu entwickeln, die gänzlich anders sind als die europäischen. Der Ethnologe Bronislaw Malinowski unternahm während des Ersten Weltkrieges (mit dem die Zeit der Kolonialisierung ja ziemlich zum Ende kam) ausgedehnte Untersuchungen in Ozeanien (u. a. 1915–1918 auf den Trobriand-Inseln, Malinowski 2005) und reflektierte seine Situation als Forscher dabei intensiv.

Er stellte eine unaufhebbare Spannung zwischen Nähe und Fremdheit fest. Nähe ist nötig, um an Informationen zu kommen und sich mitgebrachter Verständnisse entledigen zu können, die der Einsicht im Weg stehen mögen. Andererseits braucht es auch einen gewissen Rest an Fremdheit, um diese Informationen nicht als selbstverständlich zu nehmen. Die Gefahr der Aufgabe analytischer Distanz wird als „going native" bezeichnet. Nach dem 2. Weltkrieg wurde diese Vorgehensweise von Harold Garfinkel (1917–2011) in die Soziologie und damit in die Untersuchung westlicher Gesellschaften reimportiert.

Grounded Theory wurde entwickelt von Barney Glaser and Anselm Strauss in der Untersuchung Sterbender und hat sich von der Medizinsoziologie aus weiterentwickelt. Sie zielt darauf ab, neue Konzepte in Freiheit und Unabhängigkeit von bestehender Theoriebildung zu erzeugen. Damit weicht sie vom Schema des wissenschaftlichen Arbeitens (siehe oben S. 6) bewusst ab. An die Stelle der Literaturrezeption, ja mitunter sogar der präzisen Fragestellung, tritt die direkte Konfrontation mit dem empirischen Material. Das Schema von These, Antithese und Synthese wird dafür mehrfach durchlaufen, wobei die Antithese immer in der Konfrontation mit Material besteht.

Das heißt nicht, dass Grounded-Theory-Arbeiten wissenschaftliche Literatur dauerhaft ignorieren würden, aber ihre Rezeption wird zu einem (oder mehreren) der vielen Schritte der Materialsichtung („All is data", Glaser 1998) und steht sicherlich nicht am Anfang. Material wird codiert, indem bedeutungstragende Aspekte in ihm festgehalten und zu Konzepten gruppiert, zu Kategorien aggregiert und schließlich in der entwickelten Theorie zusammengefasst werden. Am Anfang steht dabei das Bemühen, nichts relevantes auszulassen und allen möglichen Einsichten gegenüber offen zu sein („Open coding"), aber im Verlauf der Forschung wird das Kriterium enger gefasst, indem wiederkehrende Zusammenhänge gruppiert und herausgehoben werden.

Dieser Prozess wird von den Forschenden kontinuierlich in sogenannten Memos reflektiert, in denen Beobachtungen und Einsichten festgehalten werden. Memos dienen zum Verfeinern und Weiterverfolgen sich entwickelnder Ideen, die Begriffe benennen, in Beziehung zu setzen und diese Beziehungen in Tabellen oder Diagrammen klären. Sie machen aber auch den Ablauf des Theoriebildungsprozesses nachvollziehbar und stellen insofern sowohl Reflexivität als auch ein gewisses Maß an Replikabilität her.

Im Überblick sehen wir, wie die drei betrachteten Methoden ihre eigenen Wege zur Sicherstellung von Offenheit, Reflexivität und Replizierbarkeit gehen, wobei für Reflexivität und Replizierbarkeit mit Ausnahme der Ethnomethodologie jeweils dasselbe Mittel verwendet wird. Die Gegenüberstellung ließe sich für andere qualitative Verfahren fortsetzen (Tab. 8.3).

Tab. 8.3 Sicherstellung von Offenheit und Reflexivität in vier qualitativen Methoden

Methode	Sicherstellung von Offenheit	Sicherstellung von Reflexivität und Replizierbarkeit
Tiefeninterviews	Vorgehen anhand eines Leitfadens	Transkription
Ethnomethodologie	Einschluss in Interaktionsprozesse	Ref: erzeugte Fremdheit Rep: Dokumentation
Grounded Theory	Fragen und Theorie aus Material entwickeln	Kontinuierliche Reflexion in Memos

8.3 Qualitative Methoden

Zusammenfassung

In diesem Kapitel haben Sie einen kleinen ersten Einblick in die Methodenvielfalt der Soziologie gewonnen.

- Sie wissen und verstehen jetzt, in welchen drei großen Phasen sich die Methoden der Soziologie entwickelt haben und welche Rolle dabei insbesondere einerseits Karl Poppers Kritischer Rationalismus und andererseits der Sozialkonstruktivismus spielte.
- Sie kennen und verstehen den Kerngedanken der Überprüfung von Hypothesen, die ihrerseits den Kern der quantitativen empirischen Sozialforschung darstellt, und können ihn in der erfolgreichen Interpretation von Regressionstabellen anwenden.
- Sie kennen und verstehen das Grundkonzept der qualitativen empirischen Sozialforschung und ihrer drei Grundforderungen Offenheit, Reflexivität und Replizierbarkeit, Sie haben die drei methodologischen Ansätze der Tiefeninterviews, der Ethnomethodologie (teilnehmenden Beobachtung) und der Grounded Theory kennengelernt und verstanden, und wissen, wie drei Grundforderungen in ihnen jeweils umgesetzt werden.

Übungsaufgaben

1. Für Karl Popper sind „Sätze, die an der Realität scheitern können", sehr wichtig. Wie heißen sie, und wie sind sie definiert?
2. Bei der Analyse einer Regressionstabelle schauen Sie zunächst auf die häufigste Form, in der die Signifikanz von Ergebnissen angegeben wird. Welche ist das und wo wird sie im allgemeinen erklärt?
3. Im Vergleich von drei untersuchten Zusammenhängen werden die folgenden Koeffizienten und t-Statistiken angegeben: (A) Koeffizient 2,38, t-Statistik 3,67; (B) Koeffizient -0,53, t-Statistik -7,67; (C) Koeffizient 7,12, t-Statistik 1,67. Welche(r) diese(r) drei Zusammenhänge ist/sind signifikant? Welcher hat die kleinste Irrtumswahrscheinlichkeit?
4. Bei einem Hypothesentest wird ein Koeffizient von 0,35 und für diesen Koeffizienten ein Standardfehler von 0,19 angegeben. Ist dieses Ergebnis auf dem 5 %-Niveau signifikant?

Literatur

Zentrale Referenzen

Berger, Peter L., und Thomas Luckmann. 1967. *The social construction of reality.* New York: Anchor Books.
Feyerabend, Paul. 1976. *Wider den Methodenzwang.* Frankfurt a.m.: Suhrkamp.
Glaser, Barney G. 1998. *Doing grounded theory : issues and discussions.* Mill Valley, Ca.: Sociology Press.
Kuhn, Thomas S. [1962] 1970. *The structure of scientific revolutions* Chicago, Ill.: University of Chicago Press.
Malinowski, Bronislaw. [1922] 2005. Argonauts of the Western Pacific : an account of native enterprise and adventure in the archipelagoes of Melanesian New Guinea. London: Routledge.
Popper, Karl Raimund. [1935] 2005. *Logik der Forschung.* Tübingen: Mohr Siebeck.

Beispiele soziologischer Studien

Hooghe, M., und J. Oser. 2015. "Internet, television and social capital: the effect of 'screen time' on social capital." *Information Communication & Society* 18:1175–1199.
Jones, M. D. 2014. "Cultural Characters and Climate Change: How Heroes Shape Our Perception of Climate Science." *Social Science Quarterly* 95:1–39.
Van De Rijt, A., E. Shor, et al. 2013. "Only 15 Minutes? The Social Stratification of Fame in Printed Media." *American Sociological Review* 78:266–289.

Weitere Referenzen

Carton, G., und P. Mouricou. 2017. "Is management research relevant ? A systematic analysis of the rigor-relevance debate in top-tier journals (1994-2013)." *Management* 20:166–203.
Kieser, A., A. Nicolai, und D. Seidl. 2015. "The Practical Relevance of Management Research: Turning the Debate on Relevance into a Rigorous Scientific Research Program." *Academy of Management Annals* 9:143–233.

Theorien 9

Überblick

Auch wenn wir bisher eine empirie- und akteursorientierte Sichtweise eingenommen haben, muss man konstatieren, dass es nicht immer sinnvoll ist, die Welt wertfrei in Termini von individuellen Anderen zu fassen – oder zumindest: dass es in der Soziologie recht erfolgreich auch anders gemacht wird. In diesem Kapitel lernen wir drei Arten kennen, wie Soziologie noch ganz anders betrieben wird: Einerseits explizit normativ, andererseits zwar weitgehend wertfrei empirieorientiert, aber mit ganz anderen Konzepten der konzeptionellen Erfassung der Welt.

- Explizit normativ ist die sich auf Karl Marx beziehende, aber sich als produktiver Theoriekorpus vor allem zwischen 1930 und 1970 entwickelnde Kritische Theorie.
- Als bewusste Nicht-Akteurstheorien haben in der Soziologie zwei Richtungen große Beachtung gefunden: einerseits Differenzierungs- und Systemtheorien
- und andererseits, in geringerem aber doch noch nennenswertem Masse, seit den 1980er Jahren die sogenannte Akteur-Netzwerk-Theorie.

9.1 Kritische Theorie

In den Anfängen der Sozialwissenschaften bis ins späte 19. Jahrhundert waren empirische und normative Aussagen noch nicht voneinander getrennt.

Der Begriff der „kritischen" Theorie wird zwar berühmt durch Immanuel Kant und seine Kritiken von Vernunft und Urteilskraft (Kant 2000, 2003, 2014), die noch ganz innerhalb der Philosophie argumentieren, aber innerhalb dieser klare Vorstellungen davon besitzen, was von der Vernunft her angemessen ist und was nicht. Aber es ist Karl Marx, der dieses urteilende Denken in seiner *Kritik der politischen Ökonomie* (Marx 1971, 1969–1971) in die Erfahrungswissenschaft importiert.

In der Mitte des 19. Jahrhunderts kam niemand auf den Gedanken, ihm aufgrund seiner klaren normativen Aussagen die Wissenschaftlichkeit abzusprechen. Anfangs des 20. Jahrhunderts trat hier jedoch eine Ausdifferenzierung der Ansichten ein. Einige Ökonomen beteiligten sich intensiv (und oft widersprüchlich) an dem Projekt, mittels Sozialpolitik die gesellschaftlichen Konflikte insbesondere um die „soziale Frage" der massiven Einkommensungleichheit zu verringern, und nahmen die dem zugrunde liegenden Werte nicht als etwas von außen kommendes, sondern als eigenen Gegenstand ihrer wissenschaftlichen Arbeit. Demgegenüber formulierte Anfang des 20. Jahrhunderts vor allem Max Weber die Position einer strikten Trennung normativer von erfahrungswissenschaftlichen Aussagen: Er vertrat die Meinung,

> „daß es niemals Aufgabe einer Erfahrungswissenschaft sein kann, bindende Normen und Ideale zu ermitteln, um daraus für die Praxis Rezepte ableiten zu können." (Weber 1988, S. 148).

Zwischen den Ökonomen, die es weiter nötig fanden, eine Sozialpolitik zu entwickeln und auch die dazugehörigen normativen Positionen innerhalb der Wissenschaft zu reflektieren, und Weber und anderen Soziologen, die die Forderung einer werturteilsfreien Wissenschaft erhoben, wurde ein sogenannter Werturteilsstreit ausgefochten, der auch praktisch zur Ausdifferenzierung der Sozialwissenschaften führte: Weber und seine Kollegen verließen nämlich aufgrund dieses Streites den „Verein für Socialpolitik", der bis heute die Vereinigung der deutschsprachigen Ökonomen (einschließlich der schweizerischen und österreichischen Kollegen) geblieben ist und gründeten die Deutsche Gesellschaft für Soziologie.

Aber auch innerhalb der Soziologie, wie wir sie als Beschäftigung mit dem allgemeinen sozialen Handeln und seinen gesellschaftlichen Folgen untersucht haben, kann es sinnvoll sein, sich aktiv mit Normen zu beschäftigen, statt diese nur als etwas empirisch von außen gegebenes zu nehmen. Schauen wir uns das am Beispiel der beiden normativen Veränderungen an, die wir in Kap. 7 angeschaut haben.

- Am Beispiel der Entstehung der Rationalitätsnorm hält sich Weber ja sehr schön an seine eigene Forderung, indem er beschreibt, wie durch das Vorhandensein von mehr Information (Ressourcen unterschlägt er) die traditionelle Norm, einem Zauber zu gehorchen, mindestens durch die Erlaubnis abgelöst wird, Dinge herauszubekommen.
- Für den zweiten normativen Wandel, denjenigen von der Akzeptanz sozialer Autoritäten zur deliberativen Aushandlung, haben wir uns ebenfalls den zugrunde liegenden empirischen Mechanismus angeschaut, sind also ganz innerhalb von Webers Wertfreiheitsvorstellung geblieben. Aber gleichzeitig haben wir gesehen, dass der Begriff der Deliberation von Jürgen Habermas ursprünglich als normativer Begriff eingeführt worden ist, ohne die Anstrengung einer erfahrungswissenschaftlichen Herleitung zu unternehmen.

Auch ohne eine solche erfahrungswissenschaftliche Herleitung hat diese normative Forderung der Wissenschaft jedenfalls einen starken Impuls gegeben. Auch wenn sie den strengen Kriterien erfahrungswissenschaftlicher Herleitung also zunächst nicht zu entsprechen vermochte, wäre es für eine moderne Gesellschaft, die ein Wissenschaftssystem unterhält, ein unnötiges Brachliegenlassen von Erkenntnismöglichkeiten, solche Überlegungen von vornherein aufgrund der von Weber aufgestellten abstrakten Norm der Werturteilsfreiheit generell auszuschließen. Das Spezifikum der Wissenschaft als sozialem System ist die Verbindung von Offenheit in der Wissensgewinnung mit der Verbindung von Wissen untereinander, und auch wenn selbst aufgestellte Normen in einem solchen System ein gewisser Fremdkörper sind und tatsächlich ja der größte Teil der Wissenschaft erfahrungswissenschaftlich und Webers Wertfreiheitspostulat verpflichtet bleibt, gibt es dennoch Ausnahmebereiche, in denen das nicht gilt.

Paradoxerweise ist Webers normative Forderung nach Werturteilsfreiheit ja selbst ein erstes Beispiel für solch einen Ausnahmebereich, denn er behauptete und diskutierte diese ja auch als absolute Forderung und nicht als eine, die empirisch gegeben und prinzipiell austauschbar wäre. Ein anderes Beispiel ist Poppers Forderung danach, nur falsifizierbare Theorien aufzustellen, ein drittes die Forderung von Robert Merton, der aus dem Widerwillen sowohl gegen qualitative Interaktionsstudien als auch gegen Parsons Strukturfunktionalismus die These ableitete, Soziologen sollten sich nur mit „Theorien mittlerer Reichweite" befassen. (Merton 1966) Aber dies sind Beispiele, in denen Normen für das soziale Handeln innerhalb des Wissenschaftssystems aufgestellt werden.

Der Ausnahmebereich der Soziologie, der eine normative Herangehensweise an außerwissenschaftliche gesellschaftliche Subsysteme pflegt, ist die sogenannte

‚Kritische Theorie'. Sie beginnt historisch 1930 mit dem *Institut für Sozialforschung* der Universität in Frankfurt am Main und insbesondere den beiden Soziologen Max Horkheimer (Stuttgart 1895 – Nürnberg 1973) und Theodor W. Adorno (Frankfurt 1903 – Visp 1969). Beide sind so wichtig für die Soziologie, dass sich kurze biografische Notizen lohnen: Sie treffen sich am Institut für Sozialforschung, Horkheimer wird dort 1930 Professor, Adorno über einen Umweg als Pianist, Komponist und Musikkritiker im Jahr 1931 Privatdozent. Beide müssen als sowohl jüdische als auch linke Intellektuelle 1933 aus Deutschland fliehen. Sie treffen sich in New York wieder, wo Horkheimer das Institut als *New School of Social Research* weiterführen kann, mit Adorno als Mitarbeiter; beide ziehen anfangs des Krieges an die Westküste und werden 1948 und 1953 wieder an die Universität Frankfurt zurückgerufen, wo sie bis 1960 und 1968 hochgeachtete Professoren bleiben, Adorno allerdings in die Konflikte der Studentenbewegung hineingerät, die wohl zu seinem Tod beigetragen haben.

In den kurzen Anfangsjahren 1930 bis 1933 bauten die Mitarbeiter des Frankfurter Instituts (neben Horkheimer und Adorno etwa Erich Fromm oder Herbert Marcuse) das Konzept der Kritischen Theorie wie folgt auf:

- Kritische Theorie trägt sowohl zur Soziologie als auch zur Philosophie bei, versteht sich als interdisziplinäre Sozialwissenschaft und protestiert insofern gegen die fortschreitende Ausdifferenzierung der Wissenschaft.
- Sie grenzt sich insbesondere ab gegen die werturteilsfreie Soziologie in der Tradition Webers, die sie mit dem Etikett des ‚Positivismus' versieht. Das ist im 20. Jahrhundert und in Deutschland eine polemische Bezeichnung, denn der Begriff des Positivismus verweist auf frühe Vorstellungen etwa des französischen Begründers der Soziologie Auguste Comte, der einerseits einen empirizistischen Wissenschaftsaufbau nach dem Vorbild der Naturwissenschaften forderte, andererseits aber eine „Religion des Positivismus" begründete, und genauso Weber und Popper als Negativfolie zur Abgrenzung diente, die hier nun in ihn subsumiert werden.
- Sie bezieht sich bewusst und positiv auf Karl Marx, grenzt sich aber ab gegen die sowjetische (und allgemein parteikommunistische) Vereinnahmung des Marx'sche Erbes.
- Neben Marx bezieht sie sich auch auf Siegmund Freud (und damit auf einen zweiten gerade derjenigen Denker, von denen sich Karl Popper in seinem kritischen Verständnis abgrenzt) und über ihn hinaus auf die Integration eines Verständnisses irrationaler Anteile menschlichen Handelns.

9.1 Kritische Theorie

In dem Marx'schen Bemühen, Herrschaftsmechanismen aufzudecken, stellt die kritische Theorie erstmals mediale Phänomene in einem größeren gesellschaftstheoretischen Kontext. Das geschieht insbesondere in der *Dialektik der Aufklärung* (Horkheimer und Adorno 2013), die heutzutage als Hauptwerk der beiden Autoren gesehen wird. Abgesehen von einem unvollendet-skizzenhaften Schlusskapitel kann man sie grob (und etwas abweichend von der Abfolge) in drei Teile gliedern:

- In den ersten beiden Kapiteln werden Aufklärung und Mythos betrachtet, deren Gegenüberstellung sie als riesigen Irrtum sehen: Gegenübergestellung man als riesigen Irrtum sehen kann: Die Aufklärung mit ihrem „Programm der [...] Entzauberung der Welt [...] wollte die Mythen auflösen und Einbildung durch Wissen stürzen" (S. 19), aber „Aufklärung schlägt in Mythologie zurück." (S. 16) Einerseits sind nämlich Mythen selbst Schritte der Aufklärung, wie Kap. 2 am Beispiel von Homers Odyssee zeigt. Vor allem aber ist die Logik einer Aufklärung, die („positivistisch") nur Mess- und Zählbares akzeptiert, eine Logik des Subjekts, die selbst Herrschaft anstrebt, nämlich Naturbeherrschung, und mit dieser Perspektive auch dem Menschen gegenübertritt.
- Im dritten und fünften Kapitel wird die Konsequenz, dass Menschen so zu Objekten werden, am literarischen Beispiel von de Sades *Juliette* und an der historischen (und bei Abfassung des Textes ja noch nicht beendeten) Situation des faschistischen Antisemitismus konkretisiert. Diese beiden Kapitel machen die These konkret, dass die Aufklärung sich gegen sich selbst wendet, was in psychologischen Studien zur Struktur autoritärer Persönlichkeiten weiter verfolgt wurde. (Adorno und Horkheimer 1967)
- Im vierten Kapitel „Kulturindustrie – Aufklärung als Massenbetrug" werden ein idealisierter frühbürgerlicher Liberalismus und ein kritisch gesehenen Spätkapitalismus gegenübergestellt in Bezug auf die unterschiedliche Art der Produktion von kulturellen Artefakten.

Der Phase des bürgerlich-liberalen Zeitalters wird hier eine individuelle Kulturproduktion zugeordnet, die sich *autonom*, d. h. nach kulturspezifischen Werten wie Wahrheit oder Ästhetik entwickelt, der Gegenwart des Spätkapitalismus hingegen eben eine Kulturindustrie, die *heteronom*, d. h. nach kulturfremden Werten wie vor allem der finanziellen Verwertbarkeit gesteuert ist.

Praktische Beispiele kommen hierbei vor allem aus der Gegenüberstellung der klassischen Musik des frühen 19. Jahrhunderts mit den audiovisuellen Medien

Film, Radio und Fernsehen der 1940er Jahre – wobei allerdings die bessere Alternative weitgehend nur aus der Negation der mit Hohn und Spott dargestellten Gegenwart herauszulesen ist.

"Der todkranke Beethoven, der einen Roman von Walter Scott mit dem Ruf 'Der Kerl schreibt ja für Geld' von sich schleudert, und gleichzeitig noch in der Verwertung der letzten Quartette, der äußersten Absage an den Markt, als überaus erfahrener und hartnäckiger Geschäftsmann sich zeigt, bietet das großartigste Beispiel der Einheit der Gegensätze Markt und Autonomie in der bürgerlichen Kunst. Der Ideologie verfallen gerade jene, die den Widerspruch verdecken, anstatt ihn ins Bewusstsein der eigenen Produktion aufzunehmen wie Beethovens: er hat die Wut um den verlorenen Groschen nachimprovisiert und jenes metaphysische Es Muss Sein, das den Zwang der Welt ästhetisch aufzuheben trachtet, indem es ihn auf sich nimmt, von der Forderung der Haushälterin nach dem Monatsgeld abgeleitet. Das Prinzip der idealistischen Ästhetik, Zweckmäßigkeit ohne Zweck, ist die Umkehrung des Schemas, dem gesellschaftlich die bürgerliche Kunst gehorcht: der Zwecklosigkeit für Zwecke, die der Markt deklariert. Schließlich hat in dar Forderung nach Unterhaltung und Entspannung der Zweck das Reich der Zwecklosigkeit aufgezehrt. Indem aber der Anspruch der Verwertbarkeit von Kunst total wird, beginnt eine Verschiebung in der Zusammensetzung der Kulturwaren nach Gebrauchswert und Tauschwert sich anzukündigen. Der Nutzen nämlich, den die Menschen in der antagonistischen Gesellschaft vom Kunstwerk sich versprechen, ist weithin selber eben das Dasein des Nutzlosen, das doch durch die völlige Subsumtion unter den Nutzen abgeschafft wird. Indem das Kunstwerk ganz dem Bedürfnis sich angleicht, betrügt es die Menschen vorweg um eben die Befreiung vom Prinzip der Nützlichkeit, die es leisten soll. Der Gebrauchswert wird in der Rezeption der Kulturgüter durch den Tauschwert ersetzt, an Stelle des Genusses tritt Dabeisein und Bescheidwissen, Prestigegewinn an Stelle der Kennerschaft." (S. 166 f.)

Man kann diese Gegenüberstellung zusammenfassen wie in Tab. 9.1:

Diese kritische Medientheorie wird weiterentwickelt in einer Schrift des französischen Soziologen Pierre Bourdieu (dem wir weiter unten noch mehrfach begegnen werden) *Über das Fernsehen*. (Bourdieu 1996, 1998) Unabhängig

Tab. 9.1 Gegenüberstellung der kulturellen Produktion in Liberalismus und Spätkapitalismus bei Horkheimer/Adorno

Phase	Bürgerlich-liberales Zeitalter	Spätkapitalismus
Kulturproduktion	Individuell	Kulturindustrie
Ausrichtung	Autonom entwickelt, d. h. zweckfrei nach kulturspezifischen Werten: Wahrheit, Ästhetik	Heteronom entwickelt, d. h. nach kulturfremden Werten: Entspannung, Ablenkung, finanzielle Verwertbarkeit

von Horkheimer und Adorno, aber ihnen sehr ähnlich in der nichtdogmatischen Bezugnahme auf marxistische Konzepte untersucht Bourdieu die Produktionsbedingungen von TV-Sendungen und die gesellschaftliche Struktur, in die sie eingebunden sind.

Bourdieus Untersuchung der Produktionsbedingungen im Fernsehen erhebt mit qualitativen Methoden die Situation an medialen Arbeitsplätzen und kommt zu Ergebnissen, die Bourdieus normativ-kritische Sichtweise auf mediale Kommunikation im Kapitalismus bestätigen:

- Eigentümer und Redaktionen über eine *unsichtbare Zensur* aus, indem sie Rahmenbedingungen wie Themen oder Sendezeiten setzen; Ziel dieser Zensur ist die Aufrechterhaltung der symbolischen Ordnung.
- Zentrale Ressource ist die Aufmerksamkeit des Publikums. Das führt Medienakteure a) zu einer Konzentration auf Konflikte, Sensationen und die Dramatisierbarkeit von Prozessen, die zur *Zuspitzung und Simplifizierung* führen, b) zu einer gegenseitigen Beobachtung und Bezugnahme, die zur *Homogenisierung* des dargestellten führt, c) zu einer Fixierung auf Einschaltquoten, die zu *Marktlogik und Zeitdruck* führt: „Das Fernsehen braucht fast-thinker", die schnell, nämlich „in Gemeinplätzen denken." Auch Fernsehdiskussionen seien nur eine Vortäuschung echter Diskussion, denn die Teilnehmer kennen sich gut und wissen, wie sie aufeinander reagieren können. Dazu kommen ungleiche Startbedingungen zwischen Geübten und Ungeübten.
- Analog zu Horkheimer und Adorno fasst Bourdieu diese Probleme im Begriff der *Heteronomie,* zusammen, die jetzt das Vorherrschen kommerzieller Zwänge gegenüber journalistischem Ethos bedeutet.

Analog zu seiner eigenen Theorie des sozialen Feldes bettet Bourdieu diese qualitative Analyse ein, indem er ein *journalistisches Feld* beschreibt, in dem sich einzelne Akteure A immer in Beziehungen mit anderen Akteuren (Zuschauer, Werbekunden, Interviewpartner) befinden. Er analysiert auch die historische Entwicklung des Aufstieges des Fernsehens gegenüber der Presse und die (von ihm aber als eher unwissentlich angesehene) Zensur durch Journalisten durch Agenda Setting und Gatekeeping, sowie (wiederum analog zu seiner sozialstrukturellen Arbeit) den journalistischen Habitus, zu dem etwa stereotype Ansichten über Berufskollegen wie die kritische Position von Pressejournalisten gegenüber dem Fernsehen gehören. In seiner Sicht gilt die Kritikperspektive der Heteronomie für den Journalismus sogar mehr als für andere Felder der Kulturproduktion, weil es weniger interne Sanktionsinstanzen gäbe.

Tab. 9.2 Die Kritische Theorie innerhalb der Soziologie (Burawoy 2005)

		Publikum	
		Akademisch	Außerakademisch
Wissen	Instrumentell	Professionelle Soz	Policyforschung
(Selbstverständnis)	Reflexiv/Normativ	Kritische Theorie	'Public sociology'

Mit diesen zentralen Texten weicht die Kritische Theorie von dem Normalfall einer Weber folgenden werturteilsfreien Wissenschaft ab. Tab. 9.2 ordnet diese Abweichung innerhalb des Wissenschaftssystems ein.[1] Die linke obere Ecke des Normalfalls der Soziologie wird vom Autor Michael Burawoy als ‚professionelle', das heißt innaruniversitär, aber nach den Standards freier Berufe analog zu Ärzten und Rechtsanwälten auszuübende Soziologie bezeichnet. Von ihr kann man in sich in zwei Richtungen entfernen: Einerseits indem man auf ein außeruniversitäres Publikum abzielt und dann auch dessen Werte und Normen übernimmt (der verwendete Begriff der Policy zeigt schon, dass Burawoy hier v. a. Forschung für staatliche Auftraggeber im Blick hat). Andererseits kann man das wissenschaftliche Selbstverständnis reflexiv auf die wissenschaftliche Anwendung von Wissen selbst richten, und das tut innerakademisch die Kritische Theorie. Ziel des Aufsatzes von Burawoy ist es zu zeigen, dass auch diese reflexive Wissensverwendung sich auf ein außeruniversitäres Publikum richten kann (und hier hat er nun begrifflich gerade eher nicht staatliche Auftraggeber, sondern die Öffentlichkeit im Habermas'schen Sinne im Blick), aber diese gehorcht in in ihrem Ausgangspunkt dem gleichen reflexiven Selbstverständnis wie die Kritische Theorie und unterscheidet sich eben nur im angestrebten Publikum von ihr.

9.2 Differenzierungs- und Systemtheorien

Der Begriff System stammt aus dem Griechischen und wurde dort für die Beschreibung der Zusammenhänge von Pulsfrequenzen, von Tönen und von Beschreibungen von Sternenbahnen verwendet, aber nicht in der Philosophie. Vom Griechischen und Lateinischen her ist er als Begriff vorhanden und wird etwa

---

[1] Die Tabelle ist aus Burawoys Aufsatz „For public sociology" (Burawoy 2005) entnommen und unverändert übersetzt– man mag sagen, mit einer Ausnahme: Während Burawoy den Terminus ‚critical *sociology*' verwendet, der in der englischen Sprache neben dem interdisziplinär ausgreifenden Begriff der ‚critical theory' verwendet wird, ist er hier mit dem im Deutschen allein geläufigen und feststehenden Ausdruck ‚Kritische Theorie' übersetzt.

9.2 Differenzierungs- und Systemtheorien

von Galileo Galilei für das *Systema cosmicum* (Galilei 1635) verwendet. Aber erst der Biologe Ludwig von Bertalanffy (1901–1972) verwendete den Begriff des Systems als Grundlage allgemeiner Theoriebildung. (von Bertalanffy 1972).

„‚System' means ‚something to look at'. You must have a very high visual gradient to have systematization. But in philosophy, prior to Descartes, there was no ‚system'. Plato had no ‚system'. Aristotle had no ‚system'" (McLuhan 2014, S. 74).

Obwohl auf Deutsch erschienen, verbreiten sich die Überlegungen in Berthanlanffys Schrift schnell und führen dazu, dass der Systembegriff in den Naturwissenschaften stärker und bewusster verwendet wird.

Die Naturwissenschaften setzen einige konzeptionelle Standards, die auch in Theorien sozialer Systeme beibehalten werden:

- Systeme werden definiert durch ihre Umwelt (oder Umgebung) und ihre Grenzen, die festlegen, welche Entitäten sich innerhalb des Systems befinden und welche außerhalb.
- Der Systembegriff ist sehr weit anwendbar insbesondere auf natürliche und auf menschlichem Handeln basierende Systeme.
- Systeme werden in offene, geschlossene und isolierte Systeme unterschieden. Naturwissenschaftlich liegt die Grenze zwischen ‚offen' und ‚geschlossen' im Austausch von Materie, die zwischen ‚geschlossen' und ‚isoliert' im Austausch von Energie. Die Erde ist ein geschlossenes System, da sie (praktisch) keine Materie mit ihrer Systemumwelt, dem Weltall, austauscht, aber kein isoliertes, da Energie ausgetauscht wird. Für soziale Systeme werden diese Unterscheidungen auch verwenden, sind aber nicht eindeutig definiert.

Relativ schnell wird der Systembegriff von Talcott Parsons (1902–1979) aufgenommen. Um das zu verstehen, müssen wir ein wenig ausholen. Parsons ist ein US-Amerikaner, der mit einem BA-Abschluss in Ökonomie 23jährig nach Heidelberg kam und dort Marianne Weber kennenlernte, die gerade aus dem Nachlass ihres Mannes Max Weber dessen Werk *Wirtschaft und Gesellschaft* herausgegeben hatte. Parsons schrieb seine Dissertation über die Kapitalismustheorien von Weber und Werner Sombart und begann damit, Webers *Protestantische Ethik* und *Wirtschaft und Gesellschaft* ins Englische zu übersetzen.

Nach der Rückkehr in die USA unternimmt er in *The structure of social action* (Parsons 1937) den Versuch, die in Europa kennengelernten soziologischen Klassiker Weber, Durkheim und Vilfredo Pareto plus noch des englischen Ökonomen Alfred Marshall zu integrieren und weiterzuentwickeln. Er nimmt Marshall und

Pareto als Vertreter der bereits älteren Theorie des Utilitarismus und schreibt ihnen zu, Akteure nur auf ihre Ressourcen (eher bei Marshall) und Ziele (eher bei Pareto) hin zu analysieren. Durkheim wird als Vertreter des Positivismus zugeschrieben, neu die sozialen Randbedingungen, d. h. die Erwartungen bezüglich der sozialen Situation, im Blick zu haben; schließlich Weber als Vertreter des Idealismus, Normen als relevant benannt zu haben. Damit legt Parsons ein Viererschema vor, das die Ihnen bereits bekannten Aspekte der Handlungssituation um eine Komponente externer Erwartungen erweitert. Er bezeichnet seinen Ansatz als ‚volutaristische Handlungstheorie'.

Nach dem Krieg und der Rezeption von Berthanlanffys Schrift stellt Parsons fest, dass sein so entstandenes Viererschema sich nicht nur zur Beschreibung sozialen Handelns nutzen lässt, sondern mit geringen Anpassungen generell auf soziale Systeme übertragen lässt. Er beschreibt die vier Funktionen als ‚Adaptation', womit die Sicherstellung von Ressourcengemeint ist, als ‚Goal attainment', die Festlegung von Zielen, als ‚Integration', die Klärung von Erwartungen, und als ‚Latent pattern maintenance', die Sicherstellung des äußeren Bezugsrahmens. Die englischen Originalbegriffe sind angegeben, weil sie eindeutiger sind als die (mitunter schwankenden) Übersetzungen, und weil ihre Abkürzungen zum Begriff AGIL-Schema zusammengefasst werden (Tab. 9.3).

Mit dieser Theorie wird also ‚alles, was sich anschauen lässt' (siehe den obigen Ausspruch von McLuhan), in ein Schema gepresst, in dem sich seine Struktur aus diesen vier Funktionen ergibt, daher der Name Strukturfunktionalismus für Parsons' Theorie. Keine soziologische Theorie hat jemals vorher und nachher so einheitlich beeindruckt wie diese in den 1950er Jahren.

Tab. 9.3 Parsons Entwicklung der vier Systemfunktionen in Structure of Social Action und The Social System

Richtung	Utilitarismus	Utilitarismus	Positivismus	Idealismus
Autor	Marshall	Pareto	Durkheim	Weber
Handlungsaspekt	Ressourcen	Ziele	Erwartungen	Normen
Systemfunktion (original)	Adaptation	Goal attainment	Integration	Latent pattern maintenance
Systemfunktion (deutsch)	Sicherstellung von Ressourcen	Festlegung von Zielen	Klärung von Erwartungen	Äußerer Bezugsrahmen
Subsys. Handlungssystem	Verhaltenssystems	Persönliches System	Soziales System	Kulturelles System
Subsysteme soziales System	Ökonomie	Politik	Gemeinschaft	Kultur

9.2 Differenzierungs- und Systemtheorien

Einer der Studenten, die bei Parsons in Harvard lernen kamen, war 1960 ein schon 30jähriger Jurist aus Lüneburg: Niklas Luhmann. Luhmann hatte zuvor fünf Jahre im niedersächsischen Kultusministerium gearbeitet und die Trägheit der Bürokratie kennengelernt: Die Regierung wechselte, aber die eine Kabinettssitzung war wie die andere. (Horster 2005) Die Erfahrung, dass Systeme durch ihre Funktionen strukturiert werden, konnte Luhmann nicht bestätigen.

Stattdessen schließt Luhmann direkter bei Emile Durkheim an, der sich in seinem Buch zur Arbeitsteilung (Durkheim 1967) mit der Frage der gesellschaftlichen Differenzierung beschäftigt hatte: Wie kommt es dazu, dass in der Sozialgeschichte der letzten 500 Jahre Gesellschaften immer mehr unterschiedliche Systeme aufweisen? Durkheim hatte in *De La Division du Travail Social* traditionelle und moderne Gesellschaft unterschieden dahingehend, dass erstere durch eine ‚segmentäre Differenzierung' gekennzeichnet sei, in der lauter strukturähnliche Einheiten (wie Dörfer oder Familien) nebeneinander existierten, während in der Moderne eine ‚funktionale Differenzierung' vorliegt, in der lauter unterschiedliche Einheiten unterschiedliche gesellschaftliche Funktionen füreinander übernehmen (ohne wie Parsons diese Funktionen genauer zu untersuchen).

Den Begriff der funktionalen Differenzierung machte Luhmann zu einem seiner zentralen Theoriebegriffe. Gegenüber Durkheim ergänzte er die Beobachtung, dass die vormoderne mittelalterliche Gesellschaft ja durchaus schon nicht mehr so einfach segmentär differenziert gewesen war wie etwa nomadische Gesellschaften, sondern dass sie eine ‚stratifikatorische Differenzierung' besessen hatte. Und diese Differenzierungsentwicklung ist Gegenstand einer spezifischen Theoriebildung, deren Begriffe auch auf andere als soziale Systeme übertragen werden können. So ist die Entwicklung von Differenzierung mit der Entwicklung gesellschaftlicher Kapazität zur Bewältigung von Komplexität verbunden: funktional differenzierte Gesellschaften besitzen aufgrund ihrer Differenzierungsform unterschiedlich spezialisierte Teilsysteme, die mit sehr unterschiedlichen Herausforderungen fertig werden können. In älteren Gesellschaftsformen gibt es Leitdifferenzen, an denen sich die Interaktion systemweit einheitlich orientiert: Zugehörigkeit vs. Nichtzugehörigkeit in segmentären Gesellschaften, sozialer Status in stratifikatorisch differenzierten Gesellschaften.

Das Verhältnis der Teilsysteme zueinander ist in der segmentären Gesellschaft eines der generellen, positiven und normativen Gleichheit, in der stratifikatorischen Gesellschaft der ebenso generellen Ungleichheit, während die Teilsysteme der modernen Gesellschaft zwar formal/positiv immer ungleicher werden, aber rangbezogen/normativ keines von ihnen mehr eine Sonderstellung beanspruchen kann, auch die Politik nicht (und erst recht die Wissenschaft nicht) (Tab. 9.4).

Tab. 9.4 Differenzierungsformen nach Niklas Luhmann

Differenzierungsform	Segmentär	Stratifikatorisch	Funktional
Fähigkeit zur Komplexitätsbewältigung	Niedrig	Mittel	Hoch
Leitdifferenz	Innen/außen	Oben/unten	Subsystem-spezifisch
Form	Gleich	Ungleich	Ungleich
Rangfolge	Gleich	Ungleich	Gleich
Codes	Familial	Religiös	Subsystem-spezifisch

Auch die Codes, an denen sich die Kommunikation orientiert, sind in älteren Gesellschaften einheitlich und in der Moderne in die Eigenlogik der Subsysteme ausdifferenziert: Wissenschaft orientiert sich laut Luhmann an der Leitdifferenz wahr/falsch, Wirtschaft in der Moderne an zahlen/nicht-zahlen (vor Erfindung des Geldes an haben/nicht-haben), Kunst an interessant/uninteressant, Recht an recht/unrecht, und Politik an mächtig/ohnmächtig.

Luhmann beobachtet, dass Systemen eigene Medien ausprägen, in Bezug auf die diese Codes verhandelt werden. Er bezeichnet sie als ‚symbolisch generalisierte Kommunikationsmedien', die durch ihre Existenz und die Tatsache, dass auf ihrer Grundlage kommuniziert wird, die Systeme in ihrer Struktur (und damit Existenz) stabilisieren (Tab. 9.5).

Dies ist eine Aussage, die auch handlungstheoretisch repliziert werden kann: Wenn Akteure durch analoge Institutionen verbunden und durch diese Gleichartigkeit gemeinsam als System erkenntlich sind, werden auch wiederkehrende Signale zur Kommunikation darüber verwendet werden, ob den institutionellen Verhaltenserwartungen entsprochen worden ist. Der Verdienst, das als erster gesehen zu haben, bleibt Luhmann vorbehalten.

Ein Spezifikum von Luhmanns Theorie ist, dass er die Auffassung vertritt, Begriffe, die eine alltagssprachliche Bedeutung haben oder an anderer Stelle

Tab. 9.5 Systemspezifische Codes und generalisierte Kommunikationsmedien bei Niklas Luhmann

System	Code	Medium
Wirtschaft	Zahlen/nichtzahlen	Geld
Intimität	Zusammen/getrennt	Liebe
Politik	Mächtig/ohnmächtig	Macht
Wissenschaft	Wahr/unwahr	Wahrheit
Kunst	Interessant/uninteressant	Kunst

in der Wissenschaft schon verwendet worden sind, seien aufgrund dessen für eine wissenschaftliche Analyse nicht mehr brauchbar. Deshalb schafft er äußerst kreativ eine große Reihe eigener Ausdrücke für die Zusammenhänge innerhalb seines theoretischen Systems: Die Art, wie unterschiedliche Systeme aufeinander einwirken, heißt ‚strukturelle Kopplung', das, was das eine System dabei beim anderen bewirkt, ‚Irritation'. Der Begriff der Autopoiesis (Selbsterzeugung), mit dem er die eigendynamische Entwicklung von Systemen im Gegensatz zu Parsons' Strukturfunktionalismus bezeichnet, ist von Biologen entlehnt und insofern eine Ausnahme.

Parsons' früher so ungeheuer einflussreiche Theorie war lange kaum noch mehr als ein Vorwort, das man zum Verständnis der Luhmann'schen Theoriebildung braucht, auch wenn es Zeichen der Renaissance einer eigenständigen Wahrnehmung seines Werkes gibt. (Edelmann und Mohr 2018; Osrecki 2020) Luhmanns Theorie hat, auch international, aber ganz besonders in (West-) Deutschland, eine große Wirkung erzielt, für so unterschiedliche Anwendungen wie das Bemühen, das Ende der DDR zu verstehen (Pollack 1990; Gerhards 2001), Wirtschaftssoziologie (Münch 1994; Kneer 2001), Werteforschung (Thome 2003), Modernisierungs- (Makropoulos 2004; Schimank 2009) und Globalisierungstheorie (Heintz und Werron 2011), das Verständnis von Computern (Esposito 1993) oder Sozialhilfe (Baecker 1994), die Verständigung zwischen Ärzten und Patienten (Saake 2003) und natürlich die zwischen Soziologen verschiedener Bereiche des Faches. (Schwinn 1998; Nassehi 2004; Heintz 2010).

9.3 Akteur-Netzwerk-Theorie

Binäre Beziehungen, in denen kommuniziert wird, kann man nicht nur zwischen Akteuren, sondern auch zwischen Akteuren und Dingen beobachten. Die Systemtheorie hat damit kein Problem, weil sie sie als Beziehungen zwischen Systemen beschreiben kann; allerdings braucht man dann das ganze systemtheoretische Begriffsinstrumentarium, das ja nicht ganz einfach ist. Seit den 1980er Jahren gibt es einen anderen Ansatz, der in neuerer Zeit einiges soziologisches Interesse hervorgerufen hat. Es handelt sich um die wesentlich von Bruno Latour und Michel Callon entwickelte Akteur-Netzwerk-Theorie (ANT).

Ihr Name verwendet den Begriff Netzwerk, mit dem wir schon kennengelernt haben: Die Tatsache, dass binäre Beziehungen zwischen Akteuren bestehen und die meisten Akteure mehr als eine solche Beziehung haben, führt zu der Existenz von Netzwerken, die in hohem Maße ihre Handlungsmöglichkeiten mitbestimmen. Aber die Frage, wie man in dieser Hinsicht mit Nicht-Akteuren umgeht, stellt sich vollkommen unabhängig von der Struktur der Netzwerke, also auch schon in der einfachen 1:1-Kommunikation.

Latour und Callon beantworten die Frage damit, dass sie Nicht-Akteure wie Akteure behandeln. Ihre zentrale These lautet: Bei der Analyse von Prozessen der wissenschaftlichen und technischen (also auch medialen) Entwicklung müssen soziale, technische und natürliche Faktoren gleichermaßen als abhängige Variable behandelt werden. Es ist unzulässig, einen dieser Faktoren als gegeben vorauszusetzen, um mit seiner Hilfe die anderen zu erklären.

Die Methode und ihre Begriffe lassen sich an Beispielen aus der ANT-Literatur erklären:

- Michel Callon untersucht ein Projekt in der Normandie, wo traditionell Muscheln geerntet werden, wo aber in den 1980er Jahren durch Überfischung und Umweltverschmutzung die Erträge zurückgehen. Eine Gruppe französischer Forscher lernt in Japan eine Technik kennen, Muscheln in sogenannten ‚Kollektoren', speziell für diesen Zweck gestalteten Behältern zu züchten, in denen sie die ‚Jugend' geschützt verbringen. Es dauert etwas, bis sie ein geeignetes Design für die Kollektoren gefunden haben, das für die spezifischen französischen Kammmuscheln geeignet ist. (Callon 1986)
- Bruno Latour untersucht die Rolle des schweren Schlüsselanhängers, der in Hotels oft an den Schlüsseln hängt, damit diese nicht mitgenommen, sondern an der Rezeption abgegeben werden. (Latour 1990)
- In einem anderen Text beschreibt er automatische Türschließer, die die frühere Rolle des Portiers in wohlhabenden Häusern übernommen haben, und von verschiedenen ‚Gradienten' von Menschlichkeit in der Verkehrsregelung, von Polizisten über fähnchenschwenkende anthropoide Maschinen und Verkehrszeichen bis zur Bodenschwelle. (Latour 1992)

Wie Luhmann werfen Latour et.al. den alltagssprachlichen und fachdisziplinären Vokabularen vor, mit vom Menschen ausgehenden Vorannahmen über Status und Wirkungsweise solcher Entitäten Einsichten zu verstellen. Wie Luhmann bauen sie daher ein eigenes Vokabular auf, aus dem wir im folgenden einige Begriffe an beliebten ANT-Beispielen erklären.

Als Vorteile dieser Vorgehensweise führen ANT-Autoren zwei Argumente an:

- Sie sehen es als eine *notwendige Radikalisierung des Konstruktivismus,* bei der Herausarbeitung von Konventionen auch diejenigen Erwartungen miteinzubeziehen, die von nichtmenschlichen Akteuren ausgehen und auf diese wirken.

9.3 Akteur-Netzwerk-Theorie

- Empirisch soll daraus ein *klarerer Blick auf tatsächliche Prozesse* folgen, als wenn man von herkömmlichen Unterscheidungen ausgeht.

Beispiele des Einsatzes der ANT sind Untersuchungen zum Beispiel zur Rolle des Radios (Michelsen und Krogh 2017), für Bilder (Kurasawa 2015), Formulare (Kameo und Whalen 2015) oder 3D-Modelle (Plesner und Horst 2013), aber auch für die selbstreflexive Frage, wie bestimmte Erhebungsformen und andere Arbeits- „dinge" die Soziologie selbst prägen (Adalet 2015; Guggenheim 2015) (Tab. 9.6).

Zusammenfassung

In diesem Kapitel haben Sie drei Bereiche soziologischer Theorie kennengelernt, die zu dem mit diesem Buch verfolgten analytisch-handlungstheoretischen Aufbau in einem Spannungsverhältnis stehen:

- Sie kennen und verstehen jetzt, wie Max Weber im Werturteilsstreit die Norm eines normfreien Wissenschaftsverständnisses durchsetzte, aber auch

Tab. 9.6 Einige Begriffe der Akteur-Netzwerk-Theorie

Begriff	Definition	Bsp. Kammmuscheln	Bsp. Schlüssel	Bsp. Türschließer
Übersetzung	(Um-)Definitionen von Identitäten zur Etablierung von Verbindungen	Übertragung der japanischen Technik auf die Spezies der Kammmuscheln	Hinzufügung des Schlüsselanhängers	Ersetzung des Portiers durch einen technischen Türschließer
Aktant	Ding	Muscheln, Kollektoren	Schlüsselanhänger	technischer Türschließer
	Sozialer Akteur	Fischer, Forscher	Hotel, Gäste	Kollektiv, einzelne
Skript	Rolle bzw. Verhaltensweise	Wachsen an Kollektoren	Zurückbringen des Schlüssels	Schließen der Tür
Präskription	Schaffung von Voraussetzungen für Aktantenverhalten	Schaffung / Gestaltung der Kollektoren	Anbringung des Schlüsselanhängers	Anbringung des Türschließers
Inskription	Aktantenfestlegung auf ein Skript	tatsächliches Wachsen der Muscheln	Gewichtsausübung für Anhänger, Zurückbringen des Schlüssels für Gäste	Türschließung durch Türschließer

die Produktivität des hiervon abweichenden Konzeptes der Kritischen Theorie, Grundzüge ihrer Entwicklung und als Beispiel den zentralen Text der *Dialektik der Aufklärung* insbesondere mit seiner Gegenüberstellung von Autonomie und Heteronomie in bürgerlich-liberaler und spätkapitalistischer Kulturproduktion, sowie die Positionierung der Kritischen Theorie in der Matrix der ‚Public sociology'.

- Sie kennen und verstehen jetzt Grundlagen der Differenzierungs- und Systemtheorie mit dem zentralen soziologischen Bezugspunkt bei Talcott Parsons und seines erst handlungs- und dann systemtheoretischen AGIL-Schemas, das als systemtheoretischer Strukturfunktionalismus eine ganze Generation beeindruckte, und das Argument, dass Systeme sich durch Eigendynamiken (statt Systemfunktionen) verändern sowie die hierauf aufbauende Analyse historischer Differenzierungsformen und systemspezifischer Codes bei Niklas Luhmann.
- Sie kennen und verstehen jetzt die Akteur-Netzwerk-Theorie mit ihrem zentralen Argument, dass es sinnvoll sein kann, in Netzwerkbeziehungen auch nicht autonom handlungsfähige Aktanten mit einzubeziehen, und ihren Begriffen Übersetzung, Aktant, Skript, Prä- und Inskription.

Übungsaufgaben

1. Welche beiden Theorien werden von der Kritischen Theorie der sogenannten Frankfurter Schule (Horkheimer/Adorno) erstmals verbunden?
2. Gleich zwei in der Veranstaltung behandelte Theorien (man kann auch sagen, zwei Generationen derselben Theorie) stellen das frühe 19. Jahrhundert und die Zeit des Kapitalismus normativ auf eine ähnliche Weise einander gegenüber. Welches sind die beiden Ähnlichkeiten? Um welche beiden Theorien handelt es sich?
3. Nach welchen beiden Kriterien unterscheiden lassen sich die vier Bereiche der Kritischen Theorie, der ‚normalen akademischen' oder ‚professionellen' Soziologie, der Policyforschung und der sogenannten 'Public sociology' gegeneinander abgrenzen? Zeichnen Sie die entsprechende Matrix mit ihren beiden Dimensionen!
4. Inwiefern entspricht Talcott Parsons' AGIL-Schema dem Tripel der menschlichen Handlungssituation, was kommt dazu? Nennen Sie jeweils auch die dazugehörige Systemfunktion, sowohl mit dem englischen Originalbegriff als auch der deutschen Übersetzung bzw. Erklärung!

5. Was ist gleich bei den Leitdifferenzen in segmentär und in stratifikatorisch differenzierten Gesellschaften? In welcher Differenzierungsform ist es wie anders?
6. Sind Akteure durch analoge Institutionen verbunden und durch diese Gleichartigkeit gemeinsam als System erkenntlich, werden wiederkehrende Signale zur Kommunikation darüber verwendet, ob den institutionellen Verhaltenserwartungen entsprochen worden ist. Wie nennt Niklas Luhmann das und wie wendet er es auf die Wirtschaft an?
7. Ein Beispiel von Bruno Latour ist der sogenannte Berliner Schlüssel, ein Durchsteckschlüssel, der durch seine Form die Benutzer dazu zwingt, die zuvor geöffnete Tür wieder zu verschließen, weil sie den Schlüssel nur aus der Tür abziehen können, wenn diese verschlossen ist. Nennen Sie zwei in diesem Beispiel angesprochene Aktanten und das erwartete Skript!

Literatur

Zentrale Referenzen

Adorno, Theodor W., und Max Horkheimer. 1967. in *The Authoritarian personality : studies in prejudice*, hg. Samuel H. Flowerman. New York: Science Editions.
Bourdieu, Pierre. 1996. *Sur la télévision ; suivi de L'emprise du journalisme*. Paris: Raisons d'Agir.
Bourdieu, Pierre. 1998. *Über das Fernsehen*. Frankfurt am Main Suhrkamp.
Burawoy, Michael. 2005. "For Public Sociology." *American Sociological Review* 70:4–28.
Callon, Michel. 1986. "Some Elements of a Sociology of Translation: Domestication of the Scallops and the Fishermen of St Brieuc Bay." S. 196–233 in *Power, Action and Belief: A New Sociology of Knowledge*, hg. John Law. London: Routledge & Kegan Paul.
Durkheim, Émile. [1893] 1967. *De la division du travail social*. Paris: Presses Universitaires de France.
Horkheimer, Max, und Theodor W. Adorno. [1944] 2013. *Dialektik der Aufklärung : philosophische Fragmente*. Frankfurt am Main: Fischer.
Kant, Immanuel. [1787] 2000. "Kritik der reinen Vernunft." in *Kants Werke: Akademie Textausgabe, vol. 3*, hg. Berlin: de Gruyter.
Kant, Immanuel. [1788] 2003. *Kritik der praktischen Vernunft*. Hamburg: Felix Meiner.
Kant, Immanuel. [1790] 2014. *Kritik der Urteilskraft*. Hamburg: Meiner.
Latour, Bruno. 1990. "Technology is Society Made Durable." *The Sociological Review* 38:103–131.
Kant, Immanuel. 1992. "Where Are the Missing Masses? The Sociology of a Few Mundane Artifacts." S. 225–258 in *Shaping Technology/Building Society: Studies in*

Sociotechnical Change, hg. Wiebe E. Bijker und John Law. Cambridge, Mass.: MIT Press.
Marx, Karl. [1859] 1971. "Zur Kritik der politischen Ökonomie." in *Karl Marx, Friedrich Engels: Werke*, hg. Berlin: Dietz.
Marx, Karl. [1867] 1969–71. "Das Kapital: Kritik der politischen Ökonomie." in *Karl Marx, Friedrich Engels: Werke*, hg. Berlin: Dietz.
Merton, Robert King. [1942] 1966. *Social theory and social structure* New York: Free Press.
Parsons, Talcott. 1937. *The structure of social action : a study in social theory with special reference to a group of recent European writers*. New York: McGraw-Hill.
Weber, Max. [1904] 1988. "Die "Objektivität" sozialwissenschaftlicher und sozialpolitischer Erkenntnis." S. 146–148 in *Gesammelte Aufsätze zur Wissenschaftslehre*, hg. Johannes Winckelmann. Tübingen: Mohr-Siebeck.

Beispiele soziologischer Studien

Adalet, B. 2015. "Questions of Modernization: Coding Speech, Regulating Attitude in Survey Research." *Comparative Studies in Society and History* 57:912–941.
Baecker, D. 1994. "Soziale Hilfe als Funktionssystem der Gesellschaft." *Zeitschrift für Soziologie* 23:93–110.
Edelmann, Achim, und John W. Mohr. 2018. "Formal studies of culture: Issues, challenges, and current trends." *Poetics* 68:1–9.
Esposito, E. 1993. "Der Computer als Medium und Maschine." *Zeitschrift für Soziologie* 22:338–354.
Gerhards, Jürgen. 2001. "Der Aufstand des Publikums: Eine systemtheoretische Interpretation des Kulturwandels in Deutschland zwischen 1960 und 1989." *Zeitschrift für Soziologie* 30:163–184.
Guggenheim, M. 2015. "The media of sociology: tight or loose translations?" *British Journal of Sociology* 66:345–372.
Heintz, Bettina. 2010. "Numerische Differenz. Überlegungen zu einer Soziologie des (quantitativen) Vergleichs." *Zeitschrift für Soziologie* 39:162–181.
Heintz, Bettina, und Tobias Werron. 2011. "Wie ist Globalisierung möglich? Zur Entstehung globaler Vergleichshorizonte am Beispiel von Wissenschaft und Sport." *Kölner Zeitschrift für Soziologie und Sozialpsychologie* 63:359–394.
Kameo, N., und J. Whalen. 2015. "Organizing Documents: Standard Forms, Person Production and Organizational Action." *Qualitative Sociology* 38:205–229.
Kneer, Georg. 2001. "Organisation und Gesellschaft: Zum ungeklärten Verhältnis von Organisations- und Funktionssystemen in Luhmanns Theorie sozialer Systeme." *Zeitschrift für Soziologie* 30:407–428.
Kurasawa, F. 2015. "How Does Humanitarian Visuality Work? A Conceptual Toolkit for a Sociology of Iconic Suffering." *Sociologica-Italian Journal of Sociology on Line*:59.
Makropoulos, M. 2004. "Contingency aspects of theoretical semantics of the modernity." *Archives Europeennes De Sociologie* 45:369–399.
Michelsen, M., und M. Krogh. 2017. "Music, radio and mediatization." *Media Culture & Society* 39:520–535.

Münch, Richard. 1994. "Zahlung und Achtung. Die Interpenetration von Ökonomie und Moral." *Zeitschrift für Soziologie* 23:388–411.

Nassehi, Armin. 2004. "Die Theorie funktionaler Differenzierung im Horizont ihrer Kritik." *Zeitschrift für Soziologie* 33:98–118.

Osrecki, Fran. 2020. "Autonomisierung durch Nichtwissen: Unberechenbarkeit in der Konstitution von Publikumsrollen." *Zeitschrift für Soziologie* 49:125–144.

Plesner, U., und M. Horst. 2013. "BEFORE STABILIZATION: Communication and non-standardization of 3D digital models in the building industry." *Information Communication & Society* 16:1115–1138.

Pollack, Detlef. 1990. " Das Ende einer Organisationsgesellschaft. Systemtheoretische Überlegungen zum gesellschaftlichen Umbruch in der DDR." *Zeitschrift für Soziologie* 19:292–307.

Saake, Irmhild. 2003. "Die Performanz des Medizinischen: Zur Asymmetrie in der Arzt-Patienten-Interaktion." *Soziale Welt* 54:429–459.

Schimank, Uwe. 2009. "Die Moderne: eine funktional differenzierte kapitalistische Gesellschaft." *Berliner Journal für Soziologie* 19:327–351.

Schwinn, Thomas. 1998. "Soziale Ungleichheit und funktionale Differenzierung. Wiederaufnahme einer Diskussion." *Zeitschrift für Soziologie* 27:3–17.

Thome, Helmut. 2003. "Soziologische Wertforschung: Ein von Niklas Luhmann inspirierter Vorschlag für die engere Verknüpfung von Theorie und Empirie " *Zeitschrift für Soziologie* 32:4–28.

Weitere Referenzen

Galilei, Galileo. 1635. *Systema cosmicum*. Strassburg: Impensis Elzeviriorum.

Horster, Detlef. 2005. *Niklas Luhmann*. München: Beck.

Mcluhan, Herbert Marshall. [1967] 2014. "The Hot and Cool Interview." S. 45–78 in *Media Research: Technology, Art and Communication*, hg. Michel Moos. New York: Routledge.

von Bertalanffy, Ludwig. [1945] 1972. "Zu einer allgemeinen Systemlehre." in *Organisation als System*, hg. Kurt Bleicher. Wiesbaden: Gabler

Diskurse   10

> **Überblick**
>
> Das folgende Kapitel verbindet zwei bereits behandelte Konzepte: Konventionen und Frames. Konventionen sind Einigungen auf bestimmte Erwartungen, Frames sind Erwartungsstrukturen, die bei Akteuren bestehen und von denen gegenwärtige Wahrnehmung den einen oder den anderen aktivieren kann und dann gegenüber anderen, auch möglichen Frames heraushebt und handlungsleitend macht. Damit ist es in der Interaktion mehrerer Akteure hilfreich, wenn bei ihnen ähnliche Frames aktiviert sind, und zur Realisierung dieser Interaktionsvorteile einigen Menschen sich auf Sichtweisen und interagieren auf der Basis dieser Konventionen miteinander. Solche auf Konventionen über Frames beruhenden Interaktionen bezeichnen wir als Diskurse.
>
> - Der Abschnitt beginnt mit dem spezifischen Beispiel eines Typs von Diskursen, der sich gut zum Einstieg eignet: der sogenannten ‚Moral Panic', die man als ‚moralische (oder sogar: moralisierende) Panikmache' übersetzen könnte.
> - Im zweiten Abschnitt werfen wir einen Blick auf Leben und Werk von Michel Foucault, der als Theoretiker so sehr mit dem Diskursbegriff verbunden ist, dass man um ihn in der Behandlung nicht herumkommt.
> - Der dritte Abschnitt ist dann allgemein dem Begriff des Diskurses und seinen Aspekten gewidmet.
> - Die Untersuchung von Diskursen hat eine eigene Methodologie ausgebildet, die Diskursanalyse, die im vierten Abschnitt beschrieben wird.
> - Abschn. 8.5 widmet sich schließlich der Bedeutung von Macht in Diskursen und der damit zusammenhängenden Frage, ob der Blick auf Diskurse

notwendigerweise in einer relativistischen Nebeneinanderstellung von Einsichten führen muss oder ob Kommunikation über sie nicht doch zur Findung allgemeingültiger Ergebnisse führen kann.

10.1 Das Konzept der Moral Panic

Am Karsamstag 1964 gab es im britischen Badeort Clacton-on-Sea Streit, weil ein Barbesitzer die Bedienung einer Gruppe Jugendlicher verweigerte. Es entwickelte sich ein Handgemenge, ein Pistolenschuss wurde abgegeben und eine Scheibe im Wert von 500 Pfund zerbrach – alles noch früh genug, um in den Zeitungen des Osterwochenendes behandelt zu werden. In der ansonsten nachrichtenarmen Feiertagszeit stürzten sich die Medien auf dieses Thema, das zum Titelthema aller britischen Tageszeitungen außer der *Times* wurde.

Auseinandersetzungen und Berichterstattung beschränkten sich nicht auf das Osterwochenende, sondern gingen weiter. In den Medien wurden die Jugendlichen in zwei Gruppen hinein typisiert, in ‚Mods' und ‚Rockers'. Die Differenzen zwischen den Gruppen waren teils soziale und teils Altersdifferenzen: Die Rockkultur ging schon in die 1950er Jahre zurück, war härter und eher eine Arbeiterkultur, auch wenn hier die dickeren Motorräder gefahren wurden. Die Modkultur war vergleichsweise neuer, jünger, bürgerlicher und zahmer, ebenfalls motorisiert, aber eher mit Motorrollern. Als sinnbildlich für die beiden Richtungen kann man die Rolling Stones für die Rocker und die Beatles für die Mods nehmen. Die beiden Richtungen existierten (oder existieren heute in der Rückschau) also wirklich, aber das Medienecho, das die Auseinandersetzungen bekamen in einer Welt, in der Schlägereien zwischen jungen Leuten ja auch ansonsten noch durchaus an der Tagesordnung waren, wirkte auf junge Menschen dieser Tage deutlich übertrieben.

Andererseits schrieb Herbert Marshall McLuhan in demselben Jahr in seinem Buch *Understanding Media* über den Blick der kulturellen Eliten auf die Effekte elektronischer Medien auf die Kultur des gedruckten Wortes und befand, diese würden hierbei in eine moralische Panik, eine ‚Moral Panic' geraten. (McLuhan 1964, S. 82).

Stanley Cohen, ein 1942 geborener, damals also 22 jähriger südafrikanischer Soziologe, der aufgrund seiner Ablehnung der Apartheid im Jahr zuvor nach Großbritannien gekommen war, verband diese beiden Dinge in seiner Dissertation, indem er den Konflikt der beiden Jugendgruppen und den Mechanismus der medialen Berichterstattung untersuchte und den Begriff Moral Panic für das verwendete, was er herausfand.

10.1 Das Konzept der Moral Panic

In den Termini des bisher behandelten gesprochen, stellte er fest, dass sich zwischen Medienschaffenden, Experten und Politikern tatsächlich schnell Übereinkünfte über die Sichtweise auf die Ereignisse ergaben, sprich Konventionen über Frames. Diese gingen von einem wahrgenommenen sozialen Problem aus, das sich aber, wie in einer Panik, in übertriebener Weise aufschaukelte und in Bezug auf soziale Normen, mithin moralisch, diskutiert wurde. Cohen verwendete daher McLuhans Begriff und definierte 'Moral Panic' als:

> [the emergence of a] „condition, person or group [.] to become defined as threat to societal values and interests; its nature is presented in a stylized and stereotypical fashion by the mass media; the moral barricades are manned by editors, politicians and other right thinking people; 'experts' pronounce diagnosis and solutions; ways of coping are evolved or (more often) resorted to; the condition then disappears, submerges or deteriorates and becomes visible." (Cohen 2011, S. 9, leicht gekürzt).

Er entwickelte dazu ein Stufenmodell, das sich auf andere, ähnlich gelagerte Entwicklungen übertragen ließ (Cohen 2011):

- Ausgangspunkt ist ein tatsächliches normabweichendes Verhalten.
- Entwicklung über die Zeit in einem Stufenmodell, gekennzeichnet anfangs durch eine stark als deviant (normabweichend) charakterisierte Phase und später eine starke Abnahme der Devianz und Berichterstattung über sie.
- Darstellung in den Medien charakterisiert durch Übertreibung und Verzerrung, melodramatisches Vokabular, Schlagzeilen, übertriebene Prognosen und sogar Falschaussagen in der medialen Berichterstattung
- Symbolisierung der als Täter beschriebenen Individuen, hier durch Haarschnitte, Kleidung und Lebensstil; Kontrastierung zu anderen Akteuren, hier lokale Politiker und wissenschaftliche und andere Experten.

Das Konzept der „Moral Panic" wurde später weiterentwickelt (Goode und Ben-Yehuda 1994), aber diese vier Aspekte blieben im wesentlichen dieselben. Erich Goode und Nachman Ben-Yehuda wiesen darauf hin, dass als Ausgangspunkt Befürchtungen zu spezifischen als abweichend und oder bedrohlich empfundenem Verhalten einer Gruppe am Anfang stehen. Auf diese wahrgenommene Bedrohung antworten Medienakteure mit einer Berichterstattung, die jenseits von Objektivitätsnormen durch eine kollektive Feindseligkeit und klare Abgrenzungen zwischen Zugehörigen („wir") und Nicht-Zugehörigen („die") geprägt sind. Sie werden verstärkt durch die Bildung von Stereotypen. Medienakteure, Experten und Rezipienten einigen sich auf eine übereinstimmende Bedrohungsempfindung, wobei in der Darstellung eine Disproportionalität auftritt, in der das subjektiv wahrgenommene größer ist als das objektive Ausmaß der Gefahr. Über die Zeit ist für Goode und Ben-Yehuda vor allem die zeitliche Begrenztheit von Diskursen der Moral Panic deutlich: Aus einem gewissen zeitlichen Abstand stellt sich oft alles als deutlich weniger dramatisch dar als es erst schien.

Diese Aspekte lassen sich sehr gut auf den Konventionalcharakter einer Moral Panic zurückführen:

- Wenn ein soziales Problem auftritt, muss man sich zunächst darauf einigen, es als solches zu sehen, also zu einer *Konvention der Problemwahrnehmung* zu kommen. Etwas als soziales Problem zu sehen, heißt ja auch, dass diesem Problem knappe Ressourcen gewidmet werden, von Aufmerksamkeit, Zeitungsspalten, Sende- und Diskussionszeit bis zu öffentlichen Mitteln für die Problemanalyse und -behebung.
- Erstens braucht man dafür eine deutliche Problemwahrnehmung. *Übertreibung* und Verzerrung und der Einsatz medialer Mittel wie besonderem Vokabular, Schlagzeilen oder übertriebene Prognosen lassen sich hieraus ableiten.
- Zweitens ist es für eine solche Konvention der Problemwahrnehmung hilfreich, wenn man unterschiedliche Handlungsstrategien klar einander gegenüberstellen kann. Hierfür wird zum Mittel der *symbolischen Gruppenbildung* gegriffen, die bestimmte Handlungsstrategien bestimmten Gruppen zuordnet und sie so gegeneinander abgrenzt.
- Üblicherweise sind dies aber Instrumente des Übergangs zwischen Wahrnehmungskonventionen: Wenn ein Problem einmal als solches etabliert ist, verlieren sie ihre Notwendigkeit, und andere Normen der medialen Berichterstattung gewinnen wieder an relativer Bedeutung. Hieraus ergibt sich der *zeitlich begrenzte Verlauf* von Moral Panic-Phänomenen.

Das Konzept der Moral Panic ist seit seiner Entstehung vielfältig angewandt worden etwa in Bezug auf Kriminalität (z. B. Adorjan 2011), wo ja tatsächlich Kriminalitätsangst und tatsächliche Kriminalität relativ gering korreliert sind, sowie auf zeitbedingte Phänomene wie Videospiele in den 1980er Jahren (Ferguson 2008), auf das Auftreten satanistischer Subkulturen (Goode und Ben-Yehuda 1994, Kap. 3). Sogar die Thematisierung von Sexualverbrechen in den 1990er Jahren und seither zeigt Merkmale einer Moral Panic (Fox 2012; Campbell 2016), und der Blick auf Menschenhandel und Zwangsprostitution in den 2000er Jahren lässt sich ebenfalls durch diese Linse analysieren. (Weitzer 2007) In neuerer Zeit ist das Konzept ebenso angewandt worden auf die Skandalisierung von Asylsuchenden (Lueck et al. 2015), die illegale Weitergabe von Dateien (File-sharing, Lindgren 2013), oder wiederholt auf die mediale Aufarbeitung gewalttätiger

Auseinandersetzungen, ganz wie am Anfang in Clacton-on-Sea (Nijjar 2015; Costelloe 2014; Mills 2017). Freilich haben Konventionen über die Wahrnehmung bestimmter Entwicklungsrichtungen nicht nur da eine Eigendynamik, wo es um negative Entwicklungen geht: Ganz analog zum Konzept der moralischen Panik kann man auch moralische Euphorien beschreiben, die ebenso die Gefahr besitzen, sich von der Realität abzukoppeln (Flinders und Wood 2015) Aber das verweist schon weiter auf das allgemeinere Konzept, in dem dasjenige der Moral Panic aufgeht: das Konzept des Diskurses.

10.2 Michel Foucault

Die Verwendung des Begriffes ‚Diskurs' in der Soziologie ist jedoch extrem stark durch die Person von Michel Foucault geprägt worden; so stark, dass es sich lohnt, seine Lebens- und Werkgeschichte als Einführung und Beispiel zu verwenden.

Michel Foucault wird 1926 in eine Arztfamilie im Westen Frankreichs geboren. 1946 kommt er mit 20 Jahren mit Bestnoten nach Paris an die École normale supérieure und studiert Geschichte und Psychologie. Foucault ist homosexuell, was nach dem 2. Weltkrieg zwar nicht mehr strafbar, aber noch lange nicht gesellschaftsfähig ist, und mit dem Geschichtsstudium lehnt er sich gegen die familiäre Tradition auf, die von ihm ein Medizinstudium erwartet hätte – aber ergänzt Geschichte immerhin durch Psychologiestudien. Die Jahre 1955 bis 1960 verbringt er außerhalb der Universität und außerhalb Frankreichs in Uppsala (Schweden), Warschau und Hamburg, wo er seine Dissertation *Wahnsinn und Gesellschaft* schreibt, eine Geschichte des gesellschaftlichen Umgangs mit psychischen Störungen. Das Jahr 1960 bringt ihn in universitäre Lehrpositionen und den französischen Sprachraum zurück, in dessen Peripherie er 1960–66 in Clermont-Ferrand, Tunis und Vincennes lehrt. und in dieser Zeit *Die Geburt der Klinik* und *Die Ordnung der Dinge* schreibt. 1970 bewirbt er sich erfolgreich für eine Stelle am College de France in Paris, wo er sich mit einer Antrittsvorlesung unter dem Titel *L'ordre du discours* vorstellt. Dort bleibt er für die letzten vierzehn Jahre seines Lebens, bis er 1984 an HIV stirbt.

Sein Werk lässt sich gut in drei große Phasen einteilen:

- **Medizingeschichte 1958–65:** Die Verbindung von Studien in Gesichte und Psychologie bringt Foucault zum Thema seiner Dissertation *Wahnsinn und Gesellschaft* schreibt. 1963 erweitert er den Fokus in *Die Geburt der Klinik*.

In beiden beschreibt er die Entstehung der modernen Konzeption von Medizin: Wie sie gründliche Empirie gewinnt, vor allem aus Autopsien, wie die klinische Ausbildung am Krankenbett entsteht und wie im Konzept der „Klinik" Forschung und Lehre im Spital verbunden werden. Aus seiner Sicht kann diese Entwicklung nur analysiert werden, wenn man sich „postmodern" aus der Selbstverständlichkeit dieses Verständnisses löst.

- **Wissensgeschichte 1966–1970:** Beflügelt vom Erfolg seiner medizinhistorischen Arbeiten weitet er diese Perspektive auf die allgemeine Entwicklung des Wissens aus. In *Die Ordnung der Dinge* (*Les Mots et les choses*) untersucht er vergleichend drei Disziplinen über drei Epochen: Naturgeschichte/Biologie, „Wissen über Reichtum"/Ökonomie, Grammatik/Philologie von Renaissance über Frühmoderne (1650–1789) bis in die Moderne (1789–20. Jhd.). Für Wahrnehmungskonventionen prägt er den Begriff der Episteme als „historisches Apriori des Wissens" und stellt die These auf, dass diese disziplinübergreifenden Episteme die Entwicklung des Wissens stärker beeinflussen als die Geschichte des jeweiligen Gebietes. Weitere wichtige Werke dieser Zeit sind die *Archäologie des Wissens* (Foucault 1997), und „Die Ordnung des Diskurses", seine Antrittsvorlesung am Collège de France.
- **Machtgeschichte 1971–1984:** Nach der Aufnahme ins Collège de France verschiebt sich Foucaults Interesse von den Diskursen selbst auf die ihnen zugrunde liegenden Machtverhältnisse. Er beteiligt sich an einer Gruppe, die Informationen über die Zustände in französischen Gefängnissen erhebt, und schreibt *Überwachen und Strafen,* in dem Jeremy Benthams Idealgefängnis „Panoptikum", ein Modell idealer Beaufsichtigung für Gefängnisse oder Fabriken, als zentrales Beispiel für die Machtförmigkeit der modernen Gesellschaft beschrieben wird, in der Gegenüberstellung moderner und vormoderner Justiz (die es allerdings schon bei Durkheim gibt). Der Untersuchung der Machtverhältnisse im Umgang mit Sexualität gilt Foucaults Opus Magnum *Sexualität und Wahrheit,* das er kurz vor seinem Tod abschließt.

10.3 Der Begriff des Diskurses

Sowohl Michel Foucault als auch diejenigen Kollegen, die zeitgleich mit dem Diskursbegriff arbeiteten, haben sich durchgängig dagegen gesträubt, den Begriff zu definieren. Sie haben Diskurse immer nur beschrieben, ohne sich jemals darauf festlegen wollen, wo denn nun genau die Grenze der Begriffsverwendung liegen würde. Das führt dazu, dass man heute eine ganze und noch sehr allegorisch und unklar argumentierende Literatur durchlesen muss, um mit dem Begriff umgehen

10.3 Der Begriff des Diskurses

zu lernen. Dennoch gibt es gute Indizien dafür, dass die eingangs gegebene einfach Definition schon sehr weiterhilft: Ein Diskurs ist eine Interaktion, die auf Konventionen über Frames beruht.

Ein schönes Indiz ist eine Definition, die seit Oktober 2007 auf der englischsprachigen Wikipedia-Seite verwendet wird und aus einem diskursanalytischen Artikel der kanadischen Soziologin Lara Lessa (2006) über den Umgang mit Teenager-Schwangerschaften zitiert. Wikipedia ist zwar eine Quelle, die immer mit Unsicherheiten behaftet ist, aber dass der Absatz mit dem Zitat seit über zehn Jahren bestehengeblieben ist und Lessas Definition inzwischen in mehreren Texten verwendet wird (teils mit, teils ohne Quellenangabe), kann schon als Hinweis dafür genommen werden, dass die gewählte Formulierung mit Intention und Praxis aktiver Diskursanalytiker nicht in allzu großem Widerspruch steht. Lessa schreibt:

> „Foucault refers to discourses as systems of thoughts composed of ideas, attitudes, courses of actions, beliefs and practices that systematically construct the subjects and the worlds of which they speak. He traces the role of discourses in wider social processes of legitimation and power, emphasizing the constitution of current truths, how they are maintained and what power relations they carry with them. Although current theorists propose different approaches to discourse analysis, all start from the broadly accepted recognition that language, the medium of interaction, creation and dissemination of discourses, is deeply implicated in the creation of regimes of truth, i.e. they explore ways in which, through discourses, realities are constructed, made factual and justified, bringing about effects." (Lessa 2006:285–86, originale Referenzen ausgelassen).

Wir haben es also mit ‚systems of thought' zu tun, die Subjekte und Welten konstruieren, wobei Sprache eine große Rolle spielt, und diese Systeme setzen sich aus Ideen, Einstellungen, Handlungsweisen, Annahmen und Praktiken zusammen. Zudem geht es um Legitimation und Macht, die gegenwärtige Wahrheiten konstituieren.

Die meisten dieser Elemente werden jeweils durch andere parallele Ausdrücke begleitet, die sich gegenseitig in der Definitionskraft begrenzen und Aspekte angeben, die auf eine gemeinsame Eigenschaft des Diskursbegriffes abzielen.

Ein wiederkehrender Begriff ist hierbei derjenige der Konstruktion: ‚systems of thought ... construct', und ‚realities are constructed', der begleitet wird durch die Begriffe der Konstitution (‚the constitution of current truths') und Erschaffung (‚creation of regimes of truth'). Handlungstheoretisch gesprochen geht es in allen diesen drei Fällen um die Schaffung von stabilen Interaktionssituationen, also solchen mit Nash-Gleichgewichten, in denen man sich einigermaßen zurechtfinden kann. Während Konstitution und Erschaffung alleine auf diesen Stabilitätsaspekt verweisen, adressiert der Begriff der Konstruktion, den wir ja schon kennen, explizit die Tatsache, dass auch andere Gleichgewichte möglich wären. Handlungstheoretisch gesprochen geht es also um Konventionen. Die Tatsache, dass Sprache eine Konvention darstellt, hatten wir ja schon bei David Hume kennengelernt (Hume 1817, siehe oben S. 20).

Der zweite Aspekt ist, dass diese Konventionen sich auf Ideen, Einstellungen, Handlungsweisen, Überzeugungen und Praktiken beziehen, dass sie zeitbezogene Wahrheiten herstellen und selbst ‚die Subjekte und die Welt, von der sie sprechen', konstruieren. All diese Begriffe beziehen sich darauf, wie Wahrnehmungen der Realität im menschlichen Gehirn präsent sind, mithin auf die kognitiven Schemata im Kant'schen Sinne, die für sie angelegt sind. Da diese Schemata aber unter dem Gesichtspunkt betrachtet werden, wie sie sozial erzeugt werden, sprechen wir von Frames. Die kognitive Sichtweise des Frame-Begriffs ist hier sehr radikal angewandt, und diese Radikalität macht wohl einen großen Teil der Bedeutung Foucaults aus: Nicht nur in Bezug auf einzelne Dinge, sondern in Bezug auf das gesamte Weltverständnis können unterschiedliche Konventionen über Frames vorliegen, findet er mit seiner historischen Perspektive heraus.

Ganz klar hat die soziale Koordination von Frames ihre Vorteile: Wenn man sich auf gemeinsame Sichtweisen einigt, ist gemeinsames Handeln einfacher. Menschen versuchen notwendigerweise, Widersprüchlichkeiten zu vermeiden. Grundlagendiskussionen sind aufwendig und möglicherweise unfruchtbar, sie vermeiden zu können und auf einer gemeinsam geteilten Weltsicht aufbauen zu können, macht gemeinsam und individuell handlungsfähig. Die Bedingungen für die Existenz von Konventionen über Frames liegen also definitiv vor.

Für die Wahrnehmungskonventionen, auf denen die Diskurse als aufbauende Interaktionen beruhen, schlägt Foucault in der *Ordnung der Dinge* den Begriff ‚Episteme' vor: Die Konvention, im 17. Jahrhundert medizinisches Wissen taxonomisch zu erfassen, als Kategoriensystem von Erscheinungen, die in erster Linie zu ordnen sind, ist Grundlage eines anderen ‚medizinischen Diskurses' als diejenige des 19. Jahrhunderts, das jede Krankheit als eine bestimmte Abweichung von einem als normal erachteten körperlichen Ablauf sieht.

Die hier verwendete Definition ist auch in anderen Richtungen anschlussfähig. Für die Politikwissenschaft beschreibt David Apter den Begriff wie folgt:

„Discourse in general is a way of organizing human experience. It establishes frames of meaning by the recounting and interpreting of events and situations. It constructs systems of order. Political discourse applies such frames to the exercise of power – including principles of hierarchy, representation, and accountability. It

10.3 Der Begriff des Diskurses

deals with the narrative interpretation of events and ideas, logical and mythic, and establishes criteria and contexts for comparing and evaluating political systems." (Apter 2004).

Auch hier haben wir eine Beschreibung, die nicht sagt, was ein Diskurs genau ist, sondern was er macht. Aber tatsächlich sind Konventionen darüber, wie man gemeinsam die Welt sieht, ein Weg, menschliche Erfahrung zu organisieren, d. h. in eine zielgerichtete, hilfreiche Struktur zu bringen. Konventionen über Frames werden nur stabil durch wiederholtes aufeinander bezogenes kommunikatives Handeln, als das Wiedererzählen und die Interpretation von Ereignissen und Situationen. Sie stellen Ordnungssysteme bereit und beschäftigen sich mit der Ausübung von Macht. Wie alle Diskurse beschäftigen sich politische Diskurse mit narrativen Interpretationen, sowohl solchen, die einer genaueren Überprüfung standhalten („logical'), als auch solchen, die sich als reine Konstruktionen erweisen („mythic'). Besonders ist politischen Diskursen, dass sie sogar politischen Institutionen übergeordnet sind – ein aktuell wichtiges Thema ist, wie der globale politische Diskurs, der in den 1990er Jahren klar die westliche Demokratie im Vormarsch sah, sich inzwischen zugunsten der Vorteile autoritärer Regime gewandelt hat (z. B. Casula 2012; Lesiv 2018).

Auch in die Literaturwissenschaft hinein ist der hier entwickelte Diskursbegriff anschlussfähig. Mit dem Aufkommen und der Verwendung des Begriffes ging hier eine große Veränderung einher, dahin gehend, dass Texte nun nicht mehr in Bezug auf ihren Autor, sondern in erster Linie als Ergebnis bzw. Bestandteil von Diskursen gesehen werden. Texte spiegeln also nur die Wahrnehmungskonventionen, die durch andere kommunikative Handlungen erzeugt worden sind, also durch andere Texte oder aber auch durch kulturelle Praktiken, jeweils Wahrnehmungskonventionen etablieren, auf die konkrete zu untersuchende Texte sich beziehen und reagieren. Sowohl der Autor als auch der Text treten hinter der Vielzahl an Wahrnehmungskonventionen zurück, die sie widerspiegeln, und werden in diesem Sinne „postmodern aufgelöst". (Kristeva 1978) In diesem Sinne gilt:

> „Der Text ist ein Gewebe von Zitaten aus unterschiedlichen Stätten der Kultur. [...] Ein Text ist aus vielfältigen Schriften zusammengesetzt, die [...] miteinander in Dialog treten, sich parodieren, einander in Frage stellen." (Barthes [1967] 2006).

Die ‚Zitate', die hier angesprochen sind, sind also nicht unbedingt wörtliche oder auch nur sinngemäße Zitate wie in der Wissenschaft, sondern Übernahmen von Wahrnehmungskonventionen, die aber auf die vorherigen Verwendungen dieser Wahrnehmungskonventionen verweisen und in diesem letzteren Verweisaspekt tatsächlich wissenschaftlichen Zitaten ähneln, auch wenn die Konventionen der Wissenschaft die Identifikation eines solchen Verweises stark erleichtern im Vergleich zu denjenigen, die literaturwissenschaftliche Diskursanalytiker erst aufzeigen.

10.4 Diskursanalyse als Methode

Während bei Foucault auch Umgangsweisen und sogar die Verdinglichungen dieser Umgangsweisen (also zum Beispiel die ärztliche Untersuchung und der weiße Kittel des Arztes) zu Diskursen gehören, schränkt die Methodologie der Diskursanalyse in ihrer im deutschen Sprachraum vorherrschenden Form die Betrachtung von Diskursen auf „sich historisch entfaltende bzw. aktuell geführte Aussagezusammenhänge und auch Debatten in gesellschaftlichen Spezialarenen oder in allgemeinöffentlichen (massenmedialen, webbasierten) Arenen" (Keller 2013, S. 426) ein – also auch auf Interaktionen, in denen man sich auf bestimmte Sichtweisen geeinigt hat, aber in der Zuspitzung auf sprachliche Zusammenhänge.

Das Feld der Diskursanalyse weist insgesamt eine große Spannweite auf. Die Foucault'sche Allgemeinheit steht hier am einen Ende. Foucault beschreibt vier Grunddimensionen, die analysiert werden (Foucault 1997, S. 48, die Zusammenfassung hier nach Keller 2013):

- Die Analyse der „Formation der Gegenstände" fragt nach den Regeln der Gegenstandsbildung.
- Die Frage nach der „Formation der Äußerungsmodalitäten" untersucht die legitimen Sprecher bzw. institutionellen Orte und Subjektpositionen, von denen aus gesprochen werden kann.
- Als „Formation der Begriffe" werden die Verbindungen zwischen Textelementen, der Einsatz rhetorischer Schemata oder auch die Verortung im Gefüge anderer Texte bezeichnet.
- Die „Formation der Strategien" umfasst u. a. die Themen und Abgrenzungen zu anderen Diskursen, auch die Funktionen eines Diskurses in nicht-diskursiven Praktiken.

Andere diskursanalytische Positionen, bis hin zu linguistischen Mikroperspektiven auf einzelne Sätze und Satzstrukturen, lassen die Gegenstände weitgehend weg, behandeln Strategien (und darunter auch Legitimitätsannahmen) allenfalls am Rande, und beschränken sich mehr oder weniger auf die ‚Begriffe', die ja in

10.4 Diskursanalyse als Methode

Foucaults Terminologie weit mehr umfassen als bloße Begriffe. Die gängige Praxis in den Sozialwissenschaften fasst Keller (2013) zusammen mit den Worten, „sozialwissenschaftliche Diskurstheorien und Diskursanalysen

1. beschäftigen sich mit dem *tatsächlichen Gebrauch von Sprache und anderen Symbolformen* in gesellschaftlichen Praktiken;
2. betonen, dass im praktischen Zeichengebrauch der Bedeutungsgehalt von Phänomenen als ‚Wissen' *sozial konstruiert* und diese damit in ihrer gesellschaftlichen Realität konstituiert werden;
3. unterstellen, dass sich *einzelne Sprach- bzw. Aussageereignisse als Teile einer umfassenderen Diskursstruktur* verstehen lassen und
4. gehen davon aus, dass die entsprechenden diskursiven Strukturierungen der Produktion, Zirkulation und Transformation von gesellschaftlichen Wissensordnungen *rekonstruierbaren Regeln* des Deutens und Handelns unterliegen." (Keller 2013, Hervorh. HS)

Diese Aspekte lassen sich aus der Definition des Diskurses herleiten, wobei die erste eine zusätzliche Präzisierung aufweist. ‚Sprache und andere Symbolformen' sind natürlich nicht die einzigen Mengen kommunizierter Schemata, die es gibt, sondern eben diejenige Menge, auf die sich die sozialwissenschaftliche Diskursanalyse heutzutage hauptsächlich beschränkt. Die restlichen drei verweisen auf den Konventionalcharakter, der einerseits (2) Dinge konstruiert auf eine Weise, die potenziell auch anders sein könnte, andererseits (3) einzelne Handlungen immer auf die entsprechenden Konventionen beziehen lässt, was (4) bedeutet, dass man umgekehrt die Konventionen auch aus den Handlungen rekonstruieren kann.

Mittels der Diskursanalyse lassen sich verschiedene Fragestellungen untersuchen, die oft miteinander in Beziehung stehen. Auch wenn sich Diskursanalytiker normalerweise nicht als Handlungstheoretiker verstehen, stehen doch auch hier *Akteure* mit ihren Motivationen und (insbesondere Wirksamkeits-)Erwartungen, vor allem aber den ihnen zu Gebote stehenden und von ihnen eingesetzten *Mitteln* im Mittelpunkt. Aus diesen individuellen kommunikativen Handlungen setzen sich konventionelle *Konstruktionen* zusammen, die bestimmte beabsichtigte oder auch unbeabsichtigte *Effekte* nach sich ziehen. Wie das Beispiel der Moral panic zeigt, haben Diskurse of einen bestimmten *zeitlichen Verlauf,* in den all diese Dinge eingebettet sind. Diese Fragestellungen sind in Tab. 10.1 zusammengefasst:

Als Beispiel untersuchen wir die Studie einer Darstellung einer Migrantengang als Beispiel für Rassismus – wohl bewusst, dass der Begriff ‚Migrantengang' bereits Teil des entsprechenden Diskurses ist, aber bei Niklas Luhmann haben wir

Tab. 10.1 Fragestellungen der Diskursanalyse

Akteure	Welche Akteure besetzen mit welchen Ressourcen, Interessen, Strategien die Sprecherpositionen? Wer ist Träger, Adressat, Publikum des Diskurses?
Mittel	Wie, wo, mit welchen Praktiken und Ressourcen wird ein Diskurs (re-)produziert? Welche sprachlichen und symbolischen Mittel und Strategien werden eingesetzt?
Konstruktionen	Welche typisierbaren Inhalte werden vermittelt, auch implizit? Welche Phänomenbereiche werden dadurch wie konstituiert? Welche Bezüge enthält der Diskurs zu anderen, historisch vorangehenden oder parallelen, konkurrierenden Diskursen?
Effekte	Welche (Macht-)Effekte gehen von einem Diskurs aus, und wie verhalten sich diese zu gesellschaftlichen Praxisfeldern und ‚Alltagsrepräsentationen'?
Zeitablauf	Wann taucht ein spezifischer Diskurs auf oder verschwindet wieder? Was sind die entscheidenden Ereignisse im Verlauf eines Diskurses und wie verändert er sich mit der Zeit?

ja schon gelernt, dass Begriffe, die alltagssprachliche oder eben diskursbefrachtete Konnotationen vermeiden, wie zum Beispiel ‚Gruppe von Jugendlichen mit dem familiären Hintergrund einer Migration aus Vietnam, mit teils delinquentem Verhalten', oft eine gewisse Schwerfälligkeit aufweisen.

Der Hintergrund ist die australische Einwanderungspolitik, die bis 1996 unter dem Slogan „White Australia" explizit Migration aus asiatischen Herkunftsländern zu vermeiden versuchte, damit aber einen Anstieg der Migration aus Vietnam von 940 im Jahr 1975 auf 160'000 im Jahr 1996 nicht verhindern konnte.

Vor diesem Hintergrund werden Artikel aus australischen Tageszeitungen auf die verwendeten sprachlichen Mittel hin untersucht. Der Autor (Teo 2000) macht hierbei folgende Feststellungen:

- Akteure: Protagonisten sind Medienakteure (Journalisten, Redaktionen), Adressaten das Publikum australischer Staatsbürger
- Als Mittel verwenden die Protagonisten z. B. die Adressierung von Personen, indem sie weißer Akteure als Individuen ansprechen, nicht-weißer Akteure jedoch oft nur über allgemeine Eigenschaften (Alter, Geschlecht, körperliche Merkmale) de-individualisiert darstellen, oder das Mittel der Generalisierung, indem die ‚Gang' mit Vietnamesen bzw. sogar mit Asiaten allgemein gleichgesetzt wird.

- Konstruktionen: Auf diese Weise wird die kulturelle Differenz skandalisiert und tatsächliche Integration behindert.
- Effekte: Teo beschreibt eine Rückwirkung auf die soziale Situation, indem er der Sensationswirkung der Berichterstattung eine „Self-fulfilling prophecy" im Sinne eines Signals für Drogenkonsumenten oder andere Kriminelle zuschreibt, die mangels Belege allerdings hypothetisch bleibt.
- Zeitablauf: Diese Entwicklung reagiert auf die Zunahme vietnamesischer Migration und ist zum Zeitpunkt der Erhebung noch unverändert; in Bezug auf den zeitlichen Ablauf kann die Studie also keine qualitativen Differenzen über die Zeit feststellen.

Für die Vertiefung der Diskursanalyse als Methode zur eigenen Verwendung sei insbesondere auf die im deutschen Sprachraum führenden Texte von Reiner Keller verwiesen. (Keller 2011, 2013).

10.5 Relativismus vs. Universalismus im Diskursbegriff

Der dritte in der obigen Zusammenfassung von Foucaults Diskursbegriff angesprochene Aspekt ist auf der Basis des bisher gewonnenen Verständnisses keine große Überraschung mehr: Wenn Konventionen einmal feststehen, entfalten sie eine große Macht des Faktischen, und da, wo es darum geht, Konventionen zu verändern und neu zu schaffen, spielt es eine große Rolle, wer in dem entsprechenden Aushandlungsprozess wieviel Macht hat. Ohne den Machtbegriff schon genauer angeschaut zu haben (das kommt später in Kap. 12), ist es also aus der Definition von Diskursen als auf Wahrnehmungskonventionen beruhenden Interaktionen direkt ableitbar, dass Macht tatsächlich eine Rolle in ihnen spielt, oder immer gegenwärtig ist, wie Foucault schreibt.

Dieser Machtbegriff spielt im Spätwerk Foucaults eine große Rolle. Er wirkt da teilweise wie ein Verschwörungstheoretiker: Immer ist „die Macht" zentral, ohne dass je gesagt wird, woher sie kommt. Einerseits spiegeln sich hier allgemeine gesellschaftliche Erfahrungen des 20. Jahrhunderts. Dies sind erstens diejenigen mit machtorientierten Diktatoren: die Lebenszeit von Hitler, Stalin und Mao überschneidet sich mit derjenigen Foucaults, und das Regime Pol Pots, das anfänglich von der französischen Linken mit viel Sympathie gesehen wird, mordet während seiner Pariser Jahre. Zweitens ist auch im demokratischen Frankreich die politische, wirtschaftliche und gesellschaftliche Stabilisierung nach de Gaulles Staatsumbau 1958 durch eine stark zentralistische Organisation erkauft. Drittens und vor allem bildet sich hier Foucaults persönliche Situation ab: In seine Lebensphase fällt zwar der Anfang der Emanzipationsbestrebungen vom traditionellen Modell der Geschlechterbeziehungen. Aber Foucault erlebt noch die Ohnmacht gegenüber dem Totschweigen von Homosexualität in der Kriegs- und unmittelbaren Nachkriegszeit, die allgemeine gesellschaftliche Akzeptanz von Homosexualität setzt erst nach 1984 ein. Er sieht aber auch präzise, dass die einsetzende Emanzipation sich nicht allein den Bemühungen der Aktivisten verdankt, sondern auch von einer Diskursmacht abhängig ist, auf die sie selbst keinen Einfluss hat. Individuelles politisches Handeln sieht er damit als sehr begrenzt in seinen Veränderungschancen an.

Foucault und die anderen Vertreter des Diskursbegriffes haben die Soziologie stark verändert, auf eine Weise, die neue und fruchtbare Perspektiven eröffnet, aber auch berechtigte Kritik auf sich gezogen hat.

- Durch sie geraten in den 1980er und vor allem 1990er Jahren soziale Machtdifferenzen entlang von Ethnizität und Geschlecht und die kommunikative Konstruktion solcher Differenzen in den Blick.

Es ist allerdings darauf hingewiesen worden, dass relativ dazu diejenigen Bestandteile sozialer Differenz, bei denen Konstruktion eine geringere Rolle spielt, aus dem Blick geraten: Bildung und höhere Produktivität mögen nicht alles sein, aber sie zahlen sich nach wie vor am Arbeitsmarkt aus. Generell arbeitet Foucault auf ein Verständnis der gesellschaftsbeeinflussenden Kraft von Wissenschaft hin, in dem es weniger um an den produktiven Grundlagen orientierte institutionelle Veränderung geht, sondern auf die positive Wirkung der Offenlegung von Diskursen vertraut wird.

- Durch sie werden gesellschaftliche Ordnungsvorstellungen als Erzählungen hinterfragt und analog zu Positionen des Sozialkonstruktivismus als konstruiert, also prinzipiell nicht alternativlos beschrieben.

In Foucaults Sicht ist es unmöglich, sich auf gemeinsame Kriterien zur Etablierung Etablierung von Diskursen zu einigen, die nicht durch Einzelinteressen verzerrt sind. Daher gibt es aus dieser Relativierung keinen allgemein handlungsleitenden Ausweg. Insbesondere negiert die diskursorientierte gesellschaftliche Analyse gerade in der Zuspitzung durch Foucault empirischen sozialen Fortschritt. Wenn gesellschaftlicher Fortschritt unmöglich bzw. nur eine Illusion ist, was ist dann mit dem tatsächlichen Fortschritt seit dem 19. Jahrhundert? Wenn Freiheit, Gerechtigkeit, oder Gleichheit nur Leitprinzipien bestimmter Diskurse sind, was ist die positive Grundlage für Kritik? (Eagleton 1983).

10.5 Relativismus vs. Universalismus im Diskursbegriff

Aber muss das Projekt einer Einigung auf gemeinsame Kriterien zur Etabilierung von Diskursen, die nicht durch Einzelinteressen verzerrt sind, zwangsläufig zum Scheitern verurteilt sein? Jürgen Habermas nimmt hier eine ganz andere diskursanalytische Position ein. Zusammen mit bzw. parallel zu Karl Otto Apel, einem anderen deutschen Philosophen, entwickelt er in *Faktizität und Geltung* (Habermas 1992) eine Diskursethik, die die normativen Anforderungen seiner früheren *Theorie des kommunikativen Handelns* (Habermas 1981) von der Dyade auf die gesamte kommunikative Interaktion mit beliebig vielen Teilnehmern erweitert. Wie Tab. 10.2 zeigt, werden Chancengleichheit, herrschaftsfreier Diskurs und Offenheit dabei wiederum als Anforderung aufrechterhalten, die Rationalität, die sich zuvor aus den anderen ergeben sollte, kommt nun als neue Anforderung hinzu.

Tab. 10.2 Jürgen Habermas' normative Anforderungen: Die Diskursethik in Faktiziitt und Geltung im Vergleich mit der Theorie des kommunikativen Handelns

Normative Anforderungen des *Kommunikatives Handelns* (Habermas 1981)		Diskursethik in *Faktizität und Geltung* (Habermas 1992)
Chancengleichheit auf Dialoginitiation und -beteiligung, sowie für Deutungs- und Argumentationsqualität	≈	Chancengleichheit aller Teilnehmer Sachthemen anzusprechen und Aussagen infrage zu stellen
Herrschaftsfreiheit, d. h. Abwesenheit von Zwang	≈	„Herrschaftsfreier Diskurs" alle Teilnehmer können sich mit demselben Recht in Diskurs einbringen
Keine Täuschung der Sprechintentionen	≈	Einstellungen und Gefühle jedes Einzelnen müssen/dürfen zum Ausdruck gebracht werden (Offenheit)
		Konkurrieren zwei Annahmen, wird die akzeptiert, die von besseren Argumenten gestützt wird (Rationalität)

Dieses Beharren auf Deliberation als Diskursprinzip der Moderne ist ein rein normatives, ohne eine empirische Analyse tatsächlicher Kommunikationsprozesse.

Zusammenfassung

In diesem Kapitel haben Sie das Konzept des Diskurses kennengelernt, der sich als Interaktionen auf der Basis von Konventionen über Frames dem bisher diskutierten zuordnen lässt.

- Sie kennen und verstehen das Konzept der Moral Panic als eines spezifischen Typs medialer Diskurse, die beim Auftreten sozialer Probleme Konventionen der Problemwahrnehmung durch temporäre Übertreibung und symbolische Gruppenbildung schaffen und dabei regelmäßig zu Aufregungen führen, die man durch Anwendung des analytischen Blicks auf sie herunterkühlen kann.
- Sie kennen und verstehen Grundzüge des Werkes und des davon nicht trennbaren Lebens von Michel Foucault und die Impulse, die er der Arbeit mit dem Diskursbegriff inhaltlich gegeben hat.
- Sie kennen und verstehen die obige Definition und wie sie der einschlägigen Literatur insofern fern steht, als diese präzise Definitionen systematisch vermeidet, aber insofern nahe, als Aspekte von Konstruktion und kognitiver Orientierung in ihr regelmäßig vorkommen, die mit ihr zusammenhängenden Konzepte der Episteme und Dispositive, und die Verwendung des Diskursbegriffs in Politik- und Literaturwissenschaft.
- Sie kennen und verstehen die Grundzüge der Methode der Diskursanalyse mit ihren vier Grundannahmen und fünf Fragestellungen.
- Sie kennen und verstehen die Zentralität des Machtbegriffs in der soziologischen Verwendung des Diskursbegriffs und wie sie mit Foucault zu einem relativistischen, mit Habermas auf Basis bestimmter normativer Prämissen aber auch zu einem universalistischen Verständnis führen kann.

Übungsfragen

10.1 Die typischen Fragestellungen der Diskursanalyse lassen sich in fünf Kategorien gruppieren. Welche? Im Modell der Moral Panic wurden von Cohen und anderen vier Aspekte beschrieben, der erste war das Vorliegen eines tatsächlichen normabweichenden Verhaltens als Ausgangspunkt. Benennen

Sie die drei übrigen Aspekte. Welchen der oben genannten Fragekategorien der Diskursanalyse lassen sie sich zuordnen?

10.2 Welchen Begriff führt Michel Foucault für die Konventionen über Frames ein, auf denen Diskurse als Interaktionen beruhen?

10.3 Die Diskursanalyse von Michel Foucault hat eine Gemeinsamkeit mit der Akteur-Network-Theorie von Bruno Latour dahin gehend, dass beide bestimmten Phänomenen ein größeres Interesse schenken als andere, benachbarte (und außerhalb des französischen Sprachraums entstandene) Theorien wie etwa die deutschsprachige wissenssoziologische Diskursanalyse. Um welche Phänomene handelt es sich?

10.4 Welche normativen Anforderungen in der Diskursethik von Jürgen Habermas ist gegenüber denjenigen an rationales Kommunikatives Handeln neu?

Literatur

Zentrale Referenzen

Apter, David E. 2004. "Political Discourse." S. 11644–49 in *International encyclopedia of the social & behavioral sciences*, hg. Neil Smelser und Paul B. Baltes. Amsterdam: Elsevier Science.

Barthes, Roland. [1967] 2006. "Der Tod des Autors." in *Das Rauschen der Sprache*, hg. Dieter Hornig. Frankfurt am Main: Suhrkamp.

Cohen, Stanley. [1972] 2011. *Folk devils and moral panics : the creation of the mods and rockers*. London: Routledge.

Foucault, Michel [1969] 1997. *Archäologie des Wissens*. Frankfurt a.M.: Suhrkamp.

Goode, Erich, und Nachman Ben-Yehuda. 1994. *Moral panics : the social construction of deviance*. Oxford: Blackwell.

Habermas, Jürgen. 1981. *Theorie des kommunikativen Handelns*. Frankfurt am Main: Suhrkamp.

Habermas, Jürgen. 1992. *Faktizität und Geltung : Beiträge zur Diskurstheorie des Rechts und des demokratischen Rechtsstaats*. Frankfurt am Main: Suhrkamp.

Hume, David. [1739] 1817. *A Treatise of Human Nature. Vol. 2: Passions - Morals*. London: Allman.

Kristeva, Julia. 1978. *Semeiotike : recherches pour une sémanalyse*. Paris: Editions du Seuil.

Lessa, Iara. 2006. "Discursive Struggles Within Social Welfare: Restaging Teen Motherhood." *The British Journal of Social Work* 36:283–298.

McLuhan, Marshall. 1964. *Understanding media : the extensions of man*. New York: McGraw-Hill.

Beispiele soziologischer Studien

Adorjan, M. C. 2011. "Emotions Contests and Reflexivity in the News: Examining Discourse on Youth Crime in Canada." *Journal of Contemporary Ethnography* 40:168–198.
Campbell, E. 2016. "Policing paedophilia: Assembling bodies, spaces and things." *Crime Media Culture* 12:345–365.
Casula, Philipp. 2012. *Hegemonie und Populismus in Putins Russland : eine Analyse des russischen politischen Diskurses*. Bielefeld: Transcript.
Costelloe, L. 2014. "Discourses of sameness: Expressions of nationalism in newspaper discourse on French urban violence in 2005." *Discourse & Society* 25:315–340.
Ferguson, Christopher J. 2008. "The school shooting/violent video game link: causal relationship or moral panic?" *Journal of Investigative Psychology and Offender Profiling* 5:25–37.
Flinders, M., und M. Wood. 2015. "From Folk Devils to Folk Heroes: Rethinking the Theory of Moral Panics." *Deviant Behavior* 36:640–656.
Fox, Kathryn J. 2012. "Incurable Sex Offenders, Lousy Judges & The Media: Moral Panic Sustenance in the Age of New Media." *American Journal of Criminal Justice* 38:160–181.
Lesiv, M. 2018. "Hope for Ukraine, Fall of America, and Putin the Savior: The Supernatural in Ukrainian and Russian Media and Vernacular Contexts." *Journal of American Folklore* 131:30–52.
Lindgren, S. 2013. "PIRATE PANICS: Comparing news and blog discourse on illegal file sharing in Sweden." *Information Communication & Society* 16:1242–1265.
Lueck, K., C. Due, und M. Augoustinos. 2015. "Neoliberalism and nationalism: Representations of asylum seekers in the Australian mainstream news media." *Discourse & Society* 26:608–629.
Mills, C. E. 2017. "Framing Ferguson: Fox News and the construction of US racism." *Race & Class* 58:39–56.
Nijjar, J. S. 2015. "'Menacing Youth' and 'Broken Families': A Critical Discourse Analysis of the Reporting of the 2011 English Riots in the Daily Express Using Moral Panic Theory." *Sociological Research Online* 20:12.
Teo, Peter. 2000. "Racism in the news: a Critical Discourse Analysis of news reporting in two Australian newspapers." *Discourse & Society* 11:7–49.
Weitzer, Ronald. 2007. "The Social Construction of Sex Trafficking: Ideology and Institutionalization of a Moral Crusade." *Politics & Society* 35:447–475.

Lehrbücher

Eagleton, Terry. 1983. *Literary theory : an introduction*. Oxford: Basil Blackwell.
Keller, Reiner. 2013. "Diskursanalyse." S. 425–443 in *Handbuch Methoden der Bibliotheks- und Informationswissenschaft*, hg. Konrad Umlauf, Simone Fühles-Ubach und Michael Seadle. Berlin, Boston: De Gruyter Saur.
Keller, Reiner. [2004] 2011. *Wissenssoziologische Diskursanalyse*. Wiesbaden: VS Verlag.

Sozialstruktur 11

Überblick

Jenseits der individuellen Bedeutung von Ressourcen, wie sie in Kap. 4 diskutiert wurde, bezieht sich die Soziologie auf die soziale Struktur, welche die Ressourcenverteilung der Gesellschaft gibt. Alles individuelle Handeln hängt ab auch von der sozialstrukturellen Position des jeweiligen Akteurs in einer Welt, die sozial strukturiert ist.

- Wir beginnen mit einem Beispiel für die angewandte Thematisierung sozialer Unterschiede. Soziale Unterschiede werden grob auf drei Weisen konzeptionalisiert: Erstens als Klassen, das heißt nach bestimmten Merkmalen differenzierte Gruppen, und zweitens als Schichten, das heißt Gruppen, die auf einer vertikalen Achse angeordnet sind – wobei die historische Abfolge beide so verknüpft, dass sie für die Darstellung nicht sinnvoll getrennt werden können.
- In neuerer Zeit sind drittens zwei Formen der zweidimensionalen Anordnung in sozialen Räumen hinzugekommen.
- Dazu kommt das Geschlecht als zusätzliche sozialstrukturelle Kategorie.
- Mit der Fragen sozialer Unterschiede verbindet sich dann auch die Frage, woraus sich die individuelle Position innerhalb solcher Unterschiede ergibt, wo einzelne für sie verantwortlich sind und wo Institutionen der Gesellschaft, die sich gegebenenfalls ändern ließen. Daraus folgt die Untersuchung sozialer Mobilität, die danach fragt, wie sehr Individuen durch ihre Herkunft in ihren sozialen Chancen festgelegt sind und wie sich diese Festlegungen über die Zeit verändern.

Wie strukturiert sich die Gesellschaft? Wie kann man die Unterschiedlichkeit der Menschen in einer Gesellschaft analytisch fassen? Egal welche Frage wir soziologisch untersuchen, immer ist es nötig, sozial handelnde Menschen in der Gesellschaft irgendwie zu verorten. Gibt es eine Liste von Kriterien, nach denen man Menschen sozial einordnen kann?

Die Frage einer solchen Liste ist die Frage danach, was Menschen charakterisiert und sich auf ihre Handlungsweisen auswirkt. Und damit ist es erst einmal die Frage nach allen drei Aspekten des Tripels der Handlungssituation. Wir werden sehen, dass der Begriff des „Lebensstils" gerade meint, bei dieser Frage auch motivationale Aspekte einzubeziehen. Aber Aspekte, die man als außenstehender Beobachter sehen und einordnen kann, sind zunächst einmal die Handlungsmöglichkeiten, die sich aus der Verfügung über Ressourcen ergeben.

Wenn wir das Tripel der Handlungssituation als Möglichkeiten der Antwort auf diese Frage anschauen, stellen wir schnell fest, dass die Soziologie diese Fragen in ihrer Geschichte sehr weitgehend mit dem Ressourcenbegriff beantwortet. Deshalb ist dieses Kapitel der Sozialstruktur gewidmet, oder umgekehrt gesprochen, das große vorfindbare soziologische Arbeitsfeld der Sozialstrukturanalyse vor allem mit dem Begriff der Ressourcen verbunden.

Das heißt nicht, dass Erwartungen und Motivationen keinen strukturierenden Einfluss auf die Gesellschaft hätten. Tatsächlich taucht die Diskussion über den Beitrag dieser kulturellen Aspekte mehrfach in der Geschichte des Selbstverständnisses der Sozialstrukturanalyse auf, aber wir werden sehen, wie unterschiedliche Motivationen letztlich auch als unterschiedliche Ressourcen gefasst werden. In der englischsprachigen Diskussion ist das ähnlich, aber deshalb, weil der Begriff der Sozialstruktur nicht so institutionell wichtig ist wie in Deutschland, und weil Phänotyp („Rasse") und mit kultureller Herkunft verbundene Zuschreibungen und Prägungen in anderen (und im Vergleich zu Deutschland viel größeren) Bereichen der Soziologie verhandelt werden, sodass der Begriff *social structure* wiederum im Wesentlichen für die ressourcenorientierten Teile der Sozialstruktur reserviert bleibt.

Insgesamt lässt sich die Geschichte der Sozialstrukturanalyse beschreiben als Abfolge von neun Innovationsschüben, die acht inhaltliche Aspekte (von Besitz bis Alter) und sechs Erfassungskonzepte (vom Klassenkonzept bis zum sozialen Feld) bringen (Tab. 11.1). Hieraus bedienen sich die angewandten Soziologien, um die Position von Individuen zu beschreiben. Blättern Sie nach dem Durcharbeiten des Kapitels noch einmal zur folgenden Tabelle zurück und nehmen sie als Checkliste, ob Sie alle Aspekte und Konzepte verstanden haben.

Tab. 11.1 Innovationsschübe der Sozialstrukturanalyse

Aspekt/*Konzept*	Jahr	Autor(en/in)
Besitz/*Klassenkonzept*	1867	Karl Marx
Qualifikationen	1922	Max Weber
Einkommen *Schichtkonzept*	1932	Theodor Geiger
Berufscodierung	1957	ILO
Status/SEI Prestige	1967	Peter Blau Otis Duncan
Autonomie/*EGP Klassenschema*	1969/1979	John Goldthorpe
Soziales Feld (Kapitalvolumen/-zusammensetzung) Habitus/Lebensstil	1979	Pierre Bourdieu
Gender *(sowohl Aspekt als auch Konzept)*	1990	Judith Butler
Alter	1992	Gerhard Schulze

11.1 Klassen und Schichten

Auf diese Situation der während seiner Lebenszeit massiv ansteigenden sozialen Ungleichheit reagiert das Werk von Karl Marx (1818–1883), den wir bereits im letzten Kapitel kennengelernt haben. Marx gibt den Anstoß zu dem, was heute Sozialstrukturanalyse ist, und zwar mit.

- einem Konzept,
- einer These, und
- einer Handlungsorientierung.

Karl Marx' *Klassenkonzept* setzt an der Stellung im Produktionsprozess der kapitalistischen Gesellschaft. Bei ihm ist diese Stellung gefasst über das Besitzkonzept, das heißt über die Verfügung über Produktionsmittel, die ein Individuum in seiner Sicht entweder hat oder nicht hat.

Daraus ergibt sich also ein dichotomes Konzept, d. h. ein distinkt zweiwertiges, ohne Abstufungen dazwischen, mit zwei Klassen. Auf der einen Seite gibt es die bürgerliche Klasse der Kapitalisten, die Klasse der Eigentümer über Produktionsmittel. Auf der anderen Seite steht die Klasse der Besitzlosen, das Proletariat. Der Begriff kommt von *proles,* lat. die Kinder: diejenigen, die nichts anderes haben als ihre Kinder, von denen allerdings in der damaligen Situation großen Bevölkerungswachstums dafür sehr viele. Marx bezeichnet diese Klassen als „antagonistisch" insofern, als sie sich unvereinbar gegenüberstehen. Das beruht auf seiner sogenannten *Verelendungsthese*. Marx ist nicht blind dafür, dass es auch in seiner Zeit noch Handwerker und Kaufleute gibt, die einen Mittelstand in der Gesellschaft bilden. Aber er nimmt an, dass dieser produktive Mittelstand der kapitalistischen Konkurrenz durch Industrie und Kaufhäuser nicht gewachsen sind. Nur die Verfügung über Kapital ermöglicht Investitionen und Innovation; nur Kapital ermöglicht es, die Wirtschaftskrisen durchzustehen, die für Marx zum Kapitalismus notwendig dazugehören.

Der Mittelstand wird also in seiner Sicht notwendig verdrängt, und es kommt zu einer sozialen Polarisierung, die nur die beiden antagonistischen Klassen übrig lässt. Bürger werden zu Proletariern, und das Proletariat verelendet, weil es der kapitalistischen Lohnsetzung wehrlos gegenübersteht. In Marx' Sicht ist es kein moralisches Verschulden der Kapitalisten als Menschen (oder Unternehmen), die aufgrund der kapitalistischen Konkurrenz einfach gezwungen sind, ihre Arbeiter auszubeuten.

Zwischen diesen Klassen ist in Marx' Sicht keine soziale Mobilität möglich. Gesellschaftliche Aufstiege werden verunmöglicht durch das Bildungsmonopol der Bourgeoisie, die Bildung und den Zugang zu höheren Qualifikationen und besseren Positionen nur innerhalb der eigenen Klasse zulässt. Aus diesen Gründen ist die Herstellung sozialer Gleichheit nur durch Revolution möglich. (Marx 2012).

Obwohl Marx behauptet, eine komplett materialistische Sicht auf die Entwicklung der Gesellschaft zu vertreten, spielen Erwartungen und Motivationen bei ihm doch eine Rolle in seinem Konzept des Klassenbewusstseins. Begrifflich unterscheidet er zwischen der objektiven „Klasse an sich", die durch strukturelle Ähnlichkeiten der Stellung im Produktionsprozess hergestellt wird, und der „Klasse für sich", die durch das Bewusstwerden der objektiven Klassenlage und die ‚soziale Kohäsion' innerhalb der strukturell ähnlichen Gruppierungen entsteht: Durch die zunehmende Verelendung und die räumliche Konzentration der Arbeiter in Städten und Fabriken entsteht und verbreiten sich ein Solidaritätsgefühl und die gemeinsame Frustration über die Ausweglosigkeit der Ausbeutungssituation und führen zu Zusammenschluss, Klassenkampf und Revolution.

Diese Analyse sorgte in der bürgerlichen Gesellschaft des 19. Jahrhunderts, zu der die sich entwickelnde Wissenschaft einschließlich der Soziologie gehörte, natürlich für Aufregung und Widerspruch. Trotz reichlich Diskussion dauerte es bis zu Max Weber (1864–1920), also fast ein halbes Jahrhundert, bis ein alternatives Konzept für die Strukturierung der Gesellschaft vorgelegt wurde.

Max Weber fasste sein Klassenkonzept wie folgt:

11.1 Klassen und Schichten

„'Klassenlage' soll die typische Chance

- der Güterversorgung
- der äußeren Lebensstellung
- des inneren Lebensschicksals

heißen, welche aus Maß und Art der Verfügungsgewalt (oder des Fehlens solcher) über Güter oder Leistungsqualifikationen ... für die Erzielung von Einkommen ... folgt"; „'Klasse' soll jede in einer gleichen Klassenlage befindliche Gruppe von Menschen heißen."

(Weber 1985, S. 177, Strukturierung HS).

Damit ist Webers Klassenkonzept zunächst einmal ein offenes: im Gegensatz zu Marx sagt er nicht explizit, welche Klassen es gibt, sondern jede Gruppe von Menschen, die eine ähnliche Lebenssituation aus einer ähnlichen Besitz- und Qualifikationslage ableitet, darf diesen Begriff für sich in Anspruch nehmen. Weber selbst hat gar keine abschließende Liste versucht, und auf ihm aufbauend sind alle möglichen Klassen definiert worden, etwa Arbeiterschaft, Kleinbürgertum, besitzlose Intelligenz und Fachgeschultheit (Techniker, Angestellte, Beamte), Besitzende, durch Bildung Privilegierte, und andere mehr.

Daneben konzediert Weber bei aller bürgerlichen Kritik an Marx, dass Besitz natürlich einen Einfluss auf die Klassenlage hat.

Drittens aber steht er bei ihm nicht mehr allein als Definitionsgrund, sondern Weber bezweifelt die Marx'sche These der bürgerlichen Schließung der Bildungsmöglichkeiten und führt hier also (schon vierzig Jahre vor den im letzten Kapitel genannten Humankapitaltheoretikern) Bildung und daraus abgeleitete Qualifikationen für die Erzielung von Einkommen als neues Strukturmerkmal der Gesellschaft ein.

Soziale Ungleichheit entsteht auch darüber hinaus nicht nur aus Klassenunterschieden, sondern mehrdimensional als Resultat von drei Dimensionen, unter denen die Klasse nur eine ist:

- Klasse: Verfügung über Ressourcen
- Partei: Macht; Gruppierung von Menschen, die auf die Beeinflussung kollektiver Entscheidungsprozesse abzielt (z. B. Staat, Gemeinde, Wirtschaft); nicht nur politische Partei, sondern jede Gruppe, die an Machtverteilung partizipiert (Gewerkschaft, Verbände, Initiative usw.)
- Stand: Ansehen/Prestige; gruppiert Menschen mit ähnlicher Lebensführung und daraus resultierender Selbst- und Fremdeinschätzung („ständische Ehre"),

die sich aus Abstammung, Herrschaftspositionen, Erziehung oder ständischen Berufspositionen ergeben.

Webers Kategorie der Partei, des zweiten dieser Begriffe, stellt einen ersten Punkt dar, an dem in der deutschen Soziologie versucht wird, Aspekte der Motivation oder der Erwartungen in die Analyse der Sozialstruktur miteinzubeziehen. In der politischen Soziologie wird er erfolgreich aufgenommen, aber in der Sozialstrukturanalyse schließt praktisch nichts an ihn an – vielleicht ist oder wird die deutsche Gesellschaft kulturell zu homogen, als das kulturelle Kategorien jenseits der Ressourcen eine dauerhafte Bedeutung behalten.

Der Begriff des Standes hingegen ist zunächst einmal ein überkommener, der die vormoderne Ordnung kennzeichnete, in der Adel, Klerus, Handwerker und Bauern als „Stände" unterschieden worden waren, in die man (mit Ausnahme des Klerus) hineingeboren wurde. Weil der Begriff in dieser alten Bedeutung in der Moderne funktionslos geworden war, machte er, wie wir gleich sehen werden, eine erstaunliche Karriere.

Vor und nach dem zweiten Weltkrieg wurden auf beiden Seiten des Atlantik ein weiterer Aspekt von Marx' Analyse modifiziert: Nämlich die Annahme, man müsste von voneinander trennbaren Gruppen sprechen. Den Anfang hiermit machte der Deutsche Theodor Geiger (1891–1952), der die Struktur der Gesellschaft zwar weiterhin über eine Differenzierung von ‚oben' und ‚unten' verstehen wollte, ohne aber dabei aber durch äußere Merkmale gesetzte Grenzen verwenden zu wollen (Geiger 1932). Für die so abgegrenzten Gruppen schien der Klassenbegriff nicht mehr angemessen, weil diesem ja der Aspekt einer bewussten Abgrenzbarkeit durch spezifische Kriterien innewohnte. Geiger verwendete stattdessen den Begriff der *Schicht* und entsprechend den der Schichtung für die vertikale, also hierarchische Gliederung nach Merkmalen, die wie bei Weber definitorisch flexibel gehandhabt waren. Geiger war der erste, der hier explizit das *Einkommen* mit einbezog. (Schauen Sie sich die Definition von Weber oben noch einmal an: dort qualifiziert Einkommen ja nur die Qualifikationen als sozial relevant!) Als Oberschicht, Mittelschicht und Unterschicht (und später dann auch obere und untere Mittelschicht) wurden dann immer noch Gruppen ausgewiesen, aber ob jemand an der Grenze zwischen zwei Schichten in die höhere oder in die niedrigere eingeordnet wurde, lag nicht an ihm selbst, sondern an der Zufälligkeit der Grenzziehung in der wissenschaftlichen Beobachtung, allenfalls noch in einer subjektiven Schichteinschätzung. (Geiger 1932).

In den USA entwickelten sich die Dinge ähnlich und doch etwas anders. Wie Sie schon wissen, gelangte ja Webers Werk durch Talcott Parsons Übersetzung in die USA. In den USA, die geprägt war durch das Selbstbild als einer offenen

11.1 Klassen und Schichten

Gesellschaft ohne ständische Schranken im alten Sinne und stattdessen der Möglichkeit, Karrieren bis hin zu der „vom Tellerwäscher zum Millionär" zu machen, nahm man Webers Offenheit im Blick auf die Analyse der Sozialstruktur gerne auf, und auch der konzeptionelle Wechsel zu einer kontinuierlichen Messung, wie er Geigers Schichtmodell zugrunde liegt, passte gut zum amerikanischen Selbstverständnis.

Aber Peter Blau und Otis Duncan, die sich in den 1960er Jahren die amerikanische Gesellschaftsstruktur als Analyseobjekt vornahmen (Blau und Duncan 1967), waren noch radikaler als Geiger und verzichteten ganz auf die Beschreibung von Gruppen, sondern fassten die soziale Position nur noch als Individualmerkmal in Relation zu anderen Individuen. Und für die Messgröße, die sie so entwickelten, verwendeten sie die Übersetzung von Webers Standesbegriff ins Englische, nämlich den Begriff *status*. Dieser Begriff ist als ‚Status' inzwischen längst ins Deutsche zurückübernommen worden, meint aber hier nun etwas deutlich anderes als Geigers Begriff der Schicht (und recht als derjenige Webers und des vormodernen Verständnisses von ‚Stand'), nämlich ein Individualmerkmal, das sich für jedes Individuum aufgrund objektiver Kriterien ausrechnen lässt und in dessen Verteilung es keine Gruppengrenzen (weder behaupteterweise objektive wie bei Marx noch willkürlich gesetzte wie bei Geiger) mehr gibt.

Blau und Duncan gingen für ihre Berechnung des sozialen Status von einem anderen Aspekt von Webers Standesbegriff aus, nämlich dem Ansehen oder Prestige, die sich aus dem Beruf des Individuums ergeben. Hierzu werden Befragte gebeten, Berufe auf einer Skala von 0 bis 100 Punkten einzuordnen, wobei 100 für das maximal mögliche, 0 für das niedrigste denkbare gesellschaftliche Ansehen stehen. Trotz der großen Offenheit dieser Fragestellung sind die dabei ermittelten beruflichen Prestigewerte ziemlich konsistent. Sogar im internationalen Vergleich kommen in etwa immer dieselben Werte heraus. (Treiman 1977).

Hierauf aufbauend berechneten Blau und Duncan den sozialen Status als Index für Berufsgruppen, mit dem Namen SEI (Socio-economic index) und nach den durchschnittlichen Werten für Einkommen und Bildung (gemessen in Jahren nachobligatorischer Bildung). Als äußeren Bezug maßen sie den auf der Basis dieser beiden Werte vorhergesagten Prestigewert. Ganz ohne Gruppen ging es also auch bei ihnen nicht; der sozioökonomische Status ist hiermit für alle Angehörigen einer Berufsgruppe gleich.

Das Prestige als Ausgangswert und der durch Bildung und Einkommen vorhergesagte Status im Sinne des SEI sind stark verbunden ($r2 = 70\,\%$), aber eben nicht identisch. Neben Bildung und Einkommen stehen einerseits Verantwortung und

Macht als positive Ansehensressourcen (Bsp. Regierungschef, Dekan vs. normaler Professor), andererseits normativ kritische Bewertungen einzelner Tätigkeiten, die ja auch Gegenstand gesellschaftlich kontingenter Diskurse sind.

Wie die Schicht ist das Konzept des sozialen Status also vertikal orientiert und eine Kombinationen von Merkmalen; im Gegensatz zur Schicht ist es eben prinzipiell ein quasi-objektives Individualmerkmal, und die beiden zugrunde liegenden Merkmale Bildung und Einkommen sind so klar definiert.

Aus diesem letzteren Grund wurde auch bald thematisiert, dass sie zwar stark, aber natürlich nicht vollkommen miteinander verbunden sind. Wenn jemand (bzw. seine oder ihre Berufsgruppe) deutlich mehr oder deutlich weniger verdient als das dem durchschnittlichen Bildungsgrad entsprechen würde, dann wird dies als ‚Statusinkonsistenz' thematisiert – die extremen Beispiele sind hier etwa promovierte Taxifahrer auf der einen und Bauunternehmer, die außerhalb der Schweiz in vielen Fällen nur eine geringe Schulbildung besitzen, auf der anderen Seite.

Aber sind Besitz (der ja im SEI gar keine Rolle spielt), Bildung und Einkommen alles, was die soziale Stellung definiert? Hierzu liefert John Goldthorpe (*1935) eine weitere Einsicht. Goldthorpe untersucht in den 1960er Jahren englische Arbeiter, um zu erfahren, was aus dem von Marx postulierten Klassenbewusstsein geworden ist. In dieser Zeit hat die englische Einkommensverteilung den Punkt der maximalen Gleichheit erreicht, die gut ausgebildeten Facharbeiter haben sich mithilfe ihrer Gewerkschaften respektable Einkommen erstritten, die Statussymbole Eigenheim, Auto und Fernseher sind innerhalb weniger Jahrzehnte auf einmal für alle erschwinglich oder zumindest in Reichweite gekommen. Hat mit dieser Angleichung der objektiven Klassenlagen das subjektive Klassenbewusstsein, die „Klasse für sich", ausgedient?

Zu seinem großen Erstaunen muss Goldthorpe in den Interviews, die er führt, feststellen, dass dies keineswegs der Fall ist. (Goldthorpe et al. 1969) Die gut ausgebildeten, gut verdienenden, teilweise im eigenen Häuschen lebenden Arbeiter, die zum Teil sogar selbst Vorgesetzte sind und vom Elend des Marx'schen Proletariat weit entfernt sind, haben trotzdem ein extrem klares „proletarisches" Selbstbild von sich. Das fällt umso mehr auf, wenn er sie zum Beispiel mit Sekretärinnen vergleicht, die keine besonders gute Ausbildung haben, weniger verdienen, in kleinen Wohnungen wohnen – und dennoch ein viel „bürgerlicheres" Selbstbild haben.

Die Lösung liegt in der Motivation. Egal wie beschränkt ihre Qualifikationen im Einzelfall sein mögen, die damaligen Sekretärinnen sind in der Ausübung ihrer Arbeit in hohem Masse autonom und entziehen sich weitgehend einer engmaschigen Kontrolle. Für Arbeiter gilt das nicht. Selbst die von Goldthorpe interviewten

11.1 Klassen und Schichten

hochgestellte Fach- und Vorarbeiter sind ihrer Arbeit in kleinsten Detail kontrollierbar und können für jede Abweichung vom Arbeitsprogramm gerügt werden; individuell-autonome Gestaltungsmöglichkeiten haben sie in der Ausführung ihrer Arbeit nur in geringem Masse. Das führt dazu, dass sie ein distanziertes Verhältnis zur eigenen Arbeit haben und sich eher auf die Selbstverwirklichung im privaten Leben ausrichten als auf ...bürgerliche Mitverantwortung im Arbeitsleben. Im Anschluss an diese Einsicht untersuchen Goldthorpe und seine Mitautoren Anstellungsverhältnisse genauer und stellen fest, dass diese Unterschiede in der Kontrollierbarkeit sich in die Vertragsformen hinein verfolgen lassen: Über die Löhne hinaus gibt es bei den Arbeitern wenig Anreize oder Symbole des Entgegenkommens, während Sekretärinnen in Relation zu ihrem Lohn durchschnittlich angenehmere Anstellungsbedingungen angeboten bekommen.

Auf diesen Einsichten aufbauend entwickelt Goldthorpe mit seinen Kollegen Erikson und Portocarero das sogenannte EGP-Klassenschema. (Erikson et al. 1979) Die höchste Klasse ist hier durch die höchste Autonomie gekennzeichnet, und hohe Manager, die klassischen freien Berufe (Rechtsanwälte/Ärzte) und Professoren finden sich in der sogenannten „Oberen Dienstklasse" wieder. Bei den abhängig Beschäftigten bildet die gemeinsame Vertikale, die Bildung einfach als Hinweis auf Autonomie nimmt, immer noch die wichtigste Dimension der Sozialstruktur. Aber die Vorarbeiter in EGP V und die Sekretärinnen in EGP IIIa mit ihren von dieser Hauptdimension sehr abweichenden Vorstellungen als „Klasse für sich" zeigen, dass hier doch eine zusätzliche Differenzierung sinnvoll ist. (Tab. 11.2 und 11.3).

Forschungspraktisch werden Klassenzugehörigkeiten heutzutage erhoben, indem man zuerst eine Einordnung in Berufsgruppen vornimmt. Die ILO (International Labor Organization) hat seit 1957 Schemata vorgelegt, 2007 das vierte und seit 2008 derzeit gültige, die sogenannte ISCO-08. Dabei werden Berufe jeweils anhand der ausgeübten Tätigkeiten mit 4-stelligen Berufscodes eingeordnet, z. B. 2310 Universitätslehrer, 2642 Journalisten, 5165 Fahrlehrer, 7231 Automechaniker, 7232 Flugzeugmechaniker. In langen Tabellen beziehungsweise auf ihnen aufbauenden automatisierten Skripten für das jeweilige Statistikprogramm wird dann jedem Beruf die entsprechende EGP-Klasse zugeordnet.

Tab. 11.2 Erikson-Goldthorpe-Portocarero-Klassenschema

	Dienstklasse	
I	Obere Dienstklasse	Höhere Beamte/Angestellte in Führungspositionen, höhere Professionen
II	Untere Dienstklasse	Berufe mit akademischer Ausbildung, mittleres Management
	Ausführende nicht-manuelle B	
IIIa	Mit bürokratischer Einbindung	Routinisiert, höher (Verwaltung, Handel)
IIIb	Ohne bürokratische Einbindung	Routinierte Tätigkeit, niedriger (Verkauf, einfache Dienstleistungen)
	Selbstständige	
IVa + b	Selbstständige (außerhalb LW)	Selbstständige und mithelfende Angehörige
IVc	Landwirte	Selbst. Landwirte, mithelfende Angehörige
	Arbeiter/innen	
V	Höhere gelernte Arbeiter	Aufsichtskräfte/Vorarbeiter, höhere Facharbeiter, Techniker/Meister/Facharbeiter
VI	Gelernte Arbeiter	Beschäftigte in manuellen Bereichen mit Ausbildung
VIIa	Un-/angelernte	Dito, aber ohne Berufsausbildung
VIIb	Landarbeiter	Beschäftigte in der Landwirtschaft ohne Berufsbildung

11.2 Sozialer Raum und Lebensstile

Nach Webers systematischem und untergegangenen Ansatz, kulturelle Aspekte in die Sozialstrukturanalyse aufzunehmen, entwickelte sich nach 1968 und insbesondere in den 1980er Jahren ein neuerliches Unbehagen an einer rein ressourcenorientierten Ausrichtung der Sozialstrukturanalyse: Alles in ihr geht vom Beruf aus, und das heißt in der Industriegesellschaft mit ihrer relativ klaren Aufteilung in den männlichen Hauptverdiener und die Frau zu Hause (oder allenfalls vor und nach der Familienphase in statusirrelevanten Zuverdienstpositionen), vom Beruf des Mannes aus. Damit wird eine einseitige Kausalität behauptet, die allein in den äußeren Lebensbedingungen wie eben der Klassenposition eine Ursache des

11.2 Sozialer Raum und Lebensstile

Tab. 11.3 Die beiden Hauptdimensionen im EGP-Klassenschema (teils mit Beispielen)

			Schwierigkeitsgrad der Überwachung der Arbeit		
			Niedrig		Hoch
Spezifität des Humankapitals	Hoch	V	Vorarbeiter	I	Obere Dienstklasse
				II	Untere Dienstklasse
	Niedrig	IIIb	Verkäufer/innen	IIIa	Sekretärinnen
		VI	Gelernte Arbeiter		
		VIIa	Un-/angelernte		
		VIIb	Landarbeiter		

sozialen Handelns sieht. Kulturell orientierten Perspektiven der Soziologie war das eine viel zu starke ökonomische Ausrichtung. Sie bemängelten die weitgehend vertikale Definition von Ungleichheit. Wo bleiben denn in diesem Verständnis des sozialen Gefüges die kulturelle Verortung und subjektive Einschätzung der Individuen? Diese Kritik wird von verschiedenen Soziologen aufgenommen.

Der erste ist der Ihnen bereits bekannte Pierre Bourdieu mit seinem Konzept des Sozialen Feldes. Bourdieu ist Marxist und als solcher Materialist, auch bei ihm geht also die Kausalität von der ökonomischen, d. h. Berufsposition aus. Aber Bildung ist für Bourdieu nicht nur Einkommensressource, sondern auch eine Quelle spezifischer Kontaktmöglichkeiten. Aus der Sicht der besprochenen vertikalen Konzepte kann man sagen, dass Bourdieu die Quellen Statusinkonsistenz als zweite Dimension entdeckt. Die Hauptdimension des sozialen Feldes ist wie zuvor diejenige vertikale Dimension, in der Bildung und Einkommen zusammenfallen, die Bourdieu ja als kulturelles und ökonomisches Kapital anspricht. Ihre Summe bezeichnet er als ‚Kapitalvolumen'. Aber seine beiden Komponenten sind eben nicht insgesamt deckungsgleich, sondern können auseinanderfallen. Und die Differenz zwischen ihnen bildet die zweite Dimension des sozialen Feldes, die bei Bourdieu ‚Kapitalzusammensetzung' heißt. Damit wird eine Ebene aufgespannt, in der sich Berufspositionen eintragen lassen.

Neben dieser begrifflichen Umdefinition führt Bourdieu aber eine eigene Innovation ein, indem er über die Ebene der ökonomischen Positionen eine zweite Ebene legt, auf der die Bereiche symbolischen Handelns und kultureller Selbstdefinition liegen. Wie gesagt, Bourdieu ist Marxist, abgesehen von zugestandenen Zufallseinflüssen hat jede berufliche Position auf der unteren Ebene also eine genaue Entsprechung auf der Ebene der kulturellen Selbstdefinition, für die Bourdieu die Begriffe Habitus und Lebensstil verwendet.

In dieses Feld ordnet er in seinem Hauptwerk La Distinction (Bourdieu 1979, dt. *Die feinen Unterschiede*) eine große Menge kultureller Ausdrucksformen ein und lässt die beiden Diagramme so setzen, dass man sie mithilfe der damals noch recht neuen Technologien Fotokopie und Overheadprojektion übereinanderlegen kann (Abb. 11.1):

Diese Gleichsetzung geht von einer These aus, die im Titel des Buches steckt: Jede gesellschaftliche Position nutze den eigenen Habitus zur Distinktion, das heißt um sich nach unten und teilweise auch zur Seite hin, d. h. in Richtung auf Menschen mit anderer Kapitalzusammensetzung) abzugrenzen. Bourdieu beschreibt soziale Distinktion als wichtige Funktion kultureller Aktivität: Höhere Schichten engagieren sich in „Highbrow"-Kultur, um sich von den niedrigeren Schichten und ihrer „Lowbrow"-Kultur abzugrenzen (Abb. 11.2).

Diese These hat Bourdieu nicht erfunden; schon Norbert Elias beschreibt ja die Entwicklung von Tischsitten aus den Mechanismen sozialer Statusmarkierung (Elias 1969), und die Musiksoziologie von Theodor Adorno (Adorno 1962) beschreibt die Entwicklung der europäischen Musik ebenfalls vor allem aus diesem Blickwinkel. Aber Bourdieu ist der erste, der sämtliche Habitusausprägungen systematisch auf diese Weise einordnet.

Aber ist diese These denn noch zutreffend? Wird die eigene Lebensgestaltung weiterhin nach dem Gesichtspunkt gewählt, dass man mit ihr die eigene soziale Position markiert, indem man die komplexesten und teuersten kulturellen und medialen Formate wählt, die einem noch eben zugänglich sind, um damit allen anderen zu signalisieren, wo man steht?

Tatsächlich findet man seit den 1990er Jahren, dass höhere Schichten ein verstärktes Interesse an Lowbrow-Kultur entwickeln. Um diese Frage rankt eine große Debatte der Kultursoziologie. Diese Debatte steht unter der These „From Snob to Omnivore" (Peterson und Kern 1996), d. h. dass Menschen mit umfassender Kapitalausstattung sich von einer sich kulturell abgrenzenden Selbstbeschränkung zu kulturellen „Allesfressern" entwickeln.

Empirisch scheint es tatsächlich der Fall zu sein, dass die Position der Hochkultur zwischen den Generationen schwindet; auf die Nutzung des Internets kann man das wohl nicht schieben, im Gegenteil sind Internetnutzung und kulturelle Beteiligung bei den jüngsten Geburtskohorten sogar am stärksten positiv verbunden. (Van Steen et al. 2015) Die These der Ausbreitung der Deliberation innerhalb von Organisationen, die wir im Kapitel über den sozialen Wandel angeschaut haben, liefert hingegen einen guten Schlüssel zum Verständnis dieser Entwicklung: Mit dem zunehmenden Bedeutungsverlust von Autorität wird es weniger

11.2 Sozialer Raum und Lebensstile

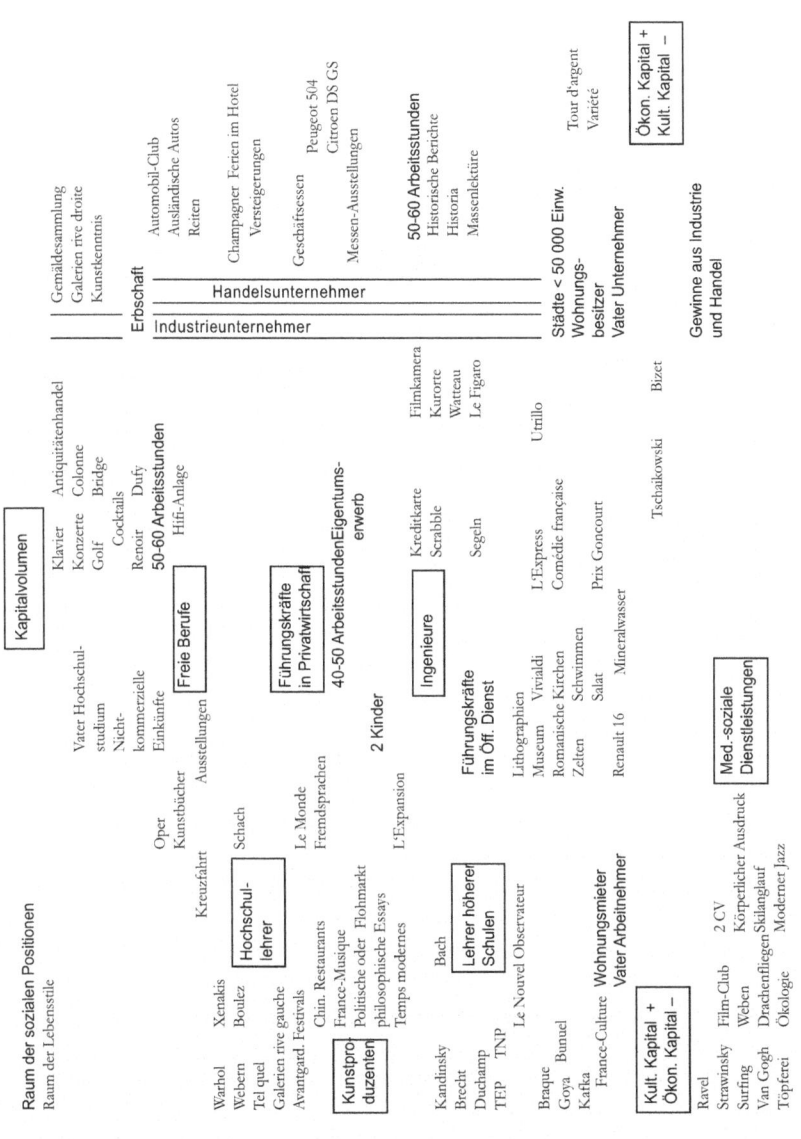

Abb. 11.1 Bourdieus empirische Füllung des sozialen Feldes in Distinction (1979)

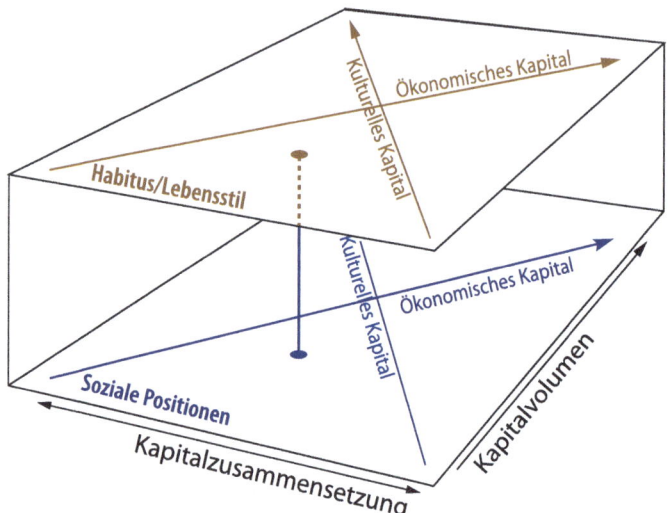

Abb. 11.2 Bourdieus Konzept des sozialen Feldes. (Eigene Darstellung nach Erikson et al. 1979)

wichtig, Ressourcen dazu einzusetzen, andere mit dem eigenen Status zu beeindrucken, und wichtiger, sie dazu zu nutzen, innerhalb des deliberativen Prozesses überzeugend zu wirken. Die Bedeutung von Ressourcenunterschieden bleibt, aber ihr Ausdruck verändert sich.

Während Pierre Bourdieu also die kulturelle Verortung der Individuen in ein immer noch marxistisch-ökonomisch determiniertes Modell aufnimmt und die Frage nach der subjektiven Einschätzung in Anschluss an ihn nur als Aufweichung dieses Zusammenhanges insbesondere bei Menschen mit hohem Kapitalvolumen diskutiert wird, ist diese letztere Frage in der deutschen Kultursoziologie schon Anfang der 1990er Jahre aufgenommen worden.

In Anschluss an Ulrich Becks Individualisierungsthese, die ganz stark als These der abnehmenden Bedeutung der ökonomischen Positionierung gelesen wurde, entstand die Forderung der Lebensstilforschung, soziale Ungleichheit solle nach denjenigen Kriterien untersucht werden, die der Ungleichheitswahrnehmung der Menschen entsprechen. Diese Wahrnehmung sei kulturell geprägt, und daher solle man statt an der quantitativen Verfügung über Ressourcen eher an den qualitativen Unterschieden in ihrer Verwendung ansetzen. Damit verband sich die Hoffnung, auf diese Weise mehr über die soziale Strukturierung von Konsum,

11.2 Sozialer Raum und Lebensstile

unterschiedliche Richtungen der Jugendkultur, über die Veränderung der Nachfrage nach medialen Inhalten und vielleicht sogar über den Bedeutungsgewinn symbolischer Politik zu erfahren.

Lebensstile sind also wie bei Bourdieu dasjenige, was man kulturell unterschiedlich mit den zur Verfügung stehenden Ressourcen anfängt. Motivationen und Erwartungen sollten eine eigene Rolle gegenüber der Ausstattung mit Ressourcen erhalten, es wurde also eine Wahlfreiheit in der Festlegung des eigenen Lebensstils postuliert. Mit diesem theoretischen Hintergrund unternahm Gerhard Schulze (*1944) in den 1980er Jahren eine großangelegte Analyse der Kultur in Nürnberg, in der er auf der Angebotsseite die Rolle des kulturellen ‚Erlebnismarktes' und auf der Nachfrageseite die Entstehung sozialer Milieus und Szenen untersuchte. (Schulze 1992).

Im Ergebnis kann Schulze empirisch tatsächlich verschiedene alltagsästhetische Schemata nachweisen, die sich als stabile Bündelung von Indikatoren des Lebensstils darstellen. Er beschreibt im Wesentlichen vier Milieus, deren Differenzierung teilweise der vertikalen Differenzierung (Status bzw. Kapitalvolumen) folgt, aber eben auch eine zweite Dimension aufweist. Insbesondere lassen sich ein an der klassischen Hochkultur orientiertes „Niveaumilieu" und ein eher an der Trivialkultur orientiertes „Harmoniemilieu" vollständig im vertikalen Schema beschreiben. Daneben gibt es aber zwei weitere Milieus, die Schulze mit den Begriffen „Selbstverwirklichungsmilieu" und „Unterhaltungsmilieu" beschreibt. Was ist mit diesen? Wie lassen sie sich hier zuordnen?

Schulze muss feststellen, dass es auch zwischen diesen beiden Milieus eine soziale Vertikaldifferenzierung gibt: Im Selbstverwirklichungsmilieu verfügen die Individuen durchschnittlich über mehr kulturelle und teilweise auch ökonomische Ressourcen als im Unterhaltungsmilieu. Und die beiden Paare Niveau/Harmonie einerseits und Selbstverwirklichung/Unterhaltung andererseits sind schlicht dadurch unterschieden, dass ersteren die älteren und letzteren die jüngeren Befragten angehören (Tab. 11.4).

Tab. 11.4 Vier Milieus und ihr soziales Feld bei Schulze (1992)

	Spontaneität jünger	Ordnung älter
Komplexität Hohe Bildung	Spannung/Hochkultur Selbstverwirklichungsmilieu	Hochkultur Niveaumilieu
Einfachheit Niedrige Bild	Spannung Unterhaltungsmilieu	Trivial Harmoniemilieu

Auf diese Weise führt Schulze mit dem Alter eine weitere Dimension in die kulturell orientierte Sozialstrukturanalyse ein und spannt mit ihm und der Bildung ein eigenes soziales Feld auf. Aber damit unternimmt er gleichzeitig auch eine Selbstdemontage der verfolgten Wahlfreiheitsthese: Es sind eben doch nicht autonome Entscheidungen, die das soziale Feld strukturieren, sondern es kommt nur einfach das Alter noch dazu. Es beschreibt ja das Verhältnis zwischen den akkumulierten Erfahrungen und der noch verfügbaren Lebenszeit, die man beide als unterschiedliche Ressourcen ansehen kann. Darin, dass die Grenze zwischen den beiden Milieuspalten nicht allein im vergehenden Lebensalter liegt, sondern ganz wesentlich im Übergang zur Familienphase, liegt die Differenz darüber hinaus in Restriktionen begründet, die sich aus der Lebenssituation ergeben. Dem Übergang in die Familienphase liegen ja durchaus autonome Entscheidungen zugrunde, aber die wenigsten bekommen Kindern, *um dadurch* ins Hochkultur- oder Harmoniemilieu zu wechseln. Die Wahlfreiheitsthese und damit dieser Aspekt von Kultur war also wieder verschwunden, kaum dass sie aufgekommen war.

11.3 Gender

Ähnlich wie mit dem Alter etwas gewissermaßen selbstverständliches (und auch schon lange vor Schulze empirisch erhobenes) erst ganz zum Schluss zu einem expliziten theoretischen Konzept der Sozialstrukturanalyse geworden ist, gibt es noch einen weiteren Aspekt der Sozialstruktur, der ebenfalls schon immer mit erhoben worden ist, aber reichlich spät theoretisch erfasst wird: das Geschlecht.

Die westliche Kultur geht traditionell vom Verständnis einer klaren Dichotomie aus, nach der alle Menschen entweder Mann oder Frau sind, obwohl die biologische Realität nicht ganz so eindeutig ist und etwa jedes tausendste Kind als intersexuell mit nicht ganz eindeutiger körperlicher Ausprägung zur Welt kommt und etwa noch einmal ähnlich viele Menschen im Laufe ihres Lebens als transsexuell feststellen, dass das andere als das bei ihnen vorliegende Geschlecht für ihre seelische Realität passt. Diese Vielfalt betrifft also etwa 0,2 % der Menschen und damit immerhin so viele, dass heutzutage im Durchschnitt jeder Mensch eine inter- oder transsexuelle Person im erweiterten Bekanntenkreis hat. Aber weil die Normativität des zweiwertigen Geschlechts so groß war bis vor wenigen Jahren kaum jemandem bekannt abgesehen von den Betroffenen selbst – und spezialisierten Ärzten, die aber oft genug bemüht waren, die normativ heile Welt der Zweigeschlechtlichkeit wieder herzustellen ungeachtet des Leides, das dies oft genug über die Betroffenen brachte.

11.3 Gender

Die Kategorien des Konstruktivismus auf das Geschlecht angewandt zu haben und damit unter anderem auf die unnötige Verdrängung dieser lange ignorierten Differenz hingewiesen zu haben, ist abgesehen von den allgemeinen Konstruktivisten (Berger und Luckmann 1967) das Verdienst der feministischen Wissenschaft. Aufbauend auf den politischen bzw. allgemein intellektuellen Feminismus (de Beauvoir 1949; Friedan 1963; Millett 1969) und eben den Sozialkonstruktivismus beginnt diese mit feministischer Sprachkritik (Lakoff 1975; Pusch 1984) und der Analyse der Situation von Frauen als regelmäßiger Minderheit am Arbeitsplatz (Kanter 1977).

Der Genderbegriff ist dabei älter als der Konstruktivismus. Er stammt (in seiner Verwendung außerhalb der Grammatik, wo er viel älter ist) von dem amerikanischen Psychologen John Money, der stark von den Verhaltenstheorien der 1950er Jahre beeinflusst war, die vor allem Lerntheorien waren. Money nahm an, dass die geschlechtliche Identität *vollständig* eine erlernte war – eine Position, die in der damaligen Zeit etwas sehr Befreiendes hatte im Vergleich zu biologistischen Theorien, wie sie insbesondere bis 1945 vertreten worden waren und wie sie in den USA in Bezug auf Bürger mit afrikanischen Vorfahren noch lange darüber hinaus vertreten wurden und werden.

Allerdings vertrat Money sie in einer extremen Form, die tragische Folgen zeitigte: Für ihn ergab sich 1967 die Chance, seine Theorie am praktischen Beispiel zu testen, indem er die Eltern eines Jungen, dessen Penis bei einer medizinisch indizierten Beschneidung verbrannt worden war, von einer Umoperation zu einem Mädchen und der Erziehung als Mädchen überzeugen konnte. Bis 1980 feierte er diesen Fall als Erfolg, weil das Kind weiterhin einigermaßen in der Mädchenrolle funktionierte. (Money 1975) Aber was als Befreiung aus Rollenzwängen kommuniziert wurde, basierte vielmehr auf ihnen: Das Kind fühlte sich in der aufgezwungenen Mädchenrolle nie wohl, verweigerte mit 13 die weitere Betreuung durch Money, wurde danach von den Eltern über die eigene Geschichte aufgeklärt, entschied sich umgehend, wieder als Junge und Mann zu leben, wurde soweit möglich zurückoperiert, heiratete sogar (Colapinto 2000; Diamond 2004) – und nahm sich im Alter von 39 Jahren das Leben.

Judith Butler, die in der Soziologie zentral für ein konstruktivistisches Genderverständnis steht, hat sich mit diesem Fall beschäftigt und weist auf den Zwangscharakter der „korrigierenden" Operation an dem Kind hin. Das war Machtausübung und das Hineinzwingen in eine Rolle, für sie ein extremer Fall, aber prinzipiell analog zu dem, was allen Kindern beim Hineinpressen in Geschlechterrollen angetan würde. (Butler 1990) Letztlich geht es also um Wahlfreiheit und darum, nicht in eine Rolle hineingezwängt zu werden.

Forschungspraktisch hat die Berücksichtigung des Genderbegriffs einerseits dazu geführt, dass heute auf Fragebögen neben „männlich" und „weiblich" explizit ein drittes Feld „keine Angabe" angeboten wird. Andererseits hat die Anwendung konstruktivistischen Denkens klassische Geschlechtervorstellungen desavouiert, sodass im Gegensatz zu anderen Bereichen der Sozialstrukturanalyse, wo wir heute mehr Theorien zur Verfügung haben als früher, es hier umgekehrt ist und weniger theoretische Vorstellungen und mehr ad-hoc-Interpretationen verwendet werden.

Und das ist wohl auch gut so, weil es Modernisierung in einem Bereich ermöglicht, der allen Menschen tief „in den Knochen" bzw. den Gehirnen steckt, auch wenn es letztlich „nur" um die Anerkennung der menschlichen Vielfalt geht. Für diverse Eigenschaften (wie zum Beispiel Altruismus, Geduld oder Risikofreude, Falk und Hermle 2018) mögen die Mittelwerte von Frauen und Männern voneinander abweichen (und die für Menschen ohne klare Geschlechtsidentität noch einmal an einem anderen Ort liegen), aber erstens ist es immer klar, dass die beiden Verteilungen sich überlappen, und zweitens sind es eben immer Verteilungen, innerhalb derer die Position des Individuums von der eigenen Geschichte und ganz vielen anderen Merkmalen bestimmt wird und nie vom Geschlecht alleine. In der Forschung etwa zu den Positionen, die Frauen in der Wirtschaft haben, geht das Fragen viel eher in die Richtung, wie man trotz und teils sogar wegen Unterschieden eine gleichere Vertretung hinbekommt – Stichwort Diversity. Aber das ist nicht mehr Sozialstrukturanalyse.

11.4 Statuserwerb, Soziale Mobilität und Bildung

An die Frage nach der Strukturierung der Gesellschaft schließt sich direkt die Frage danach an, welche Ursachen den einzelnen Menschen denn in diese oder jene soziale Position innerhalb dieser Struktur stellen. Die englische Sprache stellt hier *Achievement* und *Ascription* einander gegenüber, Leistung und Zuschreibung, also was man selbst ändern kann und was man nicht ändern kann. Zugeschriebene oder askriptive Merkmale sind im wesentlichen Herkunft und Geschlecht, neben denen es noch kleinere Diskussionen über individuelle körperliche Merkmale wie z. B. Körpergröße oder Gewicht gibt, die wir hier aber nicht betrachten werden. Herkunft umfasst die soziale Position der Eltern, im wesentlichen Klasse und Bildung, ihre kulturelle Herkunft, also aus dem Bereich welcher kulturellen Institutionen sie kommen, und den genetisch festgelegten Phänotyp, wobei die englische Sprachraum und vor allem die USA, wo dies eine sehr große Rolle

11.4 Statuserwerb, Soziale Mobilität und Bildung

spielt, pragmatisch (aber durchaus problematisch) den in Deutschland seit 1945 aus guten Gründen verpönten Rassenbegriff weitgehend unverändert verwenden. Vor dem Hintergrund der Sozialgeschichte der Moderne ist der in Deutschland und anderen Industrieländern lange Zeit größte Teil der soziologischen Diskussion die Frage nach der Auswirkung der sozialen Position der Eltern. So lassen sich Ursache und Wirkung im selben Definitionsbereich der Sozialstruktur abbilden, die Frage nach den Determinanten des Statuserwerbs wird zur Frage nach der intergenerationell sozialen Mobilität zwischen Eltern und Kindern. Viele Fragen, die sich allgemeiner auf den Statuserwerb beziehen, werden zuerst und bis heute am umfangreichsten diskutiert in Bezug auf die soziale Mobilität, auf die wir uns deshalb hier aus Platzgründen beschränken. Schreibt die soziale Herkunft einem vor, was man wird, wie das in der vormodernen Gesellschaft ganz selbstverständlich und ideologisch-diskursiv gerechtfertigt (aber empirisch durchaus nicht vollständig der Fall, siehe z. B. van Leeuwen und Maas 2010) war? Oder hat sich die moderne Norm der Chancengleichheit durchgesetzt?

Diese Frage nach der sozialen Mobilität hat dabei eine große normative Sprengkraft:

- Von Karl Marx und seiner Erwartung einer verschwindenden sozialen Mobilität und der deshalb zu erwartenden Revolution (Marx und Engels 1972, bes. 469–474) ist soziale Immobilität eine Ursache für politische Unzufriedenheit und institutionelle Instabilität.
- Von Humankapitaltheoretikern wie Jacob Mincer und Gary Becker her (Mincer 1958; Becker 1964) ist soziale Immobilität eine soziale wachstumsschädliche Ineffizienz, weil sie die vorhandenen Begabungsressourcen nicht ausschöpft.
- Vom Selbstverständnis der Nachkriegsgesellschaften als offener Gesellschaften im Sinne von Karl R. Popper her (Popper 2003) ist Bildung ein Bürgerrecht und soziale Immobilität undemokratisch, weil sie den demokratischen Wettbewerb zugunsten der höheren Klassen verzerrt, und ungerecht, weil die Anstrengung des Einzelnen zählen soll und nicht Herkunft.
- Von der ersten und dritten Position her orientiert sich an empirisch erfassbarem Material eine Position, die individuellen Folgen sozialen Aufstiegs auf Zufriedenheit, politische Einstellungen oder Fertilität untersucht und ihre Normativität aus diesen Effekten zieht.

Im Gegensatz zu den ersten drei Positionen ist diese letztere freilich nicht eindeutig: Piotr Sorokins klassischer Text in diesem Zusammenhang (Sorokin 1927) sieht, theoretisch direkt an Durkheim anschließend, Mobilität als sozial desintegrierend, also Sozialkapital zerstörend, und deshalb nicht positiv sondern kritisch.

Diese These fand empirisch freilich keine Unterstützung: Man ist umso glücklicher, je höher man in Bezug auf die soziale Klasse gekommen ist, und es hat wenig Effekt, wo man herkommt (Houle 2011; Houle und Martin 2011; Daenekindt 2017; Schuck und Steiber 2018; Dhoore et al. 2019), und das gilt ganz analog für politisches Verhalten. (de Graaf et al. 1995; Nieuwbeerta et al. 2000; Paterson 2008; Tolsma et al. 2009; Jaime-Castillo und Marques-Perales 2019) Bald ein Jahrhundert nach Sorokins Kritik hat diese der normativen Kraft der Forderung nach Chancengleichheit keinen Kratzer versetzt.

Die Idee der Chancengleichheit ist dabei zugleich eine affirmative und eine radikale:

- Affirmativ ist sie, weil sie das Ausmaß der Unterschiede im Ergebnis von Einkommen und Lebenschancen als irrelevant zurückweist. Unterschiede, die auf eigener Leistung beruhen, sind in ihrer Sichtweise normativ unproblematisch, weil eigene Leistung in erster Linie als Ergebnis eigener Anstrengung und damit eigenen Willens gesehen wird. Wer auf Chancengleichheit fokussiert, kann mit Ungleichheit, auch hoher, leben. (Larsen 2016)
- Dem steht freilich auf der anderen Seite eine ebenso klare Radikalität gegenüber, weil in der Perspektive der Chancengleichheit Unterschiede, die auf Herkunft beruhen, rundweg als inakzeptabel angesehen werden. Erfolgreiche Anstrengungen von Eltern mit guter Ressourcenausstattung für ihre Kinder oder gar über Generationen reichende Arbeitstraditionen in Familien sind in dieser Sichtweise nur ein Ärgernis, weil es halt immer Menschen gibt, die von solchen Startbedingungen nicht profitieren können.

Daraus ergeben sich folgende Fragen: Wie groß ist denn der Vorteil, der aus Herkunft und Geschlecht erwächst? Woher kommt er, das heißt was für Mechanismen wirken dabei? Wie entwickeln sich diese Zusammenhänge über die Zeit? Und wie sehen sie im Vergleich verschiedener institutioneller Systeme aus, also zwischen Ländern oder auch deutschen Bundesländern mit ihren unterschiedlichen Schulsystemen? Ergänzt um den Hinweis, dass die Frage nach der Größe der Effekte askriptiver Merkmale immer verbunden werden muss mit der Methode, mit der man sie misst, haben wir mit diesen vier Fragen die Struktur des weiteren Vorgehens.

Wie gesagt, die Frage nach der *Größe von Herkunftseffekten und ihre methodologische Erfassung* hängen untrennbar zusammen. Die Unterscheidung zwischen kontinuierlichen Ergebniskonzepten wie Duncans SEI einerseits und Gruppenkonzepten wie Klasse oder Hochschulzugangsberechtigung andererseits hat in der

11.4 Statuserwerb, Soziale Mobilität und Bildung

Geschichte der Mobilitätsforschung unterschiedliche statistische Methoden in drei Phasen nach sich gezogen. (Ganzeboom et al. 1991.)

- Input-Output-Tabellen: Die frühen Studien der 1950er (Lipset und Bendix 1959) stellten Klassen oder Bildungsabschlüsse in Tabellen gegenüber, die Eltern (der damaligen Geschlechterrollenverteilung folgend meist Väter) in den Zeilen und Kinder (entsprechend meist Söhne) in den Spalten erfassten, jeweils von den höheren Klassen oder Abschlüssen zu den niedrigeren absteigend.
- Lineare Modelle: Duncans SEI bot als individualisiertes kontinuierliches Maß zum ersten Mal die Möglichkeit, verschiedene Einflussvariablen nebeneinander zu betrachten. (Blau und Duncan 1967) So ließen sich erstmals neben Herkunft etwa auch Bildungsergebnisse betrachten oder Männer und Frauen oder der Einfluss von Väter und Müttern innerhalb derselben Modelle betrachten. In der Analyse schulischer Fähigkeiten werden solche linearen Modelle in neuerer Zeit wieder stärker verwendet. (z. B. Burger 2016)
- Logit- und Probit-Modelle: Seit den 1980er Jahren hat die steigende Leistungsfähigkeit der Computer dazu geführt, dass man mit Logit und Probit als Schätzmethoden wieder zu Klassen oder Bildungsabschlüssen als diskreten abhängigen Variablen zurückkehren konnte. Diese gruppenorientierte Methodologie ist seither die vorherrschende Sichtweise geblieben. Sie ist deutlich komplexer in ihren Auswirkungen als einfache Regressionsanalysen, und die entsprechenden Konsequenzen auch auf die inhaltlichen Ergebnisse und Interpretationen beschäftigen die Mobilitätsforscher noch weiterhin. (Mood 2009, Auspurg und Hinz 2011a)

Während lineare und Logit-/Probit-Modell methodologische Kenntnisse voraussetzen, die über das hier voraussetzbare hinausgehen, lohnt sich ein Blick auf die Input-Output-Tabellen, weil an ihnen Konzepte deutlich werden, die bis heute verwendet werden. Auf ihrer Hauptdiagonale befinden sich jeweils die Individuen, die den Status der Elterngeneration halten, über der Diagonale die Aufsteiger und unter ihr die Absteiger. Die folgende Abbildung zeigt eine solche Mobilitätstabelle, berechnet mit Daten des Schweizerischen Haushaltspanels für die Schweiz 2004:

Zum Teil gleichen Auf- und Abstiege sich aus, aber in der Entwicklung hin zur Industriegesellschaft überstiegen die Auf- die Abstiege lange Zeit bei weitem. Der Anteil, um den der größere den kleineren Wert übersteigt, ist die Netto- oder strukturelle Mobilität, ihr gegenüber steht die zirkuläre Mobilität, in der die beiden sich ausgleichen, und der Anteil der immobilen, die in der Herkunftskategorie verbleiben. Sie sehen, wie hier zwischen den Kohorten (der Söhne) die zirkuläre Mobilität zu- und damit die Statusvererbung abnimmt, während die strukturelle (Aufstiegs-)Mobilität geringer wird. Gleichzeitig ermöglichen die Zahlen zu errechnen, dass in der älteren Kohorte 6,4 % (=2,1 %/32,7 %)) der Söhne aus den bildungsfernsten Familien in die höchste Bildungsklasse aufgestiegen sind im Vergleich zu 59,5 % der Akademikersöhne, die also 9,3mal höhere Chancen dafür haben als jene. Diese Ungleichheit verringert sich in der jüngeren Kohorte immerhin auf ein Verhältnis zu 1:6,7, aber sie bleibt eklatant.

Für die *Erklärung von Statusvererbung und Mobilität* haben in den 1970er Jahren zwei französische Forscher wichtige Impulse gegeben. Das war einmal Raymon Boudon (1934–2013), der den Einfluss sozialen Herkunft auf Bildungsergebnisse in zwei Anteile aufteilte, die unterschiedlich zu verstehen sind, die sogenannten primären und sekundären Effekte. (Boudon 1974)

▶ *Primäre Herkunftseffekte* sind hierbei Einflüsse des elterlichen Status auf die Schulleistungen der Kinder, die sich aus Unterschieden in der Ressourcenausstattung der Familien ergeben.

▶ *Sekundäre Herkunftseffekte* sind hingegen zusätzliche von den Schulleistungen unabhängige Einflüsse der sozialen Herkunft auf Entscheidungen, die den Bildungsverlauf beeinflussen. Bei diesen Entscheidungen geht es vor allem um Entscheidungen der Schulwahl.

Für diese beiden Teile wirken unterschiedliche Mechanismen. Auf den primären Teil bezieht sich der zweite in den 1970er Jahren aus Frankreich kommende Impuls: Pierre Bourdieu beschrieb (hier mit Jean-Claude Passeron als Koautor), wie unterschiedliche Ausstattungen mit kulturellem Kapital in den Elternhäusern sich darauf auswirken, wie Schüler von Lehrern wahrgenommen und benotet werden. (Bourdieu und Passeron 1971) Er verwies dabei auf die Verfügbarkeit bestimmter Codes. Neuere Forschungen bestätigen die *Relevanz kultureller Prägung,* betonen aber eher den Umgang der Kinder mit Büchern, das Lesen und generell die Ermunterung zu einem neugierigen, wissensorientierten Weltzugang, die in den oberen Schichten stärker verbreitet sind und zu Leistungsunterschieden führen, die von der Schule auch eher ausgeglichen als verstärkt werden. (De Graaf et al. 2000; Downey et al. 2004).

Insbesondere in den deutschsprachigen Ländern hat die Forschung sich aber sehr der sekundären Effekte angenommen, weil in den hier vorherrschenden gegliederten Schulsystemen Schulwahlentscheidungen eine große Rolle spielen und diese zu Anfang dieser Forschungen auch noch sehr starr und unflexibel gehandhabt wurden. Im Gegensatz zu den eher kulturell determinierten primären

11.4 Statuserwerb, Soziale Mobilität und Bildung

Effekten war hier ein Ansatz von Robert Breen und John Goldthorpe sehr produktiv, diese sekundären Effekte als *Produkt begrenzt rationaler Entscheidungen* zu erklären, die Schüler und ihre Familien mit den Ressourcen und Erwartungen, über die sie jeweils verfügen. (Breen und Goldthorpe 1997).

Die Unterscheidung ist auch deshalb bedeutsam, weil die primären Effekte die kleineren zu sein scheinen: In der Wahl der Schullaufbahn erklären sie ein Viertel bis die Hälfte der Herkunftseinflüsse (Erikson et al. 2005; Jackson et al. 2007; Stocké 2008), in der Wahl der weiterführenden Bildung sind die sekundären Effekte sogar noch deutlich wichtiger. (Becker und Hecken 2007, 2008; Hillmert und Jacob 2010; Schindler und Reimer 2010; Auspurg und Hinz 2011b; Schindler und Lorz 2012; Buchholz und Pratter 2017).

Die Betrachtung von Bildungsungleich im Zeitvergleich ist deshalb besonders spannend, weil sich hier zunächst zwei entgegengesetzte theoretische Erwartungen einander gegenüberstanden:

- Auf der einen Seite steht die von Karl Marx her kommende und von auf ihm aufbauenden Theoretikern wie Bourdieu weiterentwickelte *Polarisierungsthese,* dass die Entwicklung der kapitalistischen Gesellschaft zum Verschwinden sozialer Mobilität führen würde. (Bourdieu und Passeron 1971; Marx und Engels 1972)
- Auf der anderen Seite steht die insbesondere in den USA und den skandinavischen Ländern vertretene *Modernisierungsthese,* dass die Entwicklung moderner gesellschaftlicher Institutionen zum Verschwinden der ineffizienten Statusvererbung führen würde.

Während für den Fall der USA die Anteile von Ideologie und tatsächlicher Erfahrung lange Zeit ungeklärt blieben, bekam diese These erheblichen Schub durch den Modellfall des massiven Rückgangs der Bildungsungleichheit in Schweden zwischen 1930 und 1970. Das schwedische Modell mit einer starken Arbeiterbewegung, bewusst egalitären Reformen und umfassendem Sozialstaat, massiv verringerten Einkommensunterschieden und niedrigen Arbeitslosenquoten zwischen 1945 und dem Anfang der 1990er Jahre hatte eine Dynamik, die nicht einfach auf andere Länder übertragbar ist. Daneben aber verwandelten frühe Bildungsreformen ein traditionelles selektives Schulsystem in ein nichtselektives umfassendes Schulsystem, das auf gemischten Fähigkeitsklassen und Massenbildung in der Sekundarstufe beruhte und durch einen Ausbau der Erwachsenenbildung und ein Studienkreditsystem ergänzt wurde. (Erikson und Jonsson 1996, für aktuelle, deutlich weiter zurückgehende Ergebnisse siehe Dribe et al. 2015).

Auf Deutschland und andere Länder ließ sich dieser Optimismus jedoch nicht im selben Maße übertragen. Im Extrem führte das zu der 1992 in einem Sammelband von Robert Erikson und John Goldthorpe pointiert formulierten *Persistenzthese* als dritter theoretischer Erwartung, dass Bildungsungleichheit und Statusvererbung, trotz der erheblichen Expansion der Bildung insbesondere seit 1968 in allen westlichen Gesellschaften, einfach mehr oder weniger unverändert weiter existieren. (Erikson und Goldthorpe 1992).

Ganz so extrem ist, mit dem Wissen von knapp 30 Jahren Forschung seither, das Bild nicht. Zwischen 1945 und 1989 hat es in Deutschland durchaus eine gewisse Angleichung der Bildungschancen gegeben, das heißt bei den in den 1950er Jahren und später geborenen hatte der elterliche Status geringere Auswirkungen als bei den um 1930 geborenen. (Henz und Maas 1995; Schimpl-Neimanns 2000; Müller und Haun 1994) Seither herrscht allerdings eher Stillstand oder teilweise Rückschritt, wobei das Bild teils zwischen den betrachteten Kategorien uneindeutig ist. (Auspurg und Hinz 2011a) Man könnte das abtun mit der Annahme, dass einfach nur die Entscheidungen für weiterbildende Schulen in der Nazi-Zeit und direkt danach besonders sozial selektiv gewesen seien, dem widerspricht allerdings die Tatsache, dass sich für die Schweiz ein sehr ähnliches Bild ergibt (Becker und Zangger 2013); auch für Frankreich findet sich eine Abnahme der Statusvererbung bis in die 1980er Jahre. (Vallet 2001).

In der Summe sieht es, auch im internationalen Vergleich, so aus, als würde das Muster der Entwicklung der Statusvererbung sehr grob dem der sozialen Ungleichheit entsprechen: eine Abnahme im Ausbau der industriegesellschaftlichen Institutionen, ein unklares Bild zwischen Persistenz und Zunahme seit den 1990er Jahren. Der erste Eindruck wurde zum ersten Mal schon 1989 allgemein mit vergleichenden Daten präsentiert (Ganzeboom et al. 1989), der zweite wie gesagt 1992 (Erikson und Goldthorpe 1992), und beide sind seither wiederholt bestätigt worden, mit teils sehr kritischem Blick auf die unmittelbare Gegenwart und Zukunft. (Noble 2000; Musick und Mare 2006; Breen und Jonsson 2007; Breen 2010; Klein 2016; Bernardi et al. 2018; Bloome et al. 2018; Falcon und

Bataille 2018; Moosbrugger und Bacher 2018; Becker und Mayer 2019; Hertel und Groh-Samberg 2019).

> **Zusammenfassung**
>
> Dieses Kapitel gab eine Einführung in die zentralen Aspekte und Konzepte der Sozialstrukturanalyse, die sich ganz wesentlich (aber doch nicht ausschließlich) mit der Bedeutung individueller Ressourcenausstattung beschäftigt, die die Welt sozial strukturiert.
>
> - Sie kennen und verstehen insgesamt einen Katalog von Aspekten und Konzepten, den Sie für eigene Untersuchungen verwenden können.
> - Sie kennen und verstehen als historischen, aber bis heute bedeutsamen Ausgangspunkt die Klassentheorie von Karl Marx mit seinem dichotom besitzbasierten Konzept, der dem zugrunde liegenden Verelendungsthese und der Unterscheidung in objektive ‚Klasse an sich' und subjektive ‚Klasse für sich', das viel offenere Konzept von Max Weber, das über die Klassenlage und die ihr zugrunde liegenden Qualifikationen (plus wiederum Besitz) argumentiert, die Konzepte von Schicht (Geiger) und sozio-ökonomischem Status (Blau/Duncan) sowie Prestige, und die Grundgedanken und Hauptklassen des heute maßgeblichen Klassenschemas von Erikson, Goldthorpe und Portocarero.
> - Sie kennen und verstehen die zweidimensionalen Darstellungen des sozialen Raums, die einerseits von Pierre Bourdieu aufbauend auf seiner Kapitaltheorie und unter Gegenüberstellung der parallelen Ebenen von sozialer Position und Habitus und andererseits von Gerhard Schulze in seiner Untersuchung alltagsästhetischer Schemata und mit dem spektakulären Scheitern der Wahlfreiheitsthese entwickelt worden sind.
> - Sie kennen und verstehen den Genderbegriff im Unterschied zum Begriff des biologischen Geschlechts, die unvollständige Eindeutigkeit des letzteren und die Tatsache, dass in Genderfragen ein Abbau von Theorie stattgefunden hat mit dem Ziel, individuelle Handlungsfreiheit gegen theoretische Vorurteile durchzusetzen, auch wenn diese Lücke jetzt für den ausgleichenden Umgang mit genderungerechten Strukturen mit Empirie wieder gefüllt wird.
> - Sie kennen und verstehen Kernfragen und -antworten der Forschung zu Statuserwerbsprozessen, insbesondere zu sozialer Mobilität und der Rolle von Bildung hierin, mit vier Argumenten für (bzw. einem davon teilweise auch

gegen) Chancengleichheit, ihrer Affirmativität und Radikalität, drei methodologischen Generationen ihrer Untersuchung. Sie können strukturelle und zirkuläre Mobilität oder Differenzen in Bildungschancen in Mobilitätstabellen berechnen. Sie verstehen primäre und sekundäre Herkunftseffekte mit ihren eher kulturellen bzw. eher rational nachvollziehbaren Hintergründen, auch im Verhältnis ihrer Bedeutung. Zur Entwicklung sozialer Mobilität kennen Sie die Thesen von Polarisierung, Modernisierung und Persistenz und haben einen ersten Eindruck von der tatsächlichen Entwicklung gewonnen.

Übungsfragen

11.1 Welche These liegt Karl Marx' Klassenkonzept zugrunde? Die These erwartet das Verschwinden einer ganzen gesellschaftlichen Gruppe. Welcher? Und warum?
11.2 Ist Marx These (aus Aufgabe 1) eingetreten? Warum nicht?
11.3 Woher kommt Max Webers Begriff des „Standes"? Welche zwei Dinge sind aus ihm geworden?
11.4 Warum hat selbst im relativ einkommensgleichen England der 1960er Jahre das Klassenkonzept nicht ausgedient, wie John Goldthorpe feststellt?
11.5 Warum sind in Tab. 10.4 ökonomisches und kulturelles Kapital bei Pierre Bourdieu nicht als neue Aspekte aufgeführt?
11.6 Was meint und welche These eines einflussreichen Soziologen kritisiert der Begriff der Omnivorousness?
11.7 *Wenn Sie die deutschen Fernsehprogramme RTL2, MTV und Arte einordnen wollen, ist dann ein Bourdieu'sches oder ein Schulze'sches soziales Feld besser geeignet? Warum?
11.8 Was unterscheidet primäre und sekundäre Herkunftseffekte, und was die ihnen zugrunde liegenden Mechanismen?
11.9 Wenn Sie die schweizerischen Daten 2004 in Abb. 11.3 nehmen, wie groß ist in der älteren Kohorte der relative Vorteil der Akademikerkinder im Vergleich zu den Kindern von Vätern ohne höhere Bildung insgesamt (Kategorien 1 bis 3), einen Hochschulabschluss zu erwerben? Wie verändert sich dieses Verhältnis zur jüngeren Kohorte hin?

			Sohn						Zusammenfassende Maßzahlen	
		(1)	(2)	(3)	(4)	(5)	Total			
	Kohorte 1960-1974 (N = 1140)								Zusammenfassende Maßzahlen	
Vater	(1) keine nachobl. Bildung	3,2	10,8	1,5	5,4	1,9	22,8	Aufstieg	52,2 strukturell	41
	(2) Sek II Beruf	1,3	21,8	3,0	15,1	7,2	48,3	Gleich	36,6 zirkulär	22,4
	(3) Sek II Allgemein	0,2	1,1	0,2	1,5	1,8	4,8	Abstieg	11,2 immobil	36,6
	(4) Höhere Berufsbildung	0,1	4,0	0,7	6,8	4,0	15,7		100	100
	(5) Hochschule	0,4	1,1	0,7	1,6	4,6	8,3			
	Total	5,1	38,9	6,1	30,4	19,6	100			
	Kohorte 1945-1959 (N = 1082)								Zusammenfassende Maßzahlen	
Vater	(1) keine nachobl. Bildung	4,7	16,5	2,4	7,0	2,1	32,7	Aufstieg	54,4 strukturell	45
	(2) Sek II Beruf	1,3	21,3	3,2	12,1	6,1	44	Gleich	36,2 zirkulär	18,8
	(3) Sek II Allgemein	0,1	0,9	0,5	0,7	1,3	3,5	Abstieg	9,4 immobil	36,2
	(4) Höhere Berufsbildung	0,3	2,9	0,5	4,7	3,0	11,4		100	100
	(5) Hochschule	0,1	0,6	0,7	2,0	5,0	8,4			
	Total	6,5	42,1	7,3	26,6	17,6	100			

Abb. 11.3 Mobilitätstabelle für die Schweiz 2004. (Eigene Darstellung)

Literatur

Zentrale Referenzen

Adorno, Theodor W. 1962. *Einleitung in die Musiksoziologie : zwölf theoretische Vorlesungen*. Frankfurt, Main: Suhrkamp.
Becker, Gary Stanley. 1964. *Human capital : a theoretical and empirical analysis, with special reference to education*. New York: National Bureau of Economic Research.
Berger, Peter L., und Thomas Luckmann. 1967. *The social construction of reality*. New York: Anchor Books.
Blau, Peter M., und Otis D. Duncan. 1967. *The American Occupational Structure*. New York: Wiley.
Boudon, Raymond. 1974. *Education, Opportunity, and Social Inequality. Changing Prospects in Western Society*. New York: John Wiley.
Bourdieu, Pierre. 1979. *La distinction : critique sociale du jugement*. Paris: Minuit.
Bourdieu, Pierre, und Jean-Claude Passeron. 1971. *Die Illusion der Chancengleichheit : Untersuchungen zur Soziologie des Bildungswesens am Beispiel Frankreichs*. Stuttgart: Klett.
Breen, Richard, und John H. Goldthorpe. 1997. "Explaining Educational Differentials - Towards a Formal Rational Action Theory." *Rationality and Society* 9:275–305.
Butler, Judith. 1990. *Gender trouble : feminism and the subversion of identity*. New York: Routledge.

De Beauvoir, Simone. 1949. *Le deuxième sexe*. Paris: Gallimard.
Elias, Norbert. [1939] 1969. *Über den Prozeß der Zivilisation. Soziogenetische und psychogenetische Untersuchungen*. Bern: Francke.
Erikson, Robert, und John H. Goldthorpe. 1992. *The constant flux : a study of class mobility in industrial societies*. Oxford: Clarendon Press.
Erikson, Robert, John H. Goldthorpe, und Lucienne Portocarero. 1979. "Intergenerational Class Mobility in Three Western European Societies: England, France and Sweden." *The British Journal of Sociology* 30:415–441.
Erikson, Robert, und Jan O. Jonsson (Hrsg.). 1996. *Can Education Be Equalised? The Swedish Case in Comparative Perspective*. Boulder: Westview.
Friedan, Betty. 1963. *The feminine mystique*. New York: W.W. Norton.
Ganzeboom, Harry B. G., Ruud Luijkx, und Donald J. Treiman. 1989. "Intergenerational class mobility in comparative perspective." *Research in Social Stratification and Mobility* 8:3–84.
Ganzeboom, Harry B. G., Donald J. Treiman, und Wout C. Ultee. 1991. "Comparative Intergenerational Stratification Research: Three Generations and Beyond." *Annual Review of Sociology* 17:277–302.
Geiger, Theodor. 1932. *Die soziale Schichtung des deutschen Volkes : soziographischer Versuch auf statistischer Grundlage*. Stuttgart: Ferdinand Enke.
Goldthorpe, John H., David Lockwood, et al. 1969. *The Affluent Worker in the Class Structure*. Cambridge: Cambridge University Press.
Kanter, Rosabeth Moss. 1977. *Men and women of the corporation*. New York: Basic Books.
Lakoff, Robin Tolmach 1975. *Language and woman's place*. New York: Harper and Row.
Lipset, Seymour Martin, und Reinhard Bendix. 1959. *Social Mobility in Industrial Society*. Berkeley: University of California Press.
Marx, Karl. [1852] 2012. *Der achtzehnte Brumaire des Louis Bonaparte*. Frankfurt/Main: Suhrkamp.
Marx, Karl, und Friedrich Engels. [1848] 1972. "Das Manifest der kommunistischen Partei." S. 459–493 in *Marx-Engels-Werke, Bd. 4*, hg. Berlin: Dietz.
Millett, Kate. 1969. *Sexual politics*. Garden City, N.Y.: Doubleday.
Mincer, Jacob. 1958. "Investment in Human Capital and Personal Income Distribution." *The Journal of Political Economy* 66:281–302.
Money, John. 1975. *Sexual Signatures. On Being a Man or a Woman*. Boston: Little, Brown and Company.
Peterson, Richard A., und Roger M. Kern. 1996. "Changing Highbrow Taste: From Snob to Omnivore." *American Sociological Review* 61:900–907.
Popper, Karl R. [1957] 2003. *Die offene Gesellschaft und ihre Feinde*. Tübingen: Mohr Siebeck.
Pusch, Luise F. 1984. *Das Deutsche als Männersprache : Aufsätze und Glossen zur feministischen Linguistik*. Frankfurt/Main: Suhrkamp.
Schimpl-Neimanns, Bernhard. 2000. "Soziale Herkunft und Bildungsbeteiligung. Empirische Analysen zu herkunftsspezifischen Bildungsungleichheiten zwischen 1950 und 1989." *Kölner Zeitschrift für Soziologie und Sozialpsychologie* 52:636–669.
Schulze, Gerhard. 1992. *Die Erlebnisgesellschaft : Kultursoziologie der Gegenwart*. Frankfurt/Main: Campus.

Sorokin, Pitirim. 1927. *Social Mobility*. New York: Harper.
Treiman, Donald J. 1977. *Occupational Prestige in Comparative Perspective*. New York: Academic Press.
Weber, Max. [1922] 1985. *Wirtschaft und Gesellschaft*. Tübingen: Mohr (Siebeck).

Beispiele soziologischer Studien

Auspurg, Kathrin, und Thomas Hinz. 2011a. "Gruppenvergleiche bei Regressionen mit binären abhängigen Variablen – Probleme und Fehleinschätzungen am Beispiel von Bildungschancen im Kohortenverlauf." *Zeitschrift für Soziologie* 40:62–73.
Auspurg, Katrin, und Thomas Hinz. 2011b. "Der Einfluss sozialer Herkunft auf den Studienverlauf und das Übertrittsverhalten von Bachelorstudierenden." *Soziale Welt* 62:75–99.
Becker, R., und A. E. Hecken. 2008. "Warum werden Arbeiterkinder vom Studium an Universitäten abgelenkt? Eine empirische Überprüfung der "Ablenkungsthese" von Müller und Pollak (2007) und ihrer Erweiterung durch Hillmert und Jacob (2003)." *Kölner Zeitschrift für Soziologie und Sozialpsychologie* 60:3–29.
Becker, R., und K. U. Mayer. 2019. "Societal Change and Educational Trajectories of Women and Men Born between 1919 and 1986 in (West) Germany." *European Sociological Review* 35:147–168.
Becker, R., und C. Zangger. 2013. "Educational expansion in Switzerland and its consequences - An empirical analysis of change in education and inequality of educational opportunities by utilizing Swiss census data 1970, 1980, 1990, and 2000." *Kolner Zeitschrift Fur Soziologie Und Sozialpsychologie* 65:423–449.
Becker, Rolf, und Anna E. Hecken. 2007. "Studium oder Berufsausbildung? Eine empirische Überprüfung der Modelle zur Erklärung von Bildungsentscheidungen von Esser sowie von Breen und Goldthorpe." *Zeitschrift für Soziologie* 36:100–117.
Bernardi, F., F. R. Hertel, und G. Yastrebov. 2018. "A U-turn in inequality in college attainment by parental education in the US?" *Research in Social Stratification and Mobility* 58:33–43.
Bloome, D., S. Dyer, und X. Zhou. 2018. "Educational Inequality, Educational Expansion, and Intergenerational Income Persistence in the United States." *American Sociological Review* 83:1215–1253.
Breen, Richard. 2010. "Educational Expansion and Social Mobility in the 20(th) Century." *Social Forces* 89:365–388.
Breen, Richard, und Jan O. Jonsson. 2007. "Explaining change in social fluidity: Educational equalization and educational expansion in twentieth-century Sweden." *American Journal of Sociology* 112:1775–1810.
Buchholz, Sandra, und Magdalena Pratter. 2017. "Wer profitiert von alternativen Bildungswegen? Alles eine Frage des Blickwinkels! Eine systematische Rekonstruktion des Effektes sozialer Herkunft für alternative Wege zur Hochschulreife." *Kölner Zeitschrift für Soziologie und Sozialpsychologie* 69:409–435.
Burger, K. 2016. "Intergenerational transmission of education in Europe: Do more comprehensive education systems reduce social gradients in student achievement?" *Research in Social Stratification and Mobility* 44:54–67.

Daenekindt, S. 2017. "The Experience of Social Mobility: Social Isolation, Utilitarian Individualism, and Social Disorientation." *Social Indicators Research* 133:15–30.
De Graaf, N. D., P. M. De Graaf, und G. Kraaykamp. 2000. "Parental cultural capital and educational attainment in the Netherlands: A refinement of the cultural capital perspective." *Sociology of Education* 73:92–111.
De Graaf, Nan Dirk, Paul Nieuwbeerta, und Anthony Heath. 1995. "Class Mobility and Political Preferences: Individual and Contextual Effects." *American Journal of Sociology* 100:997–1027.
Dhoore, J., S. Daenekindt, und H. Roose. 2019. "Social Mobility and Life Satisfaction across European Countries: A Compositional Perspective on Dissociative Consequences of Social Mobility." *Social Indicators Research* 144:1257–1272.
Diamond, Milton. 2004. "Sex, Gender, and Identity over the Years: A changing perspective." *Child and Adolescent Psychiatric Clinics of North America* 13:591–607.
Downey, D. B., P. T. von Hippel, und B. A. Broh. 2004. "Are schools the great equalizer? Cognitive inequality during the summer months and the school year." *American Sociological Review* 69:613–635.
Dribe, M., J. Helgertz, und B. Van De Putte. 2015. "Did social mobility increase during the industrialization process? A micro-level study of a transforming community in southern Sweden 1828-1968." *Research in Social Stratification and Mobility* 41:25–39.
Erikson, Robert, John H. Goldthorpe, et al. 2005. "On class differentials in educational attainment." *Proceedings of the National Academy of Sciences of the United States of America* 102:9730–9733.
Falcon, J., und P. Bataille. 2018. "Equalization or Reproduction? Long-Term Trends in the Intergenerational Transmission of Advantages in Higher Education in France." *European Sociological Review* 34:335–347.
Falk, Armin, und Johannes Hermle. 2018. "Relationship of gender differences in preferences to economic development and gender equality." *Science* 362.
Henz, Ursula, und Ineke Maas. 1995. "Chancengleichheit durch die Bildungsexpansion?" *Kölner Zeitschrift für Soziologie und Sozialpsychologie* 47:605–633.
Hertel, F. R., und O. Groh-Samberg. 2019. "The Relation between Inequality and Intergenerational Class Mobility in 39 Countries." *American Sociological Review* 84:1099–1133.
Hillmert, S., und M. Jacob. 2010. "Selections and social selectivity on the academic track: A life-course analysis of educational attainment in Germany." *Research in Social Stratification and Mobility* 28:59–76.
Houle, J. N. 2011. "The psychological impact of intragenerational social class mobility." *Social Science Research* 40:757–772.
Houle, J. N., und M. A. Martin. 2011. "Does intergenerational mobility shape psychological distress? Sorokin revisited." *Research in Social Stratification and Mobility* 29:193–203.
Jackson, M., R. Erikson, et al. 2007. "Primary and secondary effects in class differentials in educational attainment - The transition to A-level courses in England and Wales." *Acta Sociologica* 50:211–229.
Jaime-Castillo, A. M., und I. Marques-Perales. 2019. "Social mobility and demand for redistribution in Europe: a comparative analysis." *British Journal of Sociology* 70:138–165.

Klein, M. 2016. "Educational Expansion, Occupational Closure and the Relation between Educational Attainment and Occupational Prestige over Time." *Sociology-the Journal of the British Sociological Association* 50:3–23.

Larsen, C. A. 2016. "How three narratives of modernity justify economic inequality." *Acta Sociologica* 59:93–111.

Mood, Carina. 2009. "Logistic Regression: Why We Cannot Do What We Think We Can Do, and What We Can Do About It." *European Sociological Review* 26:67–82.

Moosbrugger, R., und J. Bacher. 2018. "The End of Educational Mobility: Toward a Two-Class Structure in Austria's Educational System?" *International Journal of Sociology* 48:274–293.

Müller, Walter, und Dietmar Haun. 1994. "Bildungsungleichheit im sozialen Wandel." *Kölner Zeitschrift für Soziologie und Sozialpsychologie* 46:1–42.

Musick, K., und R. D. Mare. 2006. "Recent trends in the inheritance of poverty and family structure." *Social Science Research* 35:471–499.

Nieuwbeerta, P., N. D. De Graaf, und W. Ultee. 2000. "The effects of class mobility on class voting in post-war western industrialized countries." *European Sociological Review* 16:327–348.

Noble, T. 2000. "The mobility transition: Social mobility trends in the first half of the twenty-first century." *Sociology-the Journal of the British Sociological Association* 34:35–51.

Paterson, L. 2008. "Political attitudes, social participation and social mobility: a longitudinal analysis." *British Journal of Sociology* 59:413–434.

Schindler, S., und M. Lorz. 2012. "Mechanisms of Social Inequality Development: Primary and Secondary Effects in the Transition to Tertiary Education Between 1976 and 2005." *European Sociological Review* 28:647–660.

Schindler, Steffen, und David Reimer. 2010. "Primäre und sekundäre Effekte der sozialen Herkunft beim Übergang in die Hochschulbildung." *Kölner Zeitschrift für Soziologie und Sozialpsychologie* 62:623–653.

Schuck, B., und N. Steiber. 2018. "Does Intergenerational Educational Mobility Shape the Well-Being of Young Europeans? Evidence from the European Social Survey." *Social Indicators Research* 139:1237–1255.

Stocké, Volker. 2008. "Herkunftsstatus und Sekundarschulwahl: die relative Bedeutung primärer und sekundärer Effekte." S. 5522–5533 in *Die Natur der Gesellschaft: Verhandlungen des 33. Kongresses der Deutschen Gesellschaft für Soziologie in Kassel 2006. Teilbd. 1 u. 2*, hg. Karl-Siegbert Rehberg. Frankfurt am Main: Campus.

Tolsma, J., N. D. De Graaf, und L. Quillian. 2009. "Does intergenerational social mobility affect antagonistic attitudes towards ethnic minorities?" *British Journal of Sociology* 60:257–277.

Vallet, Louis-André. [1999] 2001. "Forty years of social mobility in France - Change in social fluidity in the light of recent models." *Revue Francaise de Sociologie* 42:5–64.

Van Leeuwen, M. H. D., und I. Maas. 2010. "Historical Studies of Social Mobility and Stratification." S. 429–451 in *Annual Review of Sociology, Vol 36*, hg. Palo Alto: Annual Reviews.

Van Steen, A., J. Vlegels, und J. Lievens. 2015. "On intergenerational differences in highbrow cultural participation. Is the Internet at home an explanatory factor in understanding lower highbrow participation among younger cohorts?" *Information Communication & Society* 18:595–607.

Weitere Referenzen

Colapinto, John. 2000. *As nature made him : the boy who was raised as a girl*. New York: HarperCollins.

Politik 12

> **Überblick**
>
> Die Politik als gesellschaftlicher Bereich der Findung und Umsetzung allgemeinverbindlicher Entscheidungen ist so wichtig, dass es für sie eine eigene Wissenschaft gibt, aber dennoch ist sie auch ein Untersuchungsfeld der Soziologie.
>
> - Das gilt einmal für den grundsätzlichen Blick auf das Feld, das selbst eine Vielzahl von Selbstdefinitionen kennt, die aber sozial einem klaren System gehorchen.
> - Das gilt zweitens für die Kommunikationsprozesse in der politische Entscheidungen begleitenden Öffentlichkeit.
> - Das gilt drittens für den Gesellschaften konstituierenden Bereich der politischen Bürgerrechte und ihre je unterschiedliche Ausformung in verschiedenen Wohlfahrtsstaatstypen.
> - Und das gilt viertens insbesondere für soziale Bewegungen, die in Gesellschaften etwas bewegen wollen – immer auch politisch, aber so gut wie nie allein politisch.

12.1 Was ist Politik?

In vielen Interaktionsprozessen gibt es mehr als zwei Beteiligte. Je mehr insbesondere Bevölkerungsdichte steigt, desto weniger können sich Menschen aus dem Weg gehen und desto mehr müssen sie sich mit einander auseinandersetzen. Sie müssen gemeinsame Regelungen finden, nämlich in der Sprache der Sozialwissenschaften Institutionen, die das Miteinander regeln. Dazu braucht es gemeinsamer, für alle gemeinsam verbindliche Entscheidungen. Die Politik ist das Feld auf dem solche gemeinbindenden Entscheidungen vorbereitet und getroffen werden.

Ein erster Aspekt von Politik sind also die *Entscheidungsprozesse und Entscheidungsinstitutionen,* die hier eine Rolle spielen. Unter Nutzung spezifischer Institutionen setzt die Politik allgemeine Regeln auf verschiedenen Ebenen, wobei neben die formale Institutionen der Interaktion auch der Ausgleich durch regelgebundene Geldströme tritt. Niklas Luhmann bezeichnet diese beiden Aspekte in einer prägnanten und wirkmächtigen Unterscheidung als Medium des Rechts und als Medium des Geldes. (Luhmann 1984).

Damit ist für Akteure, die sich in diesem Feld bewegen, zentral die Frage nach den Ressourcen, die sie haben, um ihre Interessen gegen andere durchzusetzen. Jenseits von Zufällen funktioniert die Durchsetzung eigener Interessen gegen andere dadurch, dass man Ressourcen für sie einsetzt, mit denen man auf andere Einfluss nehmen kann, und das basiert auf dem Ausmaß, in dem ein Akteur Ressourcen kontrolliert, die für andere wichtig sind beziehungsweise den Nutzen anderer beeinflusst. Dies beschreibt als zweiter Politikaspekt der Begriff der *Macht.* Macht wird Max Weber relational definiert als

„Chance innerhalb einer sozialen Beziehung den eigenen Willen auch gegen Widerstreben durchzusetzen" (Weber 1985, S. 28).

Aber obwohl Macht in jeder Beziehung wieder neu ist, hängt sie letztlich doch weniger von der Beziehung ab als einfach von den Ressourcen, über die ein Akteur verfügt. Deshalb kann James Coleman die zulässige und sowieso hilfreiche Umstellung vornehmen, den Begriff der Macht von einem relationalen zu einem Akteursbegriff zu vereinfachen:

"The power of an actor resides in his control of valuable events. The value of an event lies in the interests powerful actors have in that event." (Coleman 1990, S. 133).

Es geht also um das Ausmaß, in dem ein Akteur Ressourcen kontrolliert, die für andere wichtig sind bzw. den Nutzen anderer beeinflusst.

Die Grundlagen von Macht können sehr unterschiedlich sein. Historisch an erster Stelle stehen hierbei Mittel zur Ausübung physischer Gewalt, wie in der Untersuchung zur Zentralisierung von Macht in Europa durch Norbert Elias. Aber

12.1 Was ist Politik?

auch ökonomische Machtquellen wie Marktmacht (Monopol, Oligopol), die Verfügung über Produktionsmittel (Klassen nach Karl Marx) oder Zusammenschlüsse zur Verbesserung der Marktposition (Kartelle, aber auch Gewerkschaften) spielen eine Rolle sowie allgemein Wissen bzw. Information, wie es bereits Francis Bacon in die Kurzformel „Wissen ist Macht" brachte (Bacon 1999). Sie gewinnen aber eine zusätzliche Ausprägung darin, Wissen und Informationen auch unterschiedliche Einordnungen von Tatsachen ermöglichen und so nicht nur (wie Humankapital) als direkte Ressource, sondern auch in der Kommunikation zu unterschiedlichem Framing beim Gegenüber und so zur Beeinflussung seiner Sichtweise und Motivation eingesetzt werden können.

Macht gibt es in allen Interaktionen. Aber außer dem genannten Grund, dass Machtverhältnisse beeinflussen, welche Entscheidungen getroffen werden, ist sie für die Politik auch noch zentral aus dem zweiten Grund, dass allgemein bindende Entscheidungen Akteure brauchen, die sie umsetzen und für die Umsetzung ihrerseits mit Macht ausgestattet sein müssen, nämlich den *Staat*. Dieser letztere Aspekt wird noch verstärkt dadurch, dass es ja in den meisten Ländern Prozesse der Zentralisierung von Macht gab, durch die ab dem Mittelalter die Traditionen der vormodernen Gesellschaft den Staat praktisch überall außerhalb der Schweiz als von Bürgern unabhängigen Souverän „absolut" setzen (Elias 1969), aber selbst ein demokratisch gesteuerter Staat ist immer auch eine Organisation, die aufgrund der inneren Dynamiken von Organisationen eine gewisse kontrollbedürftige Differenz zu seinen Bürgern aufweist.

Aus dem systematischen Zugriff auf Politik als Feld der Findung gemeinverbindlicher Entscheidungen lassen sich also drei Kategorien herleiten:

- Institutionen / Prozesse der Entscheidungsfindung
- Macht als Ressource zur Entscheidungsbeeinflussung
- Staat als Institution der Entscheidungsdurchsetzung

In den letzten etwas über 500 Jahren sind eine Vielzahl von Definitionen für den Begriff der Politik formuliert worden, aber alle lassen sich mindestens einer dieser drei Kategorien zuordnen – die mir bekannten orientieren sich an einer der drei Kategorien und verzichten darauf, zwei oder alle drei zu verbinden (Tab. 12.1).

Um die soziologische Bearbeitung dieses gesellschaftlichen Feldes zu strukturieren, kann man gut die zwei Richtungen der Struktur- und Akteursorientierung verwenden, die wir eingangs für die Strukturierung des Gesamtfaches verwendet haben. Einerseits gibt es einen spezifischen politischen Diskurs, zu dem mit Blick auf die zu fällenden Entscheidungen die *Öffentlichkeit* (12.2) und mit Blick auf die Beteiligung die Diskussion über *Bürgerrechte* (12.3) gehört. Andererseits gibt es

Tab. 12.1 Beispielhafte Politikdefinitionen und ihre systematische Einordnung

Autor	Definition	Aspekt
Niklas Luhmann (1964)	„Politik ist der Komplex sozialer Prozesse, die speziell dazu dienen, das Akzept administrativer (Sach-) Entscheidungen zu gewährleisten. Politik soll verantworten, legitimieren und die erforderliche Machtbasis für die Durchsetzung der sachlichen Verwaltungsentscheidungen liefern."	
Wörterbuch der Marxistisch-Leninistischen Soziologie (Eichhorn 1969)	„Politik [ist] der alle Bereiche des gesellschaftlichen Lebens durchdringende Kampf der Klassen […] um die Verwirklichung ihrer sozialökonomisch bedingten Interessen und Ziele."	
Niccolo Machiavelli (1968)	„Politik ist die Summe der Mittel, die nötig sind, um zur Macht zu kommen und […von ihr] den nützlichsten Gebrauch zu machen"	

die Frage, über welche Prozesse denn aus den Motivationen einzelner Individuen letztendlich gemeinbindende Entscheidungen werden. Wenn wir hierbei einmal von der konkreten Geschichte abstrahieren und mit dem Denken bei einem institutionenlosen Zustand anfangen, starten solche Prozesse mit dem Zusammenschluss von Individuen in *sozialen Bewegungen* (12.4). Und ein solches scheinbar ahistorisches Vorgehen ist durchaus sinnvoll, weil die konkrete politische Entwicklung und die Geschichte der westlichen Gesellschaften dazu geführt hat, dass neben Institutionen der politischen Aggregation wie Parteien, Wahlen und anderen Elementen des politischen Systems soziale Bewegungen heute wieder eine größere Rolle spielen. (Für neuere Lehrbücher siehe Kaina 2009; Holzer 2015.)

12.2 Öffentlichkeit

Die gemeinsamen Entscheidungen, die in der Politik getroffen werden, sind letztlich gemeinsame Bewertungen. Es gibt zwar gemeinsame Entscheidungen, die von Teilen der Beteiligten als ungerecht empfunden und als solche bewusst konserviert werden. Aber ein wesentliches Kriterium an gute politische Institutionen ist die Fähigkeit, dazu zu führen, dass getroffene Entscheidungen als *legitim*,

12.2 Öffentlichkeit

d. h. im werteorientierten Sinn rechtmäßig und damit für alle akzeptabel wahrgenommen werden. Sobald ein Kollektiv eine Komplexität erreicht hat, in der für politische Entscheidungen Informationen aus der Gesellschaft benötigt werden und nicht mehr einfach aufgrund von außen kommender Informationen optimal zentral entschieden werden, müssen die den Entscheidungen zugrunde liegenden Bewertungen als gemeinsame Bewertungen ausgetauscht werden.

Es muss also eine Übereinkunft darüber geben, dass man sich über alle gemeinsam betreffende Entscheidungen und die diesen zugrunde liegenden Bewertungen austauscht, im Gegensatz eben zu einer Gesellschaft, die für ihre politischen Entscheidungen keine Informationen aus der Gesellschaft benötigt. In Bezug darauf, Politik als etwas zu sehen, was mehr oder minder alle angeht, ist das eine Übereinkunft über eine bestimmte Sichtweise auf Politik. Die auf dieser Übereinkunft beruhende Interaktion ist also ein Diskurs: der der *Öffentlichkeit*.

Eine Recherche in Google Books bringt die erste Fundstelle für den Begriff der Öffentlichkeit im Jahr 1811 – eine vorherige betrifft eine (neuere) deutsche Übersetzung eines englischen Textes. Im 19. und frühen 20. Jahrhundert wird der Begriff zunächst vor allem zum Beispiel für die Öffentlichkeit von Gerichtsverhandlungen verwendet, von wo die Begriffsverwendung langsam ins Politische dreht. (Hölscher 1978).

Diese Veränderung wird 1962 von Jürgen Habermas in seiner Habilitationsschrift „Strukturwandel der Öffentlichkeit" beschrieben. (Habermas 1999) Habermas definiert zunächst den Begriff der „öffentlichen" Dinge als derjenigen, die alle betreffen und deshalb einer gesellschaftlichen Regelung bedürfen. Habermas verortet die Entstehung des Begriffs in der griechischen Antike, die erstmal die politischen Entscheidungen nicht mehr gewissermaßen als private Angelegenheiten eines Königs fasste, sondern im genannten Sinne als Angelegenheiten aller. Damit wurde eine Unterscheidung zwischen dem Privaten (*oikos*, Haus) und der Politik (*polis*, Stadt) hergestellt, die aber nach dem Ende der Antike zunächst unterging. Sie wurde erst in der Renaissance wiederaufgegriffen, nun unter den Bedingungen der Monarchie, aber einer Monarchie, die nicht mehr selbstverständlich neben den physischen Zwangsgewalten auch die Kommunikation beherrschte. Damit gehört in Habermas' Sicht zum Begriff der Öffentlichkeit seit der Renaissance eine neuzeitliche Gegenüberstellung von Staat und Gesellschaft anstatt der Vorstellung einer Identität der beiden, wie sie der antiken und tendenziell auch der schweizerischen Konzeption innewohnt (§1–3).

Nach dieser in das 15 Jahrhundert zurückreichenden Renaissance des Öffentlichkeitskonzepts kommt es im 16. und 17. Jahrhundert zur Entstehung der bürgerlichen Öffentlichkeit. Es gibt dabei nationale Unterschiede, die man zeitgenössischen Illustrationen gut entnehmen kann: Die ersten Ansätze von Öffentlichkeit entstehen in Großbritannien, als Überbleibsel der republikanischen Phase 1649–1660. Der im Rahmen der Restauration wiedereingesetzte König Charles II. bringt sein Missfallen hierüber deutlich zum Ausdruck:

"Men have assumed to themselves a liberty, not only in coffeehouses, but in other places or meetings, both public and private, to censure and defame the proceedings of the State." (Proklamation der englischen Krone von 1670, zitiert bei Habermas 1999, S. 59).

Die britische Öffentlichkeit ist standesübergreifend und bindet Männer bis hinunter zu kleinen selbstständigen Handwerkern und Bauern ein, aber keine Frauen. Die erst im 17. und 18. Jahrhundert beginnende französische Öffentlichkeit ist sozial sehr viel exklusiver, beginnt erst beim höheren Bürgertum und schließt die landwirtschaftlich tätige Bevölkerung weitgehend aus, aber dafür stellt sie den ersten Fall dar, in dem Frauen in die Öffentlichkeit eingeschlossen werden. Als Grundlagen der entstehenden Öffentlichkeit und der individuellen Fähigkeit, sich an ihr zu beteiligen, beschreibt Habermas das Privateigentum (§5) und die moderne Kleinfamilie (§6).

Zur Entstehung der Öffentlichkeit entwickelt Habermas eine interessante These. Nach seiner Analyse beginnt die öffentliche Diskussion noch nicht mit einem politischen Selbstverständnis. Sie entwickelt sich vielmehr in Austauschzirkeln der „gebildeten Stände" (das „Morgenblatt für die gebildeten Stände" war in der ersten Hälfte des 19. Jahrhunderts die erste und wichtigste deutschsprachige Zeitschrift), die sich zunächst zur Besprechung kultureller Themen, insbesondere neuer Erscheinungen der schönen Literatur versammeln.

Die Funktion der Öffentlichkeit ist in Habermas' Verständnis die Findung geeigneter Lösungen für politische Fragen, unbeeinflusst von Interessen. Der Idee nach sei politische Öffentlichkeit an der „Kraft des besseren Arguments" orientiert. Öffentlichkeit erscheint so als Grundlage (oder platonisch gesprochen als „Idee") „einer Ordnung, in der sich Herrschaft überhaupt auflöst". Dieser Idealvorstellung stellen sich aber die realen materialen Verhältnisse des 18. und frühen 19. Jahrhunderts entgegen. Denn in dieser Zeit sind Privateigentum und Bildung ja noch extrem exklusiv, und dadurch ist auch die bürgerliche Öffentlichkeit nicht nur unvollständig, sondern, wie Habermas kritisch anmerkt, „vielmehr gar keine Öffentlichkeit." (§11) Aus einem anderen Grund ist diese Phase für Habermas dennoch der normative Höhepunkt der Geschichte der Öffentlichkeit. Denn solange sich die Bürger als gleiche Individuen treffen und der Diskurs von

12.2 Öffentlichkeit

kulturellen Themen und kulturellen Akteuren beherrscht wird, spielen Interessen eine untergeordnete Rolle und die oben beschriebene Idealkonzeption der Findung geeigneter Lösungen orientiert an der Kraft des besseren Arguments kann sich relativ ungehindert entfalten. Der titelgebende „Strukturwandel" der Öffentlichkeit setzt in dem Moment ein, als der Druck von Zeitungen mit der Entwicklung des Rotationsdruckes (1843) billiger, aber gleichzeitig auch kapitalintensiver wird. Der Einsatz von ökonomischem Kapital bringt Akteure mit anderen Interessen in den öffentlichen Diskurs mit ein: In Habermas' Worten „zerfällt" die bürgerliche Öffentlichkeit durch das Aufkommen der kapitalistischen Medienöffentlichkeit.

Als praktisches Beispiel hierfür kann man das oben genannte „Morgenblatt für die gebildeten Stände" nehmen, das die Entwicklung zum Rotationsdruck (mit der damit einhergehenden Umstellung auf ein breiteres Publikum) nicht mitmacht und 1865 eingestellt wird. Dafür entwickeln sich in der zweiten Hälfte des 19. Jahrhunderts Journalismus und Presse, was Habermas zunächst auch positiv sieht. Aber die öffentliche Auseinandersetzung wird in seiner Sicht von einem Austausch von Argumenten zu einem Kräftemessen zwischen unterschiedlichen Interessen, die ursprüngliche Staatskritik geht verloren, und selbst die literarische Öffentlichkeit wird kommerzialisiert.

Habermas' Verständnis von Öffentlichkeit gibt der Soziologie seit 1962 Impulse und hat eine breite Wirkungsgeschichte nach sich gezogen (siehe etwa Lunt und Livingstone 2013 für einen Überblick). Hier drei Beispiele:

- **Thema generelles Verständnis von Öffentlichkeit:** Wie verhalten sich zum Beispiel Medienereignisse zur Alltagserfahrung? Und wie also Alltagserfahrung zum Begriff der Öffentlichkeit? Eine Studie untersucht hierzu Emotionen beim Tod einer Medienfigur und findet sie reflektierter als von der („gebildeten") Kritik angenommen, auch wenn in der ‚intimacy at a distance' auf Personen Bezug genommen wird, die nicht zum realen Austausch zur Verfügung stehen. (Myers 2000)
- **Thema Gegenöffentlichkeit:** Habermas dient als Ausgangspunkt für die theoretische Erforschung alternativer Medien als kritische Medien, gestützt durch Teilpublika mit nicht abgedeckten Darstellungsinteressen. Inhalte zeigen „suppressed possibilities of existence, antagonisms of reality, and potentials for change." Gegenöffentlichkeit "questions domination, expresses standpoints of oppressed groups", „aims at advancing imagination" (Fuchs 2010). Ein Beispiel ist hier die Analyse der „black public sphere" mit eigenen Medien afrikanisch-stämmiger Amerikaner mit ihrer kritischen Beobachtung der Mainstream-Presse, Unterstützung der Sichtbarkeit schwarzer Aktionen

innerhalb der allgemeinen (d. h. weiß dominierten) Civil Society, die aber in den 1990er Jahren in eine Krise kommt (Jacobs 1999)
- **Thema globale Öffentlichkeit:** Habermas liefert einen zentralen Referenzpunkt für die Erforschung der Entstehung einer kosmopolitischen Öffentlichkeit (Szerszynski und Urry 2002). Ein schönes Beispiel ist hier die Anti-Apartheid-Bewegung als der „perhaps most highly transnationally integrated social movement during the post-war era" im Vergleich zu einer gegenwärtigen Global-Justice-Bewegung, die zeigt, dass für die Entstehung einer globalen Zivilgesellschaft das Vorhandensein eines globalen Themas wichtiger ist als die Entstehung des Internet. (Thörn 2007)

12.3 Bürgerrechte und Wohlfahrtsstaatstypen

Mit der Veränderung des Diskurses der Öffentlichkeit ging auch eine Veränderung des Verständnisses davon einher, wer sich denn an diesem Diskurs beteiligen kann. Vor der Entstehung der bürgerlichen Öffentlichkeit war die Diskussion der politischen Dinge dem „Kabinett" („Zimmerchen") des jeweiligen Regenten vorbehalten gewesen. Mit der Ausweitung auf die Öffentlichkeit war zu klären, wer hier welche Zugangsrechte besaß. Thomas Marshall (Marshall 1992) hat die Entwicklung der modernen politischen Institutionen als eine Geschichte der Ausweitung von Staatsbürgerrechten beschrieben, die uns hier als Systematisierung dienen kann.

Dabei entstehen als erstes die *bürgerlichen Rechte,* zeitlich ziemlich parallel zur Entstehung der bürgerlichen Öffentlichkeit. Es sind Freiheitsrechte und Abwehrrechte des Individuums gegen einen übergriffigen Staat, zum Beispiel das Recht auf Unverletzlichkeit der Wohnung oder das Briefgeheimnis, aber auch die Gleichheit aller vor dem Gesetz und überhaupt die Fähigkeit der Individuen, rechtsverbindliche Akte tätigen zu können – alles Dinge, die in früheren Jahrhunderten keineswegs für alle selbstverständlich gewesen waren.

Im Zuge der Demokratisierung kommen als zweites *politische Rechte* hinzu, die dem Bürger den zusätzlichen Status als Teilnehmer an politischen Entscheidungen festschreiben. Politische Teilhabe wird damit zu einem allgemeinen Recht, auch wenn sie sich zunächst einmal auf die Stimmabgabe alle vier Jahre im Rahmen der repräsentativen Demokratie beschränkt. Während trotz ihres Namens die bürgerlichen Rechte (und in geringerem Maße auch die gleich noch zu behandelnden sozialen Rechte) zum größten Teil auch Nichtbürgern zugesprochen werden, bezieht sich die zentrale Einflussnahme einer Staatsbürgerschaft auf die politische Teilhabe: Wer Bürger(in) ist, darf wählen, wer nicht, nicht.

12.3 Bürgerrechte und Wohlfahrtsstaatstypen

Marshall ist aber nicht nur Systematisierer unzweifelhaft stattgefundener Entwicklungen, in seinem dritten Konzept der *sozialen Rechte* als neuester Kategorie der Bürgerrechte ist er für seine Zeit sehr politisch und beschreibt eine Kategorie, die noch immer nicht vollkommen unumstritten ist, dies zumindest in ihrem Ausmaß, bei einigen Autoren aber auch ganz generell. Wie weit sind der Zugang zu Bildung und Leistungen einer allgemein sozialen und spezifisch medizinischen oder auch finanziellen Versorgung allgemeine Rechte, die Individuen an den Staat stellen können? In der Phase der Industriegesellschaft bildeten sich hier Institutionalisierungen heraus, die länderspezifisch waren und sich nach Wohlfahrtsstaatstypen kategorisieren ließen. (In der deutschen politischen Diskussion wird eher der Begriff „Sozialstaat" verwendet, aber die Fachdiskussion auch in Deutschland verwendet zunehmend die Eindeutschung des englischsprachigen *welfare state,* und wir werden dem hier folgen.)

Eine sehr einflussreiche Typologie wurde von Gösta Esping-Andersen (Esping-Andersen 1990) aufgestellt. Esping-Andersen unterscheidet drei Gruppen von Wohlfahrtsstaaten. Auf einer Rechts-Links- oder Individualismus-Kollektivismus-Skala stehen sich das „liberale", sehr stark mit individueller Eigenverantwortung argumentierende Modell der englischsprachigen Länder auf der einen Seite und das im Marshall'schen Sinne soziale Bürgerrechte propagierende „sozialdemokratische" Modell der skandinavischen Länder gegenüber, dazwischen steht das „konservative" Modell des sogenannten „Rheinischen Kapitalismus", das vor allem auf das Versicherungsprinzip setzt und in Deutschland, Frankreich und anderen mitteleuropäischen Ländern vorherrscht. Das konservative Modell und die steuerfinanzierte Absicherung, die dem sozialdemokratischen Typ (aber auch z. B. dem englischen National Health Service) zugrunde liegt, werden oft nach ihren Architekten Bismarck-Modell und Beveridge-Modell genannt.

Esping-Andersens Kernbegriffe, mit denen er die Typen gegeneinander abgrenzt, sind *Dekommodifizierung* und *Residualismus,* nämlich das Ausmaß, in dem der Wohlfahrtsstaat die menschliche Arbeit ihres Warencharakters („Kommodifizierung" bei Marx) enthebt, und die Frage wie groß der Anteil der („residualen") Fürsorgeleistungen an den gesamten Sozialausgaben ist. Zusammen mit der Dekommodifizierung ist auch die Privatisierung des Sozialwesens ein Kriterium, das das rheinische Modell eher in der Nähe des sozialdemokratischen Modells verortet, andererseits ist es im Bereich des Residualismus und der Eingriffe in die Ungleichheitsstruktur durch direkte Umverteilung und aktive Arbeitsmarktpolitik eher beim liberalen Pol zu verorten. Einen Überblick bietet Tab. 12.2.

Die Phase der Industriegesellschaft 1949–1989 hatte für diese Fragen relativ stabile, wenn auch länderspezifisch teils unterschiedliche Antworten. Nicht

Tab. 12.2 Esping-Andersens Wohlfahrtstaatstypen

Kategorie	Maßnahmen/Kenngrößen	Liberal	Konservativ	Sozialdemokratisch
Kerngedanke		Eigenverantwortung	(Pflicht-) Versicherung	Bürgerrecht
Dekommodifizierung	Schutz gegen Marktkräfte und Einkommensausfälle	Minimal	Hoch (für Klientel)	Maximal
Privatisierung	Anteil privater Ausgaben	Hoch	Niedrig	Niedrig
Residualismus	Anteil Fürsorgeleistungen	Stark	Stark	Schwach
Umverteilung	Steuerprogression, Gleichheit der Leistungen	Schwach	Schwach	Stark
Vollbeschäftigung als Staatsaufgabe	Aktive Arbeitsmarktpolitik, Arbeitslosenquote	Schwach	Schwach	Stark
Korporatismus	Sicherungssysteme nach Berufsgruppen differenziert	Schwach	Stark	Schwach
Beispielländer		US GB IRL AUS	D F BE	S DK FIN

nur die Frage der sozialen Rechte wurde je nach Wohlfahrtsstaatstyp verschieden beantwortet, auch in der Frage der Verleihung politischer Rechte gab es Unterschiede zwischen einem territorial definierten französischen und einem ethnisch definierten deutschen Modell.

Erst recht sind diese Rechtspositionen mit dem Ende der stabilen industriegesellschaftlichen Zuordnungen in die Diskussion geraten. Soziale Rechte wurden teils ausgebaut, teils infragegestellt, sie und die politischen Rechte sind durch Migrationsströme herausgefordert, und selbst bei den individuellen Freiheitsrechten hat der relative Konsens einer neuen Diskussion platzgemacht, die sich aus so unterschiedlichen Quellen wie Migration und Kulturrelativismus, Sicherheitsbedürfnissen und neuen technologischen Möglichkeiten speist.

12.4 Kollektives Handeln und soziale Bewegungen

Das spezifische Interaktionsfeld der Politik bringt auch spezielle Akteure hervor. Akteure, die Entscheidungen beeinflussen und Legitimität von Entscheidungen herstellen wollen, müssen dafür das geeignete Bewusstsein herstellen, das heißt sie müssen Informationen und geeignete Sichtweisen auf die Dinge verbreiten, die sie verändern wollen.

Dabei stellt sich aber ein grundsätzliches Problem, dasjenige des sogenannten „kollektiven Handelns": Einflussnahmen auf politische Entscheidungen haben Auswirkungen auf viele Menschen, und bei sehr vielen Entscheidungen gibt es viele, die davon positiv profitieren. Aber eine Entscheidung herbeizuführen bedarf individueller Handlungen, so dass wieder das Problem von negativen Externalitäten vorliegt: Egal, wie drängend ein Problem sein mag, es ist immer einfacher, das Handeln anderen zu überlassen, zu hoffen, dass jemand anderes das Problem angeht und man nachher von der Lösung profitieren kann. Den Begriff „collective action problem" hierfür hat Mancur Olson geprägt. (Olson 1965).

Einerseits gibt es für die Lösung solcher Probleme kollektiven Handelns geeignete Institutionen. Aber nicht immer sind geeignete Institutionen vorhanden oder jedenfalls dafür hinreichend, um Probleme, die von Menschen gesehen werden, einer Lösung zuzuführen, und manchmal gibt es geeignete Institutionen, die Raum für Organisationen bieten, aber nicht die geeignete Organisation, die sich eines Problems annimmt. Wie es von der Tatsache einer von verschiedenen Menschen geteilten individuellen Auffassung eines sozialen Problems zur Schaffung kollektiver Akteure kommt, die auf die Lösung dieser Probleme hinarbeiten, beschreibt das sozialwissenschaftliche Arbeitsfeld der *Erforschung sozialer Bewegungen.* Es umfasst Forschungen aus Soziologie und Politikwissenschaft sowie in geringerem

Tab. 12.3 Definitionsaspekte sozialer Bewegungen bei McAdam/Snow

Aspekt	Beispiel
Interesse, etwas zu verändern	–
Gemeinsames Handeln (Collective Action)	–
Grad an Organisation	Unverbunden bis formal institutionalisiert
Grad an Kontinuität	Über die Zeit: Sporadisch bis kontinuierlich
Genutzte Aktionsarten	Nicht-institutionell (z. B. Demonstrationen) bis institutionell (z. B. Beteiligung an Wahlen)

Masse auch Sozialanthropologie, Medienwissenschaft, Ökonomie, Psychologie und anderen Disziplinen. Sie bemühen sich, politische Akteure in einem ganzen Kontinuum von unverbundener Einzelaktion bis zu formal eingebundenen Organisationen zu erfassen.

Die für diesen Forschungsbereich zentrale Konzeption haben die beiden kalifornischen Soziologieprofessoren Doug McAdam und David A. Snow vorgelegt. Aus ihrer Sicht sollte jede Definition einer sozialen Bewegung fünf Elemente enthalten: Zunächst einmal das vorliegende soziale Problem, das heißt das Interesse, etwas zu verändern, dann das Problem des gemeinsamen Handelns, und schließlich drei Dimensionen, in denen sich soziale Bewegungen jeweils über die Zeit entwickeln: in ihrem Organisationsgrad, in ihrer Kontinuität über die Zeit, und in den von ihnen genutzten Aktionsformen. (McAdam und Snow 1997) Diese fünf Elemente sind in Tab. 12.3 zusammengefasst:

Der Verlauf der Entwicklung sozialer Bewegungen wurde bereits in den 1970er Jahren beschrieben. Es beginnt immer damit, dass im Anfangsstadium einer sozialen Bewegung verschiedene Individuen eine Sichtweise auf einen sozialen Tatbestand entwickeln, die diesen als „Problem" und damit einer Lösung bedürftig ausweist.

In einer zweiten Stufe stellen diese Individuen den Kontakt zueinander her, finden sich zusammen, bilden individuelle Beziehungen und Institutionen aus, die informell und im kleinen Rahmen anfangen und langsam einerseits leistungsfähiger werden und mehr Menschen einbinden, dabei andererseits aber auch formaler werden. In der Hochphase einer sozialen Bewegung wird das zugrundeliegende Problem durch gesellschaftliche und politische Eliten anerkannt, andererseits stellen die Forschungen der 1970er Jahre für diese Phase auch regelmäßig eine

12.4 Kollektives Handeln und soziale Bewegungen

Tab. 12.4 Entwicklungsstadien sozialer Bewegungen (Tilly 1978)

Stadium	Entwicklung
Anfangsstadium	Problem wird durch Individuen erkannt
Gruppenbildung	Gleichgesinnte finden sich zusammen
Hochphase	Problem wird durch Eliten anerkannt; Bürokratisierung / Fragmentierung
Endphase	Im Erfolgsfall Institutionalisierung, Jedenfalls Verlust des Bewegungscharakters

Bürokratisierung in der formalen Organisation der Bewegungen fest, und beobachten gleichzeitig Fragmentierungsentwicklungen, in denen viele erfolgreiche Bewegungen Spaltungen und Abspaltungen erleben. Auch wenn einige historische Bewegungen der Vorstellung anhingen, den Bewegungscharakter auf Dauer erhalten zu können, sind soziale Bewegungen immer etwas zeitlich befristetes und enden früher oder später mit dem Verlust des Bewegungscharakters: Das muss nicht heißen, dass sie gänzlich verschwinden, denn ein wichtiges mögliches positives Ende der Karriere einer sozialen Bewegung kann die Institutionalisierung sein. Aber der Charakter der Bewegung als Bewegung verschwindet dennoch. (Mauss 1975; Tilly 1978) (Tab. 12.4).

Im 19. Jahrhundert wurden Bewegungen zu Parteien, die jeweils die beteiligten Individuen als ganze ansprachen und einbanden. In der Schweiz bildete die liberale Bewegung die FDP aus, die katholische Bewegung die CVP, die Arbeiterbewegung die SP, und in den meisten europäischen Ländern gab es analoge Entwicklungen.

Im Verlauf des 20. Jahrhunderts haben sich soziale Bewegungen ausgeprägt, die nicht mehr gleichermaßen vollständige Identitäten erfassen, sondern spezifischer ausgeprägt sind. Die letzte Welle, die einigermaßen dauerhaft zur Gründung von Parteien geführt hat, war diejenige der Grünen Parteien in den 1980er Jahren. Aber spätestens seit den 1990er Jahren bilden neue soziale Bewegungen eher NGOs oder „advocacy organizations" aus, die zumeist noch keine institutionelle Einbindung besitzen.

In der Entwicklung sozialer Bewegungen spielen nun die in Kap. 4. besprochenen Framing-Prozesse eine große Rolle: Sie geben vor, welche Aspekte eines Gegenstandes wichtig und welche Perspektiven auf diesen Gegenstand angemessen erscheinen. Die Art, wie diese Frames sind und wie sie sich verändern und wie Akteure auch ganz intentional auf sie Einfluss nehmen können, spielt hier eine große Rolle.

Auch wenn soziale Bewegungen i. A. keine formale Struktur besitzen, haben sie doch interne Institutionen, die ihnen ermöglichen, mehr oder weniger konsistent zu versuchen, darauf Einfluss zu nehmen, wie die Bevölkerung oder andere soziale Akteure (Politiker, Medien, wirtschaftliche Akteure etc.) auf ihre Anliegen reagieren. Sie tun dies durch die gezielte Zuschreibung von Ursachen, Verantwortlichkeit und Lösungen zu kontroversen Sachverhalten, durch wiederholte Thematisierung bestimmter Zusammenhänge, die bestimmte Schemata und somit auch Bewertungen und Gefühle bei den Rezipienten aktivieren. Akteure wie sozialen Bewegungen versuchen, diese Prozesse aktiv zu gestalten.

Snow et.al. und mit ihnen viele Erforscher sozialer Bewegungen halten die Anpassung von Frames, gleich von welcher Sorte, für eine notwendige Voraussetzung dafür, Individuen in Bewegungen einzubinden. Vier Prozesse der Anpassung von Frames werden identifiziert und ausgearbeitet (Snow et al. 1986):

- Verstärkung (Frame amplification)
- Verbindung (Frame bridging)
- Erweiterung (Frame extension)
- Grundsätzliche Veränderung (Frame transformation)

Eine Verstärkung (Frame amplification) liegt vor, wenn bestehende Frames ausgeweitet werden, um ein gewünschtes Ziel zu erreichen. Snow et.al. unterscheiden fünf Arten von Erwartungen, die für Mobilisierungs- und Beteiligungsprozesse besonders relevant sind:

1. Bedeutung des fraglichen Problems
2. Kausalität, Verantwortung, Schuld
3. Gegner und Handlungsziele
4. Wahrscheinlichkeit einer Veränderung bzw. Wirksamkeit kollektiver Maßnahmen
5. Notwendigkeit und Angemessenheit kollektiven Handelns

In jedem dieser Bereiche kann die Veränderung von Erwartungen durch Frames zu veränderten resultierenden Handlungen führen. Im Weinstein-Fall und der medialen Darstellung im *New Yorker* führte die Präsentation einer Anzahl von Betroffenen, jeweils dargestellt in einer Art, die ihre Integrität betonte, dazu, dass das Problem nicht mehr als unbedeutend abgetan werden konnte (Bedeutung). Die Beschreibung der Vorfälle nahm die Frauen gegen jede Idee potenzieller Mitschuld in Schutz und wies die Verantwortung allein Weinstein zu, mit einer Mitverantwortung für das gesamte männlich geprägte Filmsystem (Schuld). Die

12.4 Kollektives Handeln und soziale Bewegungen

Darstellung wies zunächst als klares Ziel aus, dass die Betroffenen ihre Version darstellen und Entschädigung fordern können, ohne Vergeltungsmaßnahmen vonseiten von Weinstein befürchten zu müssen, aber sie war weit darüber hinaus gehend darauf ausgerichtet, generell die Ausbeutung von Frauen durch mächtige Männer zu beenden (Ziele). Die Notwendigkeit und Angemessenheit kollektiven Handelns einerseits und seine Erfolgsaussichten andererseits wurden nicht in dem Artikel thematisiert, sondern in seiner Folge von Aktivistinnen wie Tarana Burke und Alyssa Milano, die das Hashtag #MeToo erfanden und popularisierten und mit der Aufforderung verbanden, sexuelle Belästigung öffentlich zu machen.

Eine Verbindung von Frames (Frame bridging) liegt vor, wenn ein Frame in einem Bereich genutzt wird, der ideologisch naheliegt, aber bisher noch nicht strukturell verbunden war. Beispiele umfassen die Nutzung von Adresslisten befreundeter Organisationen: Wer eine Frauenzeitschrift liest, sollte sich auch für die Anliegen der #MeToo-Bewegung interessieren.

Eine Erweiterung (Frame extension) liegt vor, wenn ein Bewegungsakteur ihren Handlungsrahmen erweitert und Dinge tut, die erst einmal nicht direkt aus dem unmittelbaren Handlungsziel ableitbar sind, aber dafür geeignet sind, Unterstützer zu binden. Der Einsatz von Rock-and-Roll- und Punk-Bands, um ansonsten eher uninteressierte Menschen für Kampagnen gegen Rechtsextremismus zu gewinnen, ist hierfür ein Beispiel. Snow et.al. nennen aber auch Feinjustierungen an der Formulierung von Zielen, um Gemeinsamkeiten mit Zielen, die anderen Gruppen wichtig sind, herauszustellen: Im Fall der #MeToo-Bewegung ist die Diskussion, wie sie sich zu Fragen von Ausgrenzung und Diskriminierung zu verhalten hat, noch weitgehend ungeklärt.

Eine grundsätzliche Veränderung (Frame transformation) liegt vor, wenn infrage gestellt wird, was Menschen als normal ansehen. Die Bewegung gegen Rauchen in der Öffentlichkeit hat großen Schwung genommen, als der Begriff des Passivrauchens erfunden wurde und damit der vorher bedauerliche, aber legitime Akt des Rauchens als potenzieller Selbstschädigung in einen der Schädigung anderer Anwesender umdefiniert wurde. Im Fall der #MeToo versuchte Harvey Weinstein noch, sein Verhalten als bedauerliche „Überreaktion", aber damit noch innerhalb des Bereichs des normalen Umgangs befindlich darzustellen, aber der Artikel im *New Yorker* und die nachfolgende Kampagne entzogen dem jede Grundlage.

Framing ist aber nicht nur eine Frage von Akteuren, die damit bewusste Intentionen verfolgen. Es wird auch von Medien vorgenommen. Teilweise passiert das durchaus unabhängig von bewussten Absichten, in solchen Fällen bestehen echte Chancen, durch wissenschaftliche Aufklärung Veränderungen herbeizuführen.

Teilweise spiegeln die gesetzten Frames auch Konventionen wieder, die als selbstverständlich angesehen werden, oder tatsächlich bewusst aufgrund bestehender Interessen gesetzt.

Ein Beispiel ist eine Studie über die Darstellung von Krawallen, die im Herbst 2005 in Frankreich stattfanden. Eine Gruppe von Forschern untersuchte inhaltsanalytisch, wie die Ereignisse dargestellt wurden. Eine Hypothese lautete zum Beispiel, „that countries less politically and economically proximate to the riots will be more likely to blame the state for the event. [… and] that the French should blame contextual factors for the riots and other countries should blame the French government itself." (Snow et al. 2007, S. 390).

Und wie Abb. 12.1 zeigt, dass sich diese Hypothesen tatsächlich teilweise bestätigen ließen. Die Zuordnung von Verantwortung als abhängige Variable ist codiert als Anteil der Nennungen von staatlicher Verantwortung an allen Verantwortungszuschreibungen an Akteure des Geschehens und betitelt als ‚State attribution' (Spalte 3). „[C]ountries less politically and economically proximate" sind gemessen anhand der Korrelation des Abstimmungsverhaltens des Landes des berichtenden Mediums in der UN (‚Position government') und anhand der Anteile französischer Exporte an den Importen des Landes (‚Political economic proximity'). Für beide gibt ein hoher Wert eine größere Nähe zu Frankreich an.

Die Ergebnisse finden sich in den beiden Tabellenzellen. Wichtig sind hierbei einerseits die Vorzeichen, die Auskunft darüber geben, in welche Richtung der Zusammenhang geht. Beide Effekte sind negativ, das heißt mit einer größeren Nähe zu Frankreich sinkt die Wahrscheinlichkeit, dass der französische Staat als verantwortlich benannt wird. Andererseits sind die drei bzw. zwei Sternchen an den Koeffizienteneinträgen (-0.187*** und -0.203**) wichtig. Ausweislich der Fußnote machen diese deutlich, dass die verbleibenden Wahrscheinlichkeiten, solche Effekte aufgrund reinen Zufalls vorzufinden, unter 1 % (für die politische Nähe) beziehungsweise unter 5 % (für die ökonomische Nähe) sind und

12.4 Kollektives Handeln und soziale Bewegungen

Table 7: Ordinary Least Squares Regression of Explanatory Variables on Framing of French Riots

Independent variables	Non-structural diagnosis	State attribution	Short term prognosis	State responsibility	Diagnostic Crystallization	Prognostic Crystallization	Diagnostic framing
Right newspaper		-.024	.049				.059
Position government		-.187***	.21				.025
Political economic proximity		-.203**	.041				.094
Source media	.094	-.03	.066	.195**	-.281***	-.199**	.066
Source state	.068	-.232***	-.016	.126	-.109	-.423***	-.362***
Source Sarkozy	.492***	-.475***	.663***	.332***	.076	-.180*	-.482***
Source opposition	.038	-.049	.083	.196**	.157**	-.099	-.425***
Source international	-.117**	.140**	.048	.164*	.125*	-.133*	-.393***
Source residents/ participants	.169**	.130*	-.009	-.075	-.125*	-.056	.036
Week 1	.480***	.216	.001		-.073		
Week 2	.314***	.048	.082		-.263***		
EU * State			.372***				-.225***
Germany * international actor							-.182***
Left * UK * opposition							-.142***
Week 1* opposition							.254***
Week 2* opposition							.250***
Week 2* international actor							.255***
France * Right newspaper		.135*	-.044				-.206***
National oriented newspaper		.035	-.095				.070
Unemployment		-.136	.212***				-.031
Migration rate							-.078
F-value total model	15.466***	7.081***	7.270***	2.645***	5.596***	2.750***	14.018***
Adjusted R-square	.394	.338	.390	.065	.170	.067	.571
N	179	168	148	143	179	148	187

Note: *p < .10   **p < .01   ***p < .01 (one tailed); reported coefficients are standardized regression coefficients (betas).

Abb. 12.1 Ergebnistabelle aus Snow et.al. 2007

also als akzeptabel angesehen werden können. Es finden also beide Hypothesen Bestätigung.

Zusammenfassung

In diesem Kapitel ging es um die Politik als gesellschaftlichen Bereich der Findung und Umsetzung allgemeinverbindlicher Entscheidungen und vier Bereiche, in denen sie in besonderem Maße ein Untersuchungsfeld der Soziologie ist.

- Sie kennen und verstehen jetzt das soziologische Verständnis von Politik und wie die Vielzahl von Definitionen des Politikbegriffs sich ihr systematisch klar zuordnen lassen.
- Sie kennen und verstehen das Konzept der Öffentlichkeit mit Grundzügen seiner Geschichte, die immer eine Geschichte der Relativierung hierarchischer Herrschaft ist, mit Jürgen Habermas' zwei Thesen der kulturellbezogen-liberalen Entstehung und des im kapitalistischen Strukturwandel sich vollziehenden Zerfalls einer bürgerlichen Öffentlichkeit.
- Sie kennen und verstehen politische Bürgerrechte und ihre unterschiedlichen Ausprägungen in unterschiedlichen Wohlfahrtsstaaten, die lange Zeit in ein liberales, ein korporatisches und ein skandinavisches Modell aufgeteilt waren, mit aktuellen Weiterentwicklungen mit noch ungewissem Ausgang.
- Sie kennen und verstehen die grundsätzliche Frage des Kollektiven Handelns und wie dennoch soziale Bewegungen in Gesellschaften etwas bewegen, insbesondere mit ihren spezifischen Entwicklungsstadien und mit der Möglichkeit, Sichtweisen von Publikum und Eliten durch Verstärkung, Verbindung, Erweiterung und Frame transformation zu beeinflussen.

Übungsaufgaben

1. Auf welche drei genannten Aspekte lassen sich die meisten existierenden Politikdefinitionen beziehen? Welchem der drei Aspekte lässt sich die Definition „Politik ist Kampf um die rechte Ordnung" (Otto Suhr 1950) zuordnen?
2. Welche beiden Aspekte gehören für Jürgen Habermas zum Begriff der Öffentlichkeit?
3. Inwiefern ist Jürgen Habermas ambivalent in seiner Darstellung der bürgerlichen Öffentlichkeit bis ins frühe 19. Jahrhunderts?

4. Worin besteht das Problem des kollektiven Handelns? Welche Art von Institutionen sollte es hervorbringen? Was ist dabei das Problem?
5. Beschreiben Sie eine bereits weit fortgeschrittene soziale Bewegung in drei Kategorien von McAdam und Snow!
6. Wieso kann man im Godesberger Programm der SPD 1959, das das Ziel der Revolution zugunsten eines Bekenntnisses zur parlamentarischen Demokratie aufgab, das Ende der Arbeiterbewegung sehen?
7. Mit dem Satz „Man ist nicht behindert, man wird behindert" versuchten und versuchen Behindertenorganisationen, die bauliche Nichtzugänglichkeit von Gebäuden zu skandalisieren. Welcher der vier Prozesse zur Anpassung von Frames wird hier unternommen? Beschreiben Sie kurz, mit Bezug auf das Beispiel.
a) Frame transformation.
b) Liegt vor, wenn infrage gestellt wird, was Menschen als normal ansehen. In diesem Fall wird insbesondere die Vorstellung infrage gestellt, Gebäude müssten „natürlicherweise" Stufen und andere nicht rollstuhlgängige (oder sonst volle körperliche bzw. sinnliche Funktionsfähigkeit voraussetzende) architektonische Elemente besitzen.

Literatur

Zentrale Referenzen

Coleman, James S. 1990. *Foundations of Social Theory*. Cambridge, Mass.: Belknap.
Elias, Norbert. [1939] 1969. *Über den Prozeß der Zivilisation. Soziogenetische und psychogenetische Untersuchungen*. Bern: Francke.
Esping-Andersen, Gøsta. 1990. *The three worlds of welfare capitalism*. Cambridge, Mass. : Polity Press.
Habermas, Jürgen. [1962] 1999. *Strukturwandel der Öffentlichkeit : Untersuchungen zu einer Kategorie der bürgerlichen Gesellschaft*. Frankfurt am Main: Suhrkamp.
Luhmann, Niklas. 1964 *Funktionen und Folgen Formaler Organisation*. Berlin: Duncker & Humblot.
Luhmann, Niklas. 1984. *Soziale Systeme*. Frankfurt: Suhrkamp.
Machiavelli, Niccolò. [1532] 1968. *Il principe*. Oxford: Clarendon.
Marshall, Thomas H. [1950] 1992. *Citizenship and social class*. London: Pluto Press.
Mauss, Armand L. 1975. *Social Problems as Social Movements*. Philadelphia: Lippincott.
McAdam, Doug, und David A. Snow. 1997. *Social movements : readings on their emergence, mobilization, and dynamics*. Los Angeles, Cal.: Roxbury.

Olson, Mancur. 1965. *The Logic of Collective Action. Public Goods and the Theory of Groups*. Cambridge, Mass.: Harvard UP.
Snow, David A., S. K. Worden, et al. 1986. "Frame Alignment Processes, Micromobilization, and Movement Participation." *American Sociological Review* 51:464-481.
Tilly, Charles. 1978. *From mobilization to revolution*. Reading, Mass.: Addison-Wesley.
Weber, Max. [1922] 1985. *Wirtschaft und Gesellschaft*. Tübingen: Mohr (Siebeck).

Beispiele soziologischer Studien

Fuchs, Christian. 2010. "Alternative Media as Critical Media." *European Journal of Social Theory* 13:173-192.
Jacobs, Ronald N. 1999. "Race, Media and Civil Society." *International Sociology* 14:355-372.
Lunt, P., und S. Livingstone. 2013. "Media studies' fascination with the concept of the public sphere: critical reflections and emerging debates." *Media Culture & Society* 35:87-96.
Myers, Greg. 2000. "Entitlement and sincerity in broadcast interviews about Princess Diana." *Media, Culture & Society* 22:167-185.
Snow, David A., R. Vliegenthart, und C. Corrigall-Brown. 2007. "Framing the French riots: A comparative study of frame variation." *Social Forces* 86:385-415.
Szerszynski, Bronislaw, und John Urry. 2002. "Cultures of cosmopolitanism." *The Sociological Review* 50:461-481.
Thörn, Håkan. 2007. "Social Movements, the Media and the Emergence of a Global Public Sphere:From Anti-Apartheid to Global Justice." *Current Sociology* 55:896-918.

Lehrbücher

Holzer, Boris. 2015. *Politische Soziologie*: Baden-Baden : Nomos.
Kaina, Viktoria. 2009. *Politische Soziologie : ein Studienbuch*: Wiesbaden : VS, Verlag für Sozialwissenschaften.

Weitere Referenzen

Bacon, Francis. [1597] 1999. "Meditationes Sacrae." in *Neues Organon*, hg. Hamburg: Meiner.
Eichhorn, Wolfgang (Hrsg.). 1969. *Wörterbuch der marxistisch-leninistischen Soziologie*. Berlin: Dietz.
Hölscher, Lucian. 1978. "Öffentlichkeit." S. 413-467 in *Geschichtliche Grundbegriffe*, hg. Stuttgart.

Abschluss 13

Wir sind am Ende einer Einführung in die Soziologie, die Ihnen einen systematischen Überblick über wichtige Konzepte, Begriffe und Methoden geboten hat.

Auf diese Weise habe ich Ihnen natürlich bestimmte Frames auf den Gegenstand produziert, und am Ende steht die Irritation, dass manche Aspekte des Gegenstandes zu den zunächst beschriebenen Frames im Widerspruch zu stehen scheinen: Die hier gewählte Vorgehensweise geht vom handelnden Individuum aus, das zum Akteur verallgemeinert wird – obwohl ja große Teile der gegenwärtigen Soziologie mit dem Begriff des Akteurs gar nichts anfangen können.

Der Aufbau von einer handlungstheoretischen Grundlage aus hatte zweierlei Gründe. Der erste ist ein pädagogischer: Argumente der Handlungstheorie brauchen anfangs ein gewisses Abstraktionsvermögen, aber sie ermöglichen es nachher, Begriffe zusammenzusetzen wie aus Bausteinen – denken Sie nur an die in diesem Text verwendete Definition des Diskurses oder die Einbettung der Theoretiker der zweiten Moderne in ein handlungstheoretisch fundiertes Gerüst.

Andererseits hat dieser Aufbau aber auch normative Gründe. Die Auflösung der Soziologie in lauter unterschiedliche Diskurse, die miteinander nichts zu tun haben wollen und nur noch über den Vergleich von Zitationszahlen oder Professorenstellen (bei gleichzeitiger souveräner Verachtung dieser Maße) miteinander in Beziehung stehen, ist ein Beitrag zur Fragmentierung des allgemeinen gesellschaftlichen Diskurses, wie sie Theorie und Praxis der Postmoderne kennzeichnen. So aktuelle Probleme wie Fake News und Klimawandel zeigen deutlich, dass diese diskursive Freiheit auch ihre problematische Seite hat.

Das Zusammenleben in komplexen Gesellschaften mit mehr und mehr von uns abhängenden Umwelten verlangt, gemeinsame Lösungen zu finden, und dazu ist es notwendig, auch Ansätze zu haben, auf die man alles beziehen kann. Auch wenn ich die Faszination verstehen kann, die sich aus Begriffen wie System oder

Netzwerk ergeben, halte ich hierfür das Individuum weiterhin für den besten Ausgangspunkt. Da gehen dann Didaktik und Normativität ineinander über, denn in beiden Fällen liefert die Alltagserfahrung Frames, die einfach aus dem Leben heraus zur Verfügung stehen, und sowohl für das Weiterlernen als auch für die politische Diskussion ist es letztlich doch einfacher, diese Alltagsframes anzureichern, zu präzisieren, zu modifizieren und sich der verbleibenden Unschärfen bewusst zu sein, als neue, künstliche Sprachen zu definieren.

Der Text folgt insofern also der Position von so unterschiedlichen Theoretikern wie Anthony Giddens und Jürgen Habermas, die beide darauf beharren, dass ein gemeinsamer wissenschaftlicher und gesellschaftlicher Diskurs möglich und angesichts der Probleme der Menschheit auch nötig ist. Wenn er Ihnen darüber hinaus zum Lernen das Leben erleichtert hat, freut mich das umso mehr.

13.1 Lösungen zu Kapitel 1 Einführung

1. Zeichnen Sie die Matrix der Struktur des empirieorientierten wissenschaftlichen Arbeitens, und beschriften Sie die drei Säulen und neun Felder!
   a) siehe oben Tab. 1.1
2. Machen Sie dasselbe für eine Literaturarbeit. Welche Felder bleiben gleich, welche ändern sich, und wie beschriften Sie die geänderten Felder?
   a) Im Prinzip bleibt das Feld gleich.
   b) Aber inhaltlich ändern sich vor allem die Felder 4 und 5, und etwas auch 3 und 6. Feld 4 beschreibt die *Recherchestrategie* (wie suchen Sie, was nehmen Sie hinein, was lassen Sie heraus), Feld 5 Ihre *Lektüreergebnisse*. Hinweis: Falls diese Frage in einer Klausur gestellt würde, läge der Erwartungshorizont nur bei den Punkten a. und b. Beachten Sie dennoch noch die folgenden Punkte:
   c) Bei einer Literaturarbeit würden Sie die in 5. gewonnenen Ergebnisse unter 6. *Interpretation* (oder auch *Diskussion*) auf gemeinsame Aussagen und etwaige Widersprüchlichkeiten abklopfen und ein gemeinsames, für Sie schlüssiges Bild gewinnen. Für Feld 3 wird man (wie allgemein bei strukturbildenden Studien, die ergebnisoffene Fragen stellen) den Begriff der Hypothese durch *spezifizierte Fragen* ersetzen.
   d) Es gibt insofern Rückwirkungen auf Feld 2, als Sie ein Abgrenzungsproblem haben: Welche Literatur verwende ich im Vorfeld zur Gewinnung einer Hypothese oder Spezifizierung meiner Frage, welche als auszuwertendes Material? In der Praxis ist diese Scheidung aber meist einfacher als es zunächst scheinen mag, weil sie immer einen Ausgangspunkt und dazu

spezifische Literatur haben und diese von einem zweiten, unbekannteren und auszuwertenden Literaturkorpus gut trennen können.

e) Bei Literaturarbeiten ergibt sich noch eher als bei anderen Arbeiten das Problem, dass Sie in der Auseinandersetzung mit der Literatur möglicherweise erst Ihre Fragestellung schärfen. Diese Iterationsprozesse sind jedoch im Normalfall nichts für die fertige Arbeit und deren Leser, sondern eher etwas für ein Arbeitstagebuch, das sich sehr zu führen empfiehlt. Falls Sie sie für so wichtig finden, dass die Leser sie unbedingt auch rezipieren sollten, bewegen Sie sich in Richtung *Grounded theory* (siehe Sitzung 5) und sollten das entsprechend kennzeichnen.

3. Welche drei Untersuchungsrichtungen benennt Webers Definition der Soziologie, und wie beziehen diese sich auf die Mikro- und Makro-Ebene der Gesellschaft?

a) siehe oben Abb. 1–2. Dabei bezieht sich „deutend verstehen" auf die Erklärung der Mikro- aus der Makrosituation, „Ablauf" auf die Erklärung von Handeln aus der Situation innerhalb der Mikroebene, und „Wirkungen ursächlich erklären" darauf, wie individuelle Handlungen zu einem strukturellen Ergebnis führen.

13.2 Lösungen zu Kapitel 2 Handlung und Struktur

1. wahr oder falsch: Konventionen entstehen in Interaktionssituationen mit multiplen Gleichgewichten, Normen entstehen in Interaktionssituationen mit gemischten Gleichgewichten. (1 P)

   a) falsch. Der erste Teil ist richtig, aber Normen entstehen in Interaktionssituationen mit negativen Externalitäten.

2. Anna sagt: „Schere-Stein-Papier ist ein Beispiel für eine Spielsituation, in der es kein Gleichgewicht gibt." Beate sagt „Aber John Nash hat doch gezeigt, dass es in jedem Spiel ein Gleichgewicht gibt, also gilt das auch für Schere-Stein-Papier." Christiane sagt „In gewisser Hinsicht habt Ihr beide Recht." Erklären Sie, wer warum Recht hat. (3 P)

   a) Auf jeden Fall hat Beate recht (1 P), denn SSP hat ein Gleichgewicht in gemischten Strategien (1 P).

   b) Aber Anna (und damit Christiane) hat insofern recht, als es *kein Gleichgewicht in reinen Strategien* gibt. (1 P)

3. Welche Beziehung besteht zwischen dem Begriff der „sozialen Konstruktion der Realität" (Berger/Luckmann) und dem Konzept der Fokuspunkte (Schelling)? Beschreiben Sie die Beiden zugrunde liegende Interaktionssituation in einer Matrix! (3 P)
   c) Beide beziehen sich auf das Konzept der Konventionen (1 P).
   d) Spielmatrix des Battle of the Sexes siehe oben im Text (2 P).
   e) Falls hier Fehler gemacht werden, kann bis zu 1 P durch eine korrekte Beschreibung dessen, wie sich die beiden Autoren auf das Konzept der Konvention beziehen, ausgeglichen werden.
4. In den unten stehenden Matrizen sind wie immer in den Zellen zuerst die Payoffs des Zeilen- und dann die des Spaltenspielers angegeben. Geben Sie für jede Matrix an, ob kein, ein oder mehr als ein Nashgleichgewicht in reinen Strategien vorliegt, und wo diese ggf. liegen! (je 3 P)

Matrix 1		Spieler 2	
		A	B
Spieler 1	a	(5,1)	(8,2)
	b	(6,5)	(7,1)

f) Zwei Nashgleichgewichte in bA und aB

Matrix 2		Spieler 2	
		A	B
Spieler 1	a	(12,1)	(3,11)
	b	(4,8)	(11,1)

g) kein Nashgleichgewicht

Matrix 3		Spieler 2	
		A	B
Spieler 1	a	(1,-2)	(-2,-3)
	b	(0,0)	(-3,1)

h) Gefangenendilemma mit Nash-GG in aB, aber Optimum in bA
5. * Für die Soziologie und auch die Philosophie war die Beschreibung der „sozialen Konstruktion der Realität" durch Berger und Luckmann 1967 eine große Sache. Gerade unter dem Gesichtspunkt der Veränderbarkeit der Realität

haben vor allem viele kritische linke Theoretiker sich das begeistert angeeignet, bis hin zu Wissenschaftstheoretikern, die generell behaupteten, es könne keine objektive Wahrheit geben. Können Sie sich vorstellen, was die U.S.-Präsidentschaftswahl 2016 für diese Position bedeutet hat? Wie würden Sie das selbst sehen?

i) Diese Frage würde so in der Klausur nicht gestellt, da sie Vorwissen von außerhalb der Veranstaltung voraussetzt.

j) Es ist aber klar, dass der normativ aufgeladene Konstruktivismus durch die Vereinnahmung konstruktivistischer Wahrheitskonzepte durch den siegreichen Kandidaten („alternative Fakten") eine herbe Schlappe erlitten hat, weil die Gefährlichkeit einer rein subjektivistischen Position deutlich wurde: Wenn man sich nicht mehr auf eine Faktenlage einigen kann, dann ist rationale Verständigung und Kompromissfindung nicht mehr möglich, sondern es gibt nur noch Sieg oder Niederlage.

13.3 Lösungen zu Kapitel 3 Soziale Strukturen

1. wahr oder falsch: Webers Erkenntnis, dass aus spezifisch protestantisch veränderten Deutungen Fleiß und Akkumulation als individuelle Vorbedingungen des Kapitalismus folgten, ist ein typisches Beispiel für die Logik der Aggregation im Schema der soziologischen Erklärung.
    a) falsch. Die genannte Erkenntnis ist ein typisches Beispiel für die Logik der Selektion.
2. Betrachten Sie Abb. 3–2 zur „Runaway Chain" von Jacob Moreno. Welche Initialen kennzeichnen dasjenige Mädchen, das als einziges nur durch indirekte Beziehungen mit den anderen weggelaufenen Kindern verbunden ist?
    a) JN in Cottage C10 rechts oben.
3. Betrachten Sie die folgende Spielematrix, in der wie üblich innerhalb der Zellen der erste Wert die Auszahlung für den Zeilenspieler und der zweite diejenige für den Spaltenspieler angibt. Bitte markieren Sie diejenige Zelle bzw. diejenigen Zellen, die ein Nashgleichgewicht darstellt bzw. darstellen, bzw. vermerken Sie es neben der Matrix, falls keine der Zellen ein Nashgleichgewicht darstellt.

		Spieler 2	
		A	B
Spieler 1	a	(2,4)	(3,5)
	b	(3,7)	(1,1)

a) bA und aB sind beides Nashgleichgewichte.
4. Im Beispiel des Gefangenendilemmas mit Mafia wurde die Todesdrohung mit −9 quantifiziert. Welches ist der kleinste negative Wert, mit dem die Norm noch funktioniert? Welches wäre die kleinste ganze Zahl, die negativ als Wert der Sanktionsandrohung zu einem Funktionieren der Norm führt, wenn die Werte für die Freilassung mit 0, für die geringe Strafe (beide schweigen) mit -5, für die hohe Strafe (beide schweigen) mit -30 und für die höchste Strafe (für alleiniges Aussagen) mit -40 angesetzt werden?

a) Mit den zunächst gegebenen Werten reicht es aus, wenn der rechnerische Wert für die Sanktion betragsmäßig etwas größer ist als 1. Bereits bei einem Wert von 1,001 ist der Vorteil von „Aussagen" gegenüber „Schweigen" für beide Handlungsoptionen des anderen Spielers ausgeglichen: 3−1,001<2 und 1−1,001<0.

b) Bei den anderen Werten ist der gesuchte Wert 36: Zwar kann man die Differenz, wenn der andere Spieler schweigt, schon mit einer Veränderung um 31 kippen lassen (0 − 31<−30), aber für den Fall, dass der andere Spieler aussagt, eben nur mit einer Veränderung um 36 (-5−36< −40).

5. Betrachten Sie die folgende Aussage: „Man lebt unter anderem deshalb mit seinen Kindern in einem Haushalt zusammen, damit man darum besorgt sein kann, dass sie sich ordentlich benehmen, auch wenn sie den Sinn eines angemessenen Verhaltens noch nicht recht einsehen." Dieser Satz stellt ein Beispiel dar für eine der Theorien zur Frage, warum es Organisationen gibt. Mit welchem Begriff wird sie bezeichnet? Wenden Sie sie auf den Kontext einer Redaktion an! Wie heißt die andere diskutierte Theorie zur Existenz von Organisationen?

a) Wissensersatz (knowledge substitution)

b) In einer Redaktion kann angeordnet werden, das bestimmte Formate einzuhalten sind, ohne dass die Angestellten wissen müssen, wieso diese als sinnvoll erachtet werden.

c) Transaktionskostentheorie.

6. An welchem der drei Aspekte der Handlungstheorie setzt Webers Protestantismusthese an, d. h. in welchem dieser Aspekte ist die Handlungssituation von Protestanten im 17./18. Jahrhundert seiner Meinung nach anders als die von Katholiken?

a) Er setzt an den Erwartungen an: Protestanten erwarten, in den Himmel zu kommen oder zumindest von ihren Mitprotestanten als besonders tugendhaft angesehen zu werden, wenn sie wirtschaftlich erfolgreich und sparsam sind.

13.4 Lösungen zu Kapitel 4 Erwartungen

1. Person A kommt aus einem Haus, geht zu ihrem Auto, das auf einem kostenpflichtigen Parkfeld steht, und will Geld in die Parkuhr nachwerfen. Dabei bemerkt sie die Polizeiangestellte B. A zögert und sieht zu B hinüber. B erwidert den Blick und lächelt, wobei sie ihren Blick über danebenliegende freie Parkplätze schweifen lässt. Daraufhin wirft A das Geld in die Parkuhr ein und verlängert die Parkzeit um eine weitere Stunde.
   Welche Art von Information hat A aus dem Lächeln von B herausgelesen? (Hinweis: Das SVG schreibt vor, dass Autos zwischen zwei Aufenthalten auf kostenpflichtigen Parkfeldern in den fließenden Verkehr zu bringen sind.)
   a) Vor dem Lächeln war die Wahrscheinlichkeit, dass B rechtskonform nur ein Wegfahren vom Parkplatz akzeptieren würde, mindestens gleich hoch wie die, dass sie ein eigentlich rechtswidriges Nachwerfen von Geld akzeptieren würde.
   b) Das Lächeln interpretiert A als Signal, dass nun die Wahrscheinlichkeit sehr viel größer ist, dass das Nachwerfen akzeptiert wird.
2. Welche Eigenschaft führte dazu, dass Information in der ökonomischen Diskussion eine Zeit lang als sogenanntes „Öffentliches Gut" angesehen wurde, das analog zu nationaler Sicherheit staatlich bereitgestellt werden muss? Welche Eigenschaft führt dazu, dass man das heute nicht mehr so sieht?
   a) Nicht-Rivalität im Konsum.
   b) Nicht-Ausschließbarkeit.
3. Person A wird gebeten, die alte Tante B an A's eigenem Geburtstag zu einem Abendtermin zu begleiten. Am Zielort angekommen, wartet dort aber eine Überraschungsparty. Der Soziologe Erving Goffman hat beschrieben, was hierbei passiert. Nennen Sie einen der beiden Begriffe, die er verwendet, und wenden Sie ihn auf das Beispiel an!
   a) Frame oder Definition der Situation.
   b) A definiert die Situation erst als Pflichttermin der alten Tante zuliebe (Frame: Interaktion mit Tante), und dann wird sie zu einer Überraschungsparty umdefiniert (Frame: Interaktion mit Partygästen).
4. Welche vier Ebenen werden im Modell der Kommunikation von Claude Shannon unterschieden?
   a) Erwartungen, Nachricht, Codierung, Technische Übertragung. (Dazu kommt die Ebene der äußeren Störquellen.)
5. Nennen Sie eine Vorbedingung gelingender Kommunikation, die im Begriff des kommunikativen Handelns betrachtet wird, und eine, die nicht betrachtet wird.

b) Intention des Senders (oder: des Empfängers), die Kommunikation gelingen zu lassen
c) Funktionieren der Bildung der Nachricht (oder: der Codierung, des Absenden der Signale, der Übertragung, des Empfangs und der Zusammensetzung der Signale, der Decodierung, der Rezeption)
6. Welches ist aus Sicht der Theorie des kommunikativen Handelns von Jürgen Habermas die Rolle der Sprache im normenregulierten Handeln, das er Talcott Parsons zuschreibt?
d) Die Überlieferung kultureller Werte
7. In Bezug auf welche Aspekte fordert Habermas' Theorie des kommunikativen Handelns Chancengleichheit?
e) Dialoginitiation und -beteiligung
f) Deutungs- und Argumentationsqualität

13.5 Lösungen zu Kapitel 5 Ressourcen

1. Welche im Text angesprochene geldvermittelte Bestandsgröße und analog welche allgemeine Stromgröße werden in der allgemeinen Soziologie thematisiert?
   a) geldvermittelte Bestandsgröße: Vermögen.
   b) allgemeine Stromgröße: Zeit.
2. Wo entspricht Pierre Bourdieus Begriff des Kulturellen Kapitals dem Begriff des Humankapitals, wo weicht er davon ab?
   a) Entsprechung: vom Individuum aufgebautes und an seine Person gebundenes (d. h. im Gegensatz zu ökonomischem Kapital nicht im Verkauf abgebbares) Kapital
   b) Unterschied: 1. Humankapital fokussiert auf Produktivität, Kulturelles Kapital auf Distinktion; Unterschied 2: Bildungszertifikate werden von Pierre Bourdieu extra als symbolisches Kapital gefasst, zum Humankapitalbegriff gehören sie integral dazu.
3. Inwiefern wird Mark Granovetters These von der „Stärke schwacher Beziehungen" durch Erforschung sozialer Netzwerke (Ronald Burt korrigiert?
   a) Ursächlich für die Bedeutung einer sozialen Beziehung ist nicht ihre „Schwäche" (geringe Kontaktintensität), sondern ihr Informationsgehalt. Es ist nur so, dass Beziehungen, die „strukturelle Löcher" überbrücken, allgemein eher schwache Beziehungen sind.

4. wahr oder falsch: „Pierre Bourdieu und Mark Granovetter betonen eher die kollektiven Aspekte von Sozialkapital, Ronald Burt und Robert Putnam eher die individualistischen"
   a) falsch. (Man müsste die Namen von Granovetter und Putnam vertauschen, dann würde es stimmen.)
5. Welche vier Arten von Sozialkapital unterscheidet James Coleman? Unterscheiden Sie die vier nach der Reichweite der wechselseitigen Erwartungen sowie der sozialen Entfernung!
   a) siehe Tab. 5–4
6. Welche Messgrößen für Sozialkapital verwenden Ronald Burt und Robert Putnam?
   a) Burt: Netzwerkmasse (wie z. B. die Anzahl struktureller Löcher in einem Netzwerk)
   b) Putnam: Vereinsmitgliedschaften

13.6 Lösungen zu Kapitel 6 Motivationen

1. Grenzen Sie den Begriff der Motivation gegen denjenigen des Zieles ab!
   a) Der Begriff der Motivation kommt aus der Psychologie und beschreibt das Streben nach Objekten, während der Begriff des Zieles aus der Soziologie stammt und direkt auf die angestrebten Objekte verweist.
2. Welche Hormone wird bei den körperlichen Prozessen der Zielerreichung ausgeschüttet?
   a) Endorphine.
3. Warum kann Computerspielen zu ähnlichen Phänomenen des Suchtverhaltens wie z. B. Alkoholismus führen?
   a) Weil sowohl beim Computerspielen als auch nach Alkoholgenuss Dopamin ausgeschüttet wird.
4. Zwischen welchen anderen beiden Handlungsformen steht in Max Weber Folge der Rationalitätsbegriffe das affektuelle Handeln? Welche Aspekte der Handlung werden in ihm betrachtet, welche nicht?
   a) azwischen traditionellem und wertrationalem Handeln
   b) betrachtet: Mittel und (neu) Zwecke
   c) nicht betrachtet: Werte und Handlungsfolgen
5. Sind Wertschätzungsbedürfnisse in Ronald Ingleharts Terminologie materialistische oder postmaterialistische Bedürfnisse?
   a) postmaterialistische

6. Beschreiben Sie, inwiefern ein verschultes Universitätssystem die Produktivität des Lernens beschädigen kann. Verwenden Sie dabei die Begriffe von Frederick Herzbergs Zwei-Faktoren-Modell!
   a) Ein verschultes Uni-System motiviert Studierende vor allem durch extrinsische Anreize, zum Beispiel ECTS-Punkte, aber die intrinsische Motivation, eigene Projekte zu finden und das wissenschaftliche Arbeiten an sich spannend zu finden, kann darüber leiden.
7. Ist Melvin Kohns These der sozialen Bedingtheit von Werten eine Aussage über Motivationen oder über Intentionen?
   a) über Motivationen, weil es hier in rückblickender Perspektive um die soziale Bedingtheit der Motive geht
8. In welchen zwei Dimensionen beschreibt Ronald Inglehart Wertewandel?
   a) Traditionell vs. säkular-rational: Lösung aus traditionell-religiösen Ordnungskategorien.
   b) Überleben vs. Selbstverwirklichung: Lösung aus Kategorien, die die Stabilität von Organisationen stärken.

13.7 Lösungen zu Kapitel 7 Sozialer Wandel

1. Ulrich Becks Aussage „Not ist hierarchisch, Smog ist demokratisch" wird einerseits als widerlegt angesehen und weist andererseits auf die beiden Aspekte von Becks des zentralen Konzeptes. Welches ist das Konzept, welches die beiden Aspekte, und inwiefern gilt die These als widerlegt?
   a) Risiko
   b) betrifft sowohl Umweltschutzrisiken als auch soziale Risiken
   c) widerlegt insofern, als Klassenpositionen immer noch und auch in Bezug auf Risiken eine Rolle spielen.
2. Wie positioniert Anthony Giddens sein Konzept der radikalisierten Moderne gegen dasjenige der Postmoderne in Bezug auf das Selbst und sein alltägliches Leben?
   a) Während postmoderne Theoretiker das Selbst (in Giddens Sichtweise) als durch eine Fragmentierung der Erfahrung aufgelöst und zerstückelt betrachten, sieht er es Ergebnis aktiver Prozesse reflexiver Selbstidentität;
   b) während postmoderne Theoretiker das alltägliche Leben als durch das Eindringen abstrakter Systeme „entleert" betrachten, sie er es als einen Prozess der Reaktion auf abstrakte Systeme, bei denen es sowohl zu Verlust als auch zu Aneignung kommt.

3. Vergleichen Sie die Positionen von Ulrich Beck und Zygmunt Bauman in Bezug auf die Frage der Reintegration von aus ihren industriegesellschaftlichen Bindungen freigesetzten Individuen!
   a) Beck erwartet in seiner Individualisierungsthese die Reintegration in neue soziale Zusammenhänge (vgl. oben Abschn. 7.1)
   b) Bauman sieht Reintegration als aufgrund der Individualisierung unmöglich an. („Keine Betten, nur noch Stühle")
4. Wenden Sie Becks Risikokonzept und Baumans Verflüssigungskonzept auf Arbeitsplatzsituationen an! Was ist gemeinsam, was unterschiedlich?
   a) Risiko: Veränderungen in der Nachfrage/Marktlage führen leichter zu Entlassungen bzw. Nichtbeschäftigung
   b) Verflüssigung: höhere Flexibilitätsanforderungen führen zu kürzeren Beschäftigungsdauern
   c) gemeinsam: Blick auf Abkehr vom langfristigen Arbeitsverhältnis
   d) unterschiedlich: Blick auf Wahrscheinlichkeiten vs. Blick auf Erwartungswerte
5. Reality-TV-Formate lösen oft ein sogenanntes „Fremdschämen", d. h. Gefühle der Peinlichkeit aus. Inwiefern sieht Norbert Elias dies als Bestandteil allgemeinen Sozialkapitals?
   a) durch die ausgelösten Emotionen werden soziale Normen stabilisiert, die ein Teil kollektiven Sozialkapitals sind.
6. Wie unterscheidet Georg Simmel traditionale und moderne Gesellschaften mittels seines Konzeptes sozialer Kreise?
   a) siehe Abb. 7.1
7. Nennen Sie von den im Text behandelten vier Theoretikern einen mit einer dezidiert positiven (wenn auch problembewussten) und einen mit einer dezidiert kritischen (wenn auch keinesfalls nostalgischen) Sicht auf die Entwicklungen der sogenannten zweiten Moderne!
   a) positiv/problembewusst: Giddens
   b) dezidiert kritisch: Bauman

13.8 Lösungen zu Kapitel 8 Methoden

1. Für Karl Popper sind „Sätze, die an der Realität scheitern können", sehr wichtig. Wie heißen sie, und wie sind sie definiert?
   a) Hypothesen
   b) empirisch gehaltvolle Aussagen, die empirisch überprüft werden können

2. Bei der Analyse einer Regressionstabelle schauen Sie zunächst auf die häufigste Form, in der die Signifikanz von Ergebnissen angegeben wird. Welche ist das und wo wird sie im allgemeinen erklärt?
   a) Die Markierung signifikanter Ergebnisse durch Sternchen
   b) Die Erklärung findet sich im Allgemeinen in einer Fußnote am Ende der Ergebnistabelle
3. Im Vergleich von drei untersuchten Zusammenhängen werden die folgenden Koeffizienten und t-Statistiken angegeben: (A) Koeffizient 2,38, t-Statistik 3,67; (B) Koeffizient -0,53, t-Statistik -7,67; (C) Koeffizient 7,12, t-Statistik 1,67. Welche(r) diese(r) drei Zusammenhänge ist/sind signifikant? Welcher hat die kleinste Irrtumswahrscheinlichkeit?
   a) (A) und (B) sind signifikant. (Bei (C) liegt der Wert von 1,67 unter dem Grenzwert von 1,96.)
   b) (B)
4. Bei einem Hypothesentest wird ein Koeffizient von 0,35 und für diesen Koeffizienten ein Standardfehler von 0,19 angegeben. Ist dieses Ergebnis auf dem 5 %-Niveau signifikant?
   a) Nein. Nach der Faustregel ist der doppelte Wert des Standardfehlers 2*0,19 = 0,38, und der Koeffizient ist nur 0,35 und also kleiner als zweimal der Standardfehler.
5. Wenn die Ethnomethodologie „going native" vermeiden will, welches allgemeine Kriterium an qualitative Methoden versucht sie damit sicherzustellen?
   a) Reflexivität

13.9 Lösungen zu Kapitel 9 Theorien

1. Welche beiden Theorien werden von der Kritischen Theorie der sogenannten Frankfurter Schule (Horkheimer/Adorno) erstmals verbunden?
   a) Karl Marx' Theorie
   b) Siegmund Freuds Psychoanalyse
2. Gleich zwei in der Veranstaltung behandelte Theorien (man kann auch sagen, zwei Generationen derselben Theorie) stellen das frühe 19. Jahrhundert und die Zeit des Kapitalismus normativ auf eine ähnliche Weise einander gegenüber. Welches sind die beiden Ähnlichkeiten? Um welche beiden Theorien handelt es sich?
   c) Ähnlichkeit: Beide beschreiben für das frühe 19. Jahrhundert eine Autonomie der entsprechenden Sphäre und werten diese positiv, die spätere, in ihrer Sicht von Heteronomie geprägte Zeit des Kapitalismus negativ.

13.9 Lösungen zu Kapitel 9 Theorien

d) Habermas' Theorie der Öffentlichkeit
e) die Theorie der Kulturproduktion von Horkheimer/Adorno

3. Nach welchen beiden Kriterien unterscheidet lassen sich die vier Bereiche der Kritischen Theorie, der ‚normalen akademischen' oder ‚professionellen' Soziologie, der Policyforschung und der sogenannten 'Public sociology' gegeneinander abgrenzen? Zeichnen Sie die entsprechende Matrix mit ihren beiden Dimensionen!
    f) Publikum (Akademisch vs. Außerakademisch)
    g) Wissen/ Selbstverständnis (Instrumentell vs. Reflexiv/Normativ)
    h) siehe Tab. 9–2.

4. Inwiefern entspricht Talcott Parsons' AGIL-Schema dem Tripel der menschlichen Handlungssituation, was kommt dazu? Nennen Sie jeweils auch die dazugehörige Systemfunktion, sowohl mit dem englischen Originalbegriff als auch der deutschen Übersetzung bzw. Erklärung!
    i) Eine Handlungssituation ist beschrieben durch Ressourcen, Motivationen und Erwartungen die als Sicherstellung von Ressourcen (Adaptation), Festlegung von Zielen (Goal attainment) und Klärung von Erwartungen (Integration) aufgenommen sind.
    j) Dazu kommt die Systemfunktion der Sicherstellung bzw. Aufrechterhaltung des äußeren Bezugsrahmens (Latent pattern maintenance).

5. Was ist gleich bei den Leitdifferenzen in segmentär und in stratifikatorisch differenzierten Gesellschaften? In welcher Differenzierungsform ist es wie anders?
    k) Bei beiden gelten dieselben Leitdifferenzen in der gesamten Gesellschaft.
    l) In funktional differenzierten Gesellschaften bilden alle Subsysteme eigene Leitdifferenzen aus.

6. Sind Akteure durch analoge Institutionen verbunden und durch diese Gleichartigkeit gemeinsam als System erkenntlich, werden wiederkehrende Signale zur Kommunikation darüber verwendet, ob den institutionellen Verhaltenserwartungen entsprochen worden ist. Wie nennt Niklas Luhmann das und wie wendet er es auf die Wirtschaft an?
    m) Generalisiertes Kommunikationsmedium
    n) Geld

7. Ein Beispiel von Bruno Latour ist der sogenannte Berliner Schlüssel, ein Durchsteckschlüssel, der durch seine Form die Benutzer dazu zwingt, die zuvor geöffnete Tür wieder zu verschließen, weil sie den Schlüssel nur aus der Tür abziehen können, wenn diese verschlossen ist. Nennen Sie zwei in diesem Beispiel angesprochene Aktanten und das erwartete Skript!
    o) Schlüssel, Schlüsselbesitzer (oder Hausbesitzer)
    p) Wiederabschließen der Tür

13.10 Lösungen zu Kapitel 10 Diskurse

1. Die typischen Fragestellungen der Diskursanalyse lassen sich in fünf Kategorien gruppieren. Welche? Im Modell der Moral Panic wurden von Cohen und anderen vier Aspekte beschrieben, der erste war das Vorliegen eines tatsächlichen normabweichenden Verhaltens als Ausgangspunkt. Benennen Sie die drei übrigen Aspekte. Welchen der oben genannten Fragekategorien der Diskursanalyse lassen sie sich zuordnen?
   a) Akteure, Mittel, Konstruktionen, Effekte, Zeitverlauf
   b) spezifischer *Zeitverlauf* (anfangs heiß diskutiert mit Zuspitzungen in der Darstellung, später rationaler und abflauend); Übertreibung und symbolische Gruppenbildung als *Mittel*.
2. Welchen Begriff führt Michel Foucault für die Konventionen über Frames ein, auf denen Diskurse als Interaktionen beruhen?
   a) Episteme
3. Die Diskursanalyse von Michel Foucault hat eine Gemeinsamkeit mit der Akteur-Network-Theorie von Bruno Latour dahin gehend, dass beide bestimmten Phänomenen ein größeres Interesse schenken als andere, benachbarte (und außerhalb des französischen Sprachraums entstandene) Theorien wie etwa die deutschsprachige wissenssoziologische Diskursanalyse. Um welche Phänomene handelt es sich?
   a) Um sachliche Dinge (wie Schlüssel und Schlüsselanhänger bei ANT, weiße Kittel oder Fragebögen bei Foucault).
4. Welche normativen Anforderungen in der Diskursethik von Jürgen Habermas ist gegenüber denjenigen an rationales Kommunikatives Handeln neu?
   a) Rationalität

13.11 Lösungen zu Kapitel 11 Sozialstruktur

1. Welche These liegt Karl Marx' Klassenkonzept zugrunde? Die These erwartet das Verschwinden einer ganzen gesellschaftlichen Gruppe. Welcher? Und warum?
   a) Verelendungsthese
   b) Mittelstand
   c) ist der kapitalistischen Konkurrenz nicht gewachsen
2. Ist Marx These eingetreten? Warum nicht?
   a) nein, die sozialen Ungleichheiten haben zumindest zwischen 1945 und 1970 in den Industrienationen abgenommen

13.11 Lösungen zu Kapitel 11 Sozialstruktur

b) Wegen des Aufbaus von Qualifikationen (aus der letzten Sitzung: spezifischem Humankapital), für das bessere Löhne ausgehandelt werden konnten.
3. Woher kommt Max Webers Begriff des „Standes"? Welche zwei Dinge sind aus ihm geworden?
   a) aus der vormodernen Gesellschaftsordnung, in der man in einen Stand hineingeboren wurde und daraus zumeist nicht herauskam.
   b) Sprachlich durch Übersetzung ins Englische der Status
   c) Inhaltlich meint Weber das Prestige, das heutzutage auf den Beruf bezogen auf einer 100er-Skala gemessen wird.
4. Warum hat selbst im relativ einkommensgleichen England der 1960er Jahre das Klassenkonzept nicht ausgedient, wie John Goldthorpe feststellt?
   a) weil es immer noch große Unterschiede in der Autonomie am Arbeitsplatz gibt.
5. Warum sind in Tab. 10–4 ökonomisches und kulturelles Kapital bei Pierre Bourdieu nicht als neue Aspekte aufgeführt?
   a) Weil sie zu nah an Besitz/Einkommen und Qualifikationen dran sind.
6. Was meint und welche These eines einflussreichen Soziologen kritisiert der Begriff der Omnivorousness?
   a) Er meint die These, dass Menschen, die reich an ökonomischen und kognitiven Ressourcen sind, heutzutage tendenziell sehr vielseitig kulturell interessiert sind.
   b) Damit steht er im Gegensatz zur These von Pierre Bourdieu, dass solche Menschen nur Hochkultur konsumieren, um sich damit abzugrenzen.
7. *Wenn Sie die deutschen Fernsehprogramme RTL2, MTV und Arte einordnen wollen, ist dann ein Bourdieu'sches oder ein Schulze'sches soziales Feld besser geeignet? Warum?
   a) Schulze ist besser geeignet.
   b) Arte ist gegenüber RTL2 vor allem an Zuschauer mit mehr kulturellem Kapital bzw. klassischer Bildung gerichtet; diese Dimension ist in beiden Schemata vertreten. Aber MTV ist gegen die beiden anderen dadurch abgegrenzt, dass es sich an jüngere Hörer richtet; diese Dimension ist bei Schulze explizit aufgenommen, bei Bourdieu nicht.
8. Was unterscheidet primäre und sekundäre Herkunftseffekte, und was die ihnen zugrunde liegenden Mechanismen?
   a) Primäre Herkunftseffekte = herkunftsbedingte Leistungsunterschiede, sekundäre = herkunftsbedingt unterschiedliche Bildungs(laufbahn)entscheidungen.

b) Primäre Herkunftseffekte werden vorwiegend kulturell erklärt, sekundäre eher als Ergebnis begrenzt rationaler Entscheidungen.
9. Wenn Sie die schweizerischen Daten 2004 in Abb. 11–3 nehmen, wie groß ist in der älteren Kohorte der relative Vorteil der Akademikerkinder im Vergleich zu den Kindern von Vätern ohne höhere Bildung insgesamt (Kategorien 1 bis 3), einen Hochschulabschluss zu erwerben? Wie verändert sich dieses Verhältnis zur jüngeren Kohorte hin?

a) Die Hochschulabsolventen aus Familien der unteren drei Bildungsklassen stellen in der älteren Kohorte zusammen 9,5 % eines Jahrgangs (2,1 % + 6,1 % + 1,3 %), das sind 11,8 % aller Kinder aus diesen Klassen (32,7 % + 44 % + 3,5 % = 80,2 %; 9,5 %/80,2 % = 11,8 %).

b) Wie schon im Text berechnet, steht dem ein Anteil von 59,5 % der Akademikerkinder gegenüber, die selbst Examen machen.

c) Das Verhältnis der Anteile ist 5,0.

d) In der jüngeren Kohorte schrumpft dieses Verhältnis, analog berechnet, auf immerhin noch 3,9.

13.12 Lösungen zu Kapitel 12 Politik

1. Auf welche drei genannten Aspekte lassen sich die meisten existierenden Politikdefinitionen beziehen? Welchem der drei Aspekte lässt sich die Definition „Politik ist Kampf um die rechte Ordnung" (Otto Suhr 1950) zuordnen?
    a) Entscheidungsprozess/Entscheidungsinstitutionen, Macht, Staat
    b) dem ersten Entscheidungsprozess/Entscheidungsinstitutionen
2. Welche beiden Aspekte gehören für Jürgen Habermas zum Begriff der Öffentlichkeit?
    a) Öffentliche Angelegenheiten betreffen alle
    b) und bedürfen deshalb einer gesellschaftlichen Regelung.
3. Inwiefern ist Jürgen Habermas ambivalent in seiner Darstellung der bürgerlichen Öffentlichkeit bis ins frühe 19. Jahrhunderts?
    a) Einerseits ideal weil noch nicht kapitalistisch korrumpiert
    b) andererseits hochgradig sozial selektiv (und daher eigentlich noch gar keine richtige Öffentlichkeit)
4. Worin besteht das Problem des kollektiven Handelns? Welche Art von Institutionen sollte es hervorbringen? Was ist dabei das Problem?
    a) Darin, dass das Angehen sozialer Probleme vielen nützt, aber individuelle Kosten hervorruft.

13.12 Lösungen zu Kapitel 12 Politik

b) Da individuelles Nichthandeln ein Problem negativer Externalität ist, sollte es Normen hervorbringen.
c) Das Problem ist, dass zunächst einmal nicht klar ist, wer das Kollektiv ist, d. h. wer die Sicht des sozialen Problems überhaupt teilt und deshalb auf normentsprechendes Handeln anzusprechen wäre.
5. Beschreiben Sie eine bereits weit fortgeschrittene soziale Bewegung in drei Kategorien von McAdam und Snow!
a) intern formal institutionalisiert
b) kontinuierlich tätig
c) extern institutionell eingebunden
6. Wieso kann man im Godesberger Programm der SPD 1959, das das Ziel der Revolution zugunsten eines Bekenntnisses zur parlamentarischen Demokratie aufgab, das Ende der Arbeiterbewegung sehen?
a) Weil sie mit dieser endgültigen institutionellen Einbindung den Charakter als Bewegung verlor.
7. Mit dem Satz „Man ist nicht behindert, man wird behindert" versuchten und versuchen Behindertenorganisationen, die bauliche Nichtzugänglichkeit von Gebäuden zu skandalisieren. Welcher der vier Prozesse zur Anpassung von Frames wird hier unternommen? Beschreiben Sie kurz, mit Bezug auf das Beispiel.
a) Frame transformation.
b) Liegt vor, wenn infrage gestellt wird, was Menschen als normal ansehen. In diesem Fall wird insbesondere die Vorstellung infrage gestellt, Gebäude müssten „natürlicherweise" Stufen und andere nicht rollstuhlgängige (oder sonst volle körperliche bzw. sinnliche Funktionsfähigkeit voraussetzende) architektonische Elemente besitzen.

The manufacturer's authorised representative in the EU is Springer Nature Customer Service Centre GmbH, Europaplatz 3, 69115 Heidelberg, Germany. If you have any concerns regarding our products, please contact ProductSafety@springernature.com

Printed and bound by CPI Group (UK) Ltd, Croydon, CR0 4YY

23/03/2026

02076749-0005